"十四五"国家重点出版物出版规划项目

中国区域协调发展研究丛书

范恒山　主编

中国促进区域协调发展的理论与实践

范恒山

辽宁人民出版社

© 范恒山　2023

图书在版编目（CIP）数据

中国促进区域协调发展的理论与实践 / 范恒山著. —沈阳：辽宁人民出版社，2023.11
（中国区域协调发展研究丛书 / 范恒山主编）
ISBN 978-7-205-10958-5

Ⅰ.①中… Ⅱ.①范… Ⅲ.①区域经济发展—协调发展—研究—中国 Ⅳ.①F127

中国国家版本馆 CIP 数据核字（2023）第 218797 号

出版发行：辽宁人民出版社
　　　地址：沈阳市和平区十一纬路 25 号　邮编：110003
　　　电话：024-23284321（邮　购）　024-23284324（发行部）
　　　传真：024-23284191（发行部）　024-23284304（办公室）
　　　http://www.lnpph.com.cn

印　　刷：辽宁新华印务有限公司
幅面尺寸：170mm×240mm
印　　张：22
字　　数：316 千字
出版时间：2023 年 11 月第 1 版
印刷时间：2023 年 11 月第 1 次印刷
策划编辑：郭　健
责任编辑：郭　健　张婷婷
封面设计：胡小蝶
版式设计：留白文化
责任校对：吴艳杰
书　　号：ISBN 978-7-205-10958-5
定　　价：98.00 元

中国区域协调发展研究丛书编委会

主 任

范恒山

成 员

（按姓氏笔画排序）

史育龙　许　欣　孙久文　肖金成　迟福林

陈文玲　金凤君　周建平　周毅仁　高国力

总　序

区域发展不平衡是世界许多国家尤其是大国共同面对的棘手难题，事关国家发展质量、民族繁荣富强、社会和谐安定。鉴此，各国都把促进区域协调发展作为治理国家的一项重大任务，从实际出发采取措施缩小地区发展差距、化解突出矛盾。

我国幅员辽阔、人口众多，各地区自然资源禀赋与经济社会发展条件差别之大世界上少有，区域发展不平衡是基本国情。新中国成立以来，党和国家始终把缩小地区发展差距、实现区域协调发展摆在重要位置，因应不同时期的发展环境，采取适宜而有力的战略与政策加以推动，取得了积极的成效。新中国成立初期，将统筹沿海和内地工业平衡发展作为指导方针，为内地经济加快发展从而促进区域协调发展奠定了坚实基础；中共十一届三中全会以后，实施东部沿海率先发展战略，为快速提升我国综合实力和国际竞争力提供了强劲驱动力。"九五"时期开始，全面实施区域协调发展战略，以分类指导为方针解决各大区域板块面临的突出问题，遏制了地区差距在一个时期不断拉大的势头。党的十八大以来，协调发展成为治国理政的核心理念，以区域重大战略为引领、以重大区域问题为抓手，多管齐下促进区域协调发展，区域经济布局和国土空间体系呈现崭新面貌。在新中国七十多年发展的辉煌史册中，促进区域协调发展成为最亮丽、最动人的篇章之一。围绕发挥地区比较优势、缩小城乡区域发展和收入分配差距，促进人的全面发展并最终实现全体人民共同富裕这个核心任务，中国从自身实际出发开拓进取，推出了一系列创新性举措，形成了一大批独特的成果，也积累了众多的富有价值的宝贵经验，成为大国解决区域发展不平衡问题的一个典范，为推动全人类更加公平、更可持续的发展做出了重要贡献。中国的探索，不仅造就了波澜壮阔、撼人肺腑的伟大实践，也形成了具有自身特色的区域协调发展的理论体系。

我国已经开启全面建设社会主义现代化国家的新征程。促进区域协调发展既是推进中国式现代化的重要内容，也是实现中国式现代化的重要支撑。缩小不合理的两极差距，实现区域间发展的动态平衡，有利于推动经济高质量发展，有利于增进全体人民幸福美好生活，有利于实现国家的长治久安。我国促进区域协调发展取得了长足的进步，但面临的任务依然繁重，一些积存的症疾需要进一步化解，一些新生的难题需要积极应对。我们需要认真总结以往的成功做法，适应新的形势要求，坚持目标导向和问题导向的有机统一，继续开拓创新，把促进区域协调发展推向一个新高度，努力构建优势互补、高质量发展的区域经济布局和国土空间体系。

顺应新时代推进现代化建设、促进区域协调发展的要求，中国区域协调发展研究丛书出版面世。本套丛书共10册，分别是《中国促进区域协调发展的理论与实践》《四大区域板块高质量发展》《区域发展重大战略功能平台建设》《京津冀协同发展》《长江经济带发展》《粤港澳大湾区高质量发展》《长江三角洲区域一体化发展》《黄河流域生态保护和高质量发展》《成渝地区双城经济圈建设》《高水平开放的海南自由贸易港》，既有关于区域协调发展的整体分析，又有对于重大战略实施、重点领域推进的具体研究，各具特色，又浑然一体，共同形成了一幅全景式展示中国促进区域协调发展理论、政策与操作的图画。从目前看，可以说是我国第一套较为系统全面论述促进区域协调发展的丛书。担纲撰写的均是经济、区域领域的著名或资深专家，这一定程度地保障了本丛书的权威性。

本丛书付梓面世凝聚了各方面的心血。中央财办副主任、国家发展改革委原副主任杨荫凯同志首倡丛书的撰写，并全程给予了积极有力的推动和指导；国家发展改革委地区振兴司、地区经济司、国土地区所等提供了重要的支撑保障条件，各位作者凝心聚力进行了高水平的创作，在此谨致谢忱。

期待本丛书能为加快中国式现代化建设，特别是为促进新时代区域协调发展提供有益的帮助，同时也能为从事区域经济工作的理论研究者、政策制定者和实践探索者提供良好的借鉴。让我们共同努力，各尽所能，一道开创现代化进程中区域经济发展的新辉煌。

2023 年 10 月

目 录

总　序 / 001

上　篇

第一章　区域协调发展的概念和内涵 / 003

第一节　区域划分的基本方法 …………………………………… 003

第二节　我国区域划分的历史演进 ……………………………… 005

第三节　影响区域协调发展的基本因素 ………………………… 009

第四节　区域协调发展的基本特征 ……………………………… 015

第五节　区域协调发展需要着力解决的主要问题 ……………… 019

第二章　我国区域发展格局的演进历程 / 027

第一节　沿海与内地平衡发展时期 ……………………………… 027

第二节　沿海地区率先发展时期 ………………………………… 030

第三节　着手推动区域协调发展时期 …………………………… 032

第四节　深入推进区域协调发展时期 …………………………… 035

第五节　我国区域协调发展的重大成就 ………………………… 039

第六节　推动区域协调发展的主要经验 ………………………… 043

第三章　区域协调发展的理论创新 / 047

第一节　马克思主义区域经济思想 …………………………………… 047

第二节　国外学者的区域经济理论观点 ……………………………… 050

第三节　国内学者的区域经济理论探索 ……………………………… 061

第四节　我国促进区域协调发展的路径创新 ………………………… 066

第四章　国外促进区域协调发展的典型经验 / 070

第一节　美国 …………………………………………………………… 070

第二节　欧盟 …………………………………………………………… 072

第三节　加拿大 ………………………………………………………… 076

第四节　德国 …………………………………………………………… 077

第五节　俄罗斯 ………………………………………………………… 080

第六节　日本 …………………………………………………………… 082

第七节　国外促进区域协调发展的经验与启示 ……………………… 085

中　篇

第五章　区域协调发展总体战略的实施和成效 / 091

第一节　西部大开发 …………………………………………………… 091

第二节　东北振兴 ……………………………………………………… 097

第三节　中部崛起 ……………………………………………………… 102

第四节　东部率先发展 ………………………………………………… 107

第五节　四大区域板块的发展成效 …………………………………… 110

第六章 区域重大战略的实施和成效 / 113

第一节 京津冀协同发展 ······················· 113
第二节 长江经济带发展 ······················· 121
第三节 粤港澳大湾区建设 ······················· 128
第四节 长三角一体化发展 ······················· 134
第五节 黄河流域生态保护和高质量发展 ······················· 141
第六节 成渝地区双城经济圈建设 ······················· 147

第七章 重要功能区的建设和成效 / 153

第一节 国家级新区 ······················· 153
第二节 自由贸易试验区 ······················· 159
第三节 海南自由贸易港 ······················· 165
第四节 其他重大功能平台 ······················· 169

第八章 主体功能区战略的实施和成效 / 182

第一节 主体功能区战略的发展历程 ······················· 182
第二节 主体功能区的分类 ······················· 184
第三节 主体功能区战略的成效 ······················· 189

第九章 脱贫攻坚的推进和成效 / 191

第一节 贫困的界定与贫困标准 ······················· 191
第二节 扶贫开发和脱贫攻坚的历史演进 ······················· 194
第三节 脱贫攻坚的基本方略 ······················· 198
第四节 脱贫攻坚的伟大成就 ······················· 202
第五节 脱贫攻坚的经验启示 ······················· 210

第十章　城乡协调发展的拓展和成效 / 215

　　第一节　城乡协调发展的背景 ·················· 215
　　第二节　城乡协调发展的总体思路 ················ 220
　　第三节　深入推进新型城镇化 ·················· 222
　　第四节　全面推进乡村振兴 ··················· 226
　　第五节　城乡协调发展的成效 ·················· 229

第十一章　区域合作的深化和成效 / 233

　　第一节　区域合作的重要功能 ·················· 233
　　第二节　区域合作的实践成效 ·················· 235
　　第三节　区域合作的问题挑战 ·················· 239
　　第四节　区域合作的重点任务 ·················· 240
　　第五节　夯实深化区域合作的综合基础 ············· 244

下　篇

第十二章　区域协调发展在现代化建设中的地位和作用 / 253

　　第一节　区域协调发展是推进高质量发展的重要保障 ······· 253
　　第二节　区域协调发展是构建新发展格局的坚实基础 ······· 259
　　第三节　区域协调发展是实现共同富裕的有效途径 ········ 264
　　第四节　区域协调发展是统筹发展和安全的关键支撑 ······· 269

第十三章　区域协调发展面临的新情况与促进的基本方向 / 272

　　第一节　区域协调发展面临的新情况 ··············· 272

第二节　正确认识和处理涉及区域协调发展的重大关系 …………… 278

第三节　促进区域协调发展需要深入研究的重要问题 …………… 298

第十四章　面向未来的区域协调发展总体思路 / 303

第一节　推动区域战略有机衔接和一体协同 ……………………… 303

第二节　倾力支持困难地区走出困境和实现重振 ………………… 308

第三节　推动城市群都市圈建设和城乡协调发展 ………………… 311

第四节　高度重视区域合作协作和区域一体化发展 ……………… 316

第五节　强化推进共同富裕的体制建设与政策安排 ……………… 320

第六节　形成多极带动集约开发的国土开发格局 ………………… 322

第七节　充分发挥数字经济对区域发展的支撑作用 ……………… 326

第八节　构建适应新形势的区域政策体系和长效机制 …………… 329

参考文献 / 333

后　记 / 336

上篇

Part I

区域发展是一个具有长期性和历史性的重大课题，也是世界各主要国家共同面临的问题。我国幅员辽阔、人口众多，长江、黄河横贯东西，秦岭、淮河分异南北，地区间基础条件差别之大世界罕见，发展不协调不充分的问题非常突出。统筹区域发展关系到国家长治久安和繁荣发展。新中国成立以来，我国因应不同时期的发展环境，采取不同的战略，推动区域发展取得积极进展，有力保障和改善了民生，有力增强了发展的平衡性协调性，有力提升了国家整体竞争力和凝聚力，充分彰显了中国特色社会主义制度优越性。与此同时，区域协调发展的伟大实践，也不断拓展了国内外区域经济理论，逐步形成了具有中国特色的区域协调发展理论体系。

第一章
区域协调发展的概念和内涵

人类发展的历史在很大程度上是一部人类在不同区域空间上开展经济活动的历史，无论从世界范围还是我国发展来看，经济活动在区域空间上的分布与变化，对于经济社会发展全局都具有重大影响。促进区域协调发展主要是研究实现资源要素在地域空间上的合理配置，解决区域发展不平衡不充分、有效发挥各地区发展的比较优势、促进地区间联动发展等问题。经过长期努力，促进区域协调发展不断取得新成效，而基于对经济规律的深入认识和实践成果的科学总结，关于区域协调发展内涵和外延的认识也不断走向深入。

第一节　区域划分的基本方法

区域是一个空间的概念，是研究区域协调发展的起点和基础，《简明不列颠百科全书》认为，区域是指有内聚力的地区，根据一定标准，区域本身具有同质性，并以同样标准与相邻诸地区、诸区域相区别。作为一个专业概念，区域的基础是地理，并成为地理学的核心概念之一，区域是自然和人文现象相结合的具体体现。

一、自然区域和经济区域划分

按照不同的区域划分标准，区域有不同的含义，主要包括自然区域和经济区域。自然区域主要是按气候、地貌、地质、水文、土壤、植物、动物等自然要素为依据而进行分区，经济区域主要是指以经济发展、经济联系为依据而形成的区域。

（一）自然区域

自然区域的划分基础是地表自然界在空间分布上的不均一性，不同自然区域之间存在显著的差异。例如根据所处的纬度位置和海陆位置不同，可以分为海洋区、陆地区、高原区、平原区、丘陵区等。根据气候、植被和动植物的分布，可以分为热带地区、亚热带地区、温带地区、寒带地区等。自然区域划分的理论基础是地表区域分异的规律性学说，地表区域分异首先表现在自然区域的划分，即随着热量、水分和其他自然条件的变化，生物（特别是植物）会发生相应的变化。

（二）经济区域

经济区域划分的基础是经济活动在空间分布上的不均一性，不同经济区域体现着差异化社会劳动的区域分工。经济区域具有地域相连、经济相依、特色鲜明、功能互补等重要特点。构成一个经济区域的必要条件或基本要素包括：经济中心和经济腹地、紧密的经济联系和分工协作、明显的劳动地域分工和地区生产专业化、相当面积的连片地域和必要的物质要素。在现实中，经济区域一般以同质区域和极化区域两种形式存在。同质区域又称为匀质区域，源于区域内部的相似性，如经济发展水平、产业结构、消费习惯或政治理念。极化区域又称为节点区域，是相异性区域通过要素流动联系在一起，具有很强内聚力的一种区域，其经济运行依赖于中心节点与周边地区之间的相互作用。

二、区域划分的异同

自然区域和经济区域作为区域的概念都拥有区域的特性，即自然区域和经济区域都有着一定的地理边界，不同的区域之间有差异性特征，同类的区域内部有同质性或同类性的特征。自然区域和经济区域的区别在于自然区域的划分是以地表自然要素为基础，而经济区域的划分是以经济活动和经济要素为基础。不同自然区域的差异主要体现在地理、气候、地形等自然要素，其划分标准较少受到人类经济活动影响，主要由自然地理等先天性因素决定。而对于经济区域而言，其划分主要是以劳动分工产生的专业化经济为基础，其内部的相似性体现在市场机制、产业结构等方面，受人类经济活动等因素影响较大。

第二节 我国区域划分的历史演进

我国幅员辽阔，依据区域的地理特征、资源禀赋、经济联系等，逐步形成了一些自然区域和经济区域划分。

一、中国的自然区域划分

从自然区域来看，远在公元前5世纪，《尚书·禹贡》一书就将全国划分为九州分别阐述其山川、湖泽、土壤、物产等，这大概是全世界最早的区域划分。目前我国主要的自然地理分区包括：南北方分区。以秦岭—淮河一线作为北方地区和南方地区的分界线，这也大致与一月份零摄氏度等温线和800毫米降水线重合，主导划分因素是气温和降水。

降水量分区。按照年降水量，全国可以分为湿润区、半湿润区、半干旱区、干旱区等4类地区。其中湿润区和半湿润区的分界线和"胡焕庸线"具有一致性，400毫米等降水线与"胡焕庸线"大致重合。

温度带分区。大多数农作物在日平均气温高于 10 摄氏度时才能活跃生长，所以通常把日平均气温高于 10 摄氏度的天数叫作生长期，把生长期内每天平均气温累加起来的温度总和叫作积温。根据积温的分布，全国可以分为热带、亚热带、暖温带、中温带、寒温带、青藏高原区等 6 类地区。

耕地质量分区。土地是重要的自然资源，按照耕地质量，全国可以分为 9 类地区，分别是东北地区、内蒙古及长城沿线地区、黄淮海地区、黄土高原地区、长江中下游地区、西南地区、华南地区、甘肃新疆地区、青海西藏地区。

二、中国的经济区域划分

（一）新中国成立前的经济区域划分

由于各种原因，新中国成立之前并没有组织开展系统的经济区域划分，相关论述主要来自于部分专家学者的研究，最为著名的是"胡焕庸线"的划分。

1935 年，中国地理学家胡焕庸按照全国人口密度，提出了一条从黑龙江黑河到云南腾冲的划分线，这条线大致为倾斜 45 度基本直线，线东南方 36% 国土居住着 96% 人口，以平原、水网、丘陵等地貌为主要地理结构，自古以农耕为经济基础，线西北侧只分布着 4% 的人口，主要以游牧为经济基础。"胡焕庸线"是我国重要的经济区域划分，是人口发展水平和经济社会格局的分界线，并与我国降水、温度等自然气候划分重合。

（二）新中国成立后的经济区域划分

新中国成立之后，为了更好地推动经济发展，本着因地制宜、因时施策的原则，国家在不同阶段对经济区域有着不同的划分。

1. 沿海和内地划分

新中国成立之前，我国工业基础十分薄弱且区域布局很不合理，绝大部分工业集中于东部沿海地区，广大内陆地区几乎没有近代工业。新中国成立后，为平衡沿海和内地的关系，同时满足战备需要，国家采取了重点发展内陆地区的战略。毛泽东同志在1956年《论十大关系》中提出了沿海和内地区域划分，指出沿海是指辽宁、河北、北京、天津、河南东部、山东、安徽、江苏、上海、浙江、福建、广东、广西。这种划分方法在"一五"到"五五"计划时期国家处理区域经济关系时基本上被采用。20世纪90年代初国家在制定国民经济和社会发展规划中，也沿用这种划分方法。

2. 六大经济协作区划分

1954年，为加强党政军的领导、调动地方积极性，在沿海与内地划分的基础上，依托大区级管理机构建立了东北、华北、华东、华中、华南、西南、西北七大经济协作区。1961年，我国在七大经济协作区的基础上形成六大经济协作区，即东北经济区、华北经济区、华东经济区、中南经济区、西南经济区、西北经济区。

3. 一、二、三线地区的划分

20世纪60年代初，出于战备需要和国防考虑同时兼顾区域经济布局，"三五"计划将全国划分为一线、二线、三线地区。一线地区包括新疆、内蒙古、黑龙江、辽宁、吉林、天津、山东、江苏、上海、浙江、福建、广东、广西等省区，三线地区包括四川、贵州、陕西、甘肃、青海、宁夏、广西、湖北、湖南、山西等省区，其余地区为二线地区。

4. 东中西三大地带划分

1986年，"七五"计划提出，按照经济发展水平和地理位置相结合的原则，将全国划分为东部、中部、西部地区三大经济地带，提出"要加速东部沿海地带的发展，把能源、原材料建设的重点放到中部，并积极做好进一步开发西部地带的准备"。东部沿海经济带包括辽宁、北京、天津、河北、山东、江苏、上海、浙江、福建、广东、海南、广西等12个省区市，中部地区指黑龙江、吉林、内蒙古、山西、河南、湖北、湖南、安徽、江西等9个省区，西部地区指陕西、甘肃、青海、宁夏、新疆、四川、云南、贵州、西藏等9个省区。

5. 四大区域板块划分

20世纪90年代之后，面对日益扩大的区域发展差距，"九五"计划提出要把"坚持区域经济协调发展，逐步缩小地区差距"作为经济和社会发展必须贯彻的重要方针之一，提出要实施区域协调政策，遏制区域发展差距逐渐扩大的趋势，积极朝着缩小差距的方向努力。在此背景下，在继续支持东部地区发展的基础上，1999年，中共十五届四中全会正式提出实施西部大开发战略。2000年1月，中共中央、国务院印发《关于转发国家发展计划委员会〈关于实施西部大开发战略初步设想的汇报〉的通知》，中央经济工作会议提出我国要实施西部大开发战略，并把西部开发作为促进区域经济协调发展的中心工作。2001年9月，国务院办公厅转发《关于西部大开发若干政策措施的实施意见》，这是以区域协调发展为基调形成的第一个区域发展重大决策。

2003年，中共中央、国务院印发《关于实施东北地区等老工业基地振兴战略的若干意见》。随后，国务院成立了振兴东北地区等老工业基地领导小组及办公室，研究制定了振兴工作总体规划和专项规划。有关部门也加大了支持东北老工业基地的工作力度。东北地区等老工业基地振兴战略的实施，是以促进区域协调发展为基调形成的第二个重大战略决策。

2005年，中共十六届五中全会通过的《中共中央关于制定国民经济和社会发展第十一个五年规划的建议》对促进区域协调发展作了全面阐述，明确要推进西部大开发，振兴东北地区等老工业基地，促进中部地区崛起，鼓励东部地区率先发展，"十一五"规划将此概括为实施区域发展总体战略。区域发展总体战略将全国划分为东部、中部、西部、东北四大板块，这一划分构成了21世纪初期中国区域政策的基础。由此形成了东部、中部、西部和东北四大区域的新格局：东部包括北京、天津、上海、河北、山东、江苏、浙江、福建、广东、海南10个省市；中部包括山西、河南、安徽、湖南、湖北、江西6个省区；西部包括四川、重庆、贵州、云南、西藏、陕西、甘肃、青海、宁夏、新疆、广西、内蒙古12个省区市；东北包括黑龙江、吉林、辽宁3省。

2006年，中共中央、国务院印发《关于促进中部地区崛起的若干意见》，随后成立促进中部地区崛起工作办公室，负责研究提出中部地区发展战略、规划和政策措施，促进中部地区崛起有关工作的协调和落实。中部地区崛起战略的实施，是以促进区域协调发展为基调形成的第三个重大战略决策。

第三节　影响区域协调发展的基本因素

区域协调发展受到自然、社会、文化等多个影响因素的制约，特别突出的是自然地理条件和国家政策。

一、自然地理条件

自然资源禀赋和地理区位条件是区域间的天然差异，是区域协调发展需要重视的基础和背景，其对要素流动、人口集聚、经济发展等都有重要影响。

（一）自然条件

自然地理条件作为各地区经济发展的起点和基础，明显影响各地区的经济发展和人口集聚，因而是制约区域协调发展的重要原因。地质地貌、水文气候等自然地理条件，对农业生产和人口迁移造成了直接影响，例如我国东部沿海地区的平原三角洲地区，气候良好、土壤肥沃、水资源充沛，不仅对农业生产提供了保障，也对其他产业发展形成了有力支撑。"胡焕庸线"百年来仍然保持稳定也说明了这个问题。马克思在《资本论》中指出，撇开社会生产的不同发展程度不说，劳动生产率是同自然条件联系的。

（二）地理区位

一个区域的发展，基础是其拥有的地理位置和区位条件，它们不仅是对资本、技术、市场等形成吸引力的前提，也是影响产业发展的主要基础，在很大程度上，决定了区域经济发展的难易快慢。例如，沿海区域与内陆地区相比，更具有发展外向型经济的可能，从而能够更为有效地利用国际国内两个市场加快经济发展。由于港口的存在,我国东部沿海地区与世界建立了广泛深入的经济联系,这种优越的地理区位条件,带来了近代以来这些地区工业经济的率先和快速发展。

(三)自然资源

自然资源是区域发展的物质基础,一般地说,自然资源越丰富,发展生产的潜力和空间就越大。区域产业发展是建立在自然资源基础之上,拥有某种资源,就有可能发展起利用该种资源的产业门类。区域资源的构成往往决定了区域的初始产业结构,对区域经济的发展方向产生很大影响。这一特征在资源型城市体现得很明显,丰富的自然资源为这些城市带来了产业发展和人口集聚,从而也带来了经济繁荣和社会进步,与之相应,随着资源的枯竭,经济发展也相应陷入困境。值得注意的是,经济发展过程中也面临着"资源诅咒"现象,一个重要事实是,过度依赖丰裕资源使一些地区或国家先后陷入了长期低增长,自然资源并未成为经济长期可持续发展的有利条件,这表明,自然资源与区域经济发展之间的中长期关系需要更加系统地进行研究。

二、国家政策

区域协调发展除了受到自然地理等先天因素的影响外,还会受到人类社会经济活动以及制度、技术等非自然因素影响。在一定程度上,这些非自然因素可以归结或集中体现为国家政策特别是国家区域政策。

(一)国家政策的内涵与特点

国家政策是中央政府及其组成部门为落实特定任务或目标而制定、实施的各种规定与措施。广义的国家政策大体包括:各类法规或法令;涉及经济社会发展各领域的重大战略与政策,如创新驱动发展战略、城镇化发展战略、乡村振兴战略、区域协调发展战略、可持续发展战略,经济政策、社会政策、文化政策、科技政策、环保政策等;涉及宏观治理和经济调节的政策,如财政政策、货币政策、产业政策、土地政策等;重大改革举措;重大项目布局安排等。区域政策是国家基于空间或为了优化空间布局所制定实施的政策，它构成了国家政策的重要组成部分。国家政策具有权威性、规范性、及时性及影响力大、含金量高等特点。

（二）国家政策对区域发展的影响

国家政策对区域发展的影响体现为直接与间接两种状态。面对全国和针对领域的国家政策对区域发展的影响是重大的，但往往是间接的。虽然这些政策的着眼点在于实现全国性的工作任务和发展目标，但由于其中蕴含着经济结构、重大生产力布局等的调整，体现着中央政府和地方政府间事权财权关系的变化，反映着政府与市场格局的构造，且其体现在各个区域的制度创新、项目安排等并不是绝对均衡的，因而其对区域的影响不仅是普遍的，也是存在差别的。考虑到这类国家政策的实施与各地的区位、资源、比较优势等密切相连，其所带来的地区差别会更加明显。

区域政策一般为特定地区或区域所专门打造或量身制定，其政策安排分为全方位或针对特定领域两类，无论哪一类，其带来的影响都是直接而有力的。就地域空间板块而论，区域政策在体现因区制宜、分类指导的特质时，一般分为特定的行政区域和跨行政区域两种。后者往往建立在经济紧密联系、以流域、生态带为纽带等的基础之上。

三、自然地理条件和国家政策对我国区域协调发展的影响

（一）我国自然地理条件的影响

不同的自然地理条件，对我国区域协调发展的影响主要体现在资源禀赋、区位条件、历史文化等方面。

1. 资源禀赋的差异

我国地形复杂，东中西呈现出由低到高的地势，构成地域明显的阶梯状分布。地形类型包括平原、高原、盆地、山地、丘陵等，海拔在500米以上国土约占全国总面积的73%，其中约有36%的地区是在3000米以上的不宜人类进行大规模生产活动的高原区。根据中国县（市）社会经济统计资料，

从地域分布看，丘陵地区主要集中在东部沿海、四川等省份，光照、水资源条件都比较充足，适合农作物生长，是我国的粮食主产区。平原主要包括长江中下游平原、华北平原和东北平原。盆地主要是塔里木盆地和准噶尔盆地。

我国水资源区域分布不平衡，受到降水、地表径流和地下水的影响，全国水资源分布总体是西南、华南、东北和长江流域比较多，而西北和华北地区是重缺水区，影响了农业发展。

我国生物资源总量相当丰富，但地域差异性特别突出。受到气候的影响，我国森林资源集中在西南、东北及西藏东南部地区，东南丘陵山区也是我国的经济林区。西北、华北地区是我国生态脆弱区，区内的森林覆盖率、水土流失率、荒漠化率均居全国前列。

我国耕地资源总量位居世界前列，但人均占有量很少。从全国耕地分布来看，出现东多西少、北多南少的特点，南方的耕地面积占全国总面积不足40%，北方高于60%；从东中西三大地带分析，东部大约占28%，中部约占43%，西部占28%。从省份分析，黑龙江、河南、内蒙古和山东的耕地拥有量位居全国前四位。如果考虑到人口分布，人均耕地面积最少的上海市仅是内蒙古的1/11。就耕地质量而言，西部地区的耕地质量不容乐观，多数耕地是低产田或者坡耕地，单产很低，水热搭配不合理。相反的是，人均耕地面积较少的东部地区单产较高。

我国能源矿产资源数量多、储量大，但区域分布不平衡。煤炭资源主要分布在山西、陕西、内蒙古，占全国煤炭储量七成以上，其次是西北地区，约占10%，共同构成了我国"三西"能源化工基地。水能资源受到水资源空间分布的影响，多集中于大江大河的上游，西南地区是我国水电资源基地，区内可开发水能资源占全国资源总量的80%。铁矿资源主要集中在冀东、辽中南和川西，占全国总量的一半以上。铜矿主要集中在长江中下游、川滇、山西中条山、甘肃白银市等矿区，储量约占全国的3/4。铝土矿则集中在山西、河南、贵州和广西，其中山西约占全国总量的1/3。

2. 区位条件的差异

区位条件差异是区域发展差异的重要组成部分，它对区域经济发展产生重要的影响，就我国而言，区位差异体现在以下方面：

沿海滨海的区位优势。改革开放以来，以市场为导向的改革开放战略，使得沿海的区位优势应运而生，许多港口城市对外开放步伐加快，已发展成为区域性的经济中心、物流中心、对外贸易中心。国家建设的几条自东部沿海向西走向的交通干线，一方面进一步强化了沿海港口的物流中心作用，形成了紧密的港口与腹地关系网络；另一方面促进了东、中、西要素流动和产业转移，形成了区域互动的新局面。

城市群的区位优势。21世纪以来，随着经济分工协作和要素配置，我国出现了十余个布局紧凑、城市密集、功能齐全的城市群，这些城市群成为当前我国区域经济的重要载体，也是经济增长效率在空间上的反映。如长江三角洲、珠江三角洲、京津冀、成渝、长江中游五大城市群现已是我国经济发展的半壁江山。当然，城市群的出现会进一步弱化那些远离城市群的城市的作用，形成新的"中心—外围"关系。

政策导向的区位优势。20世纪80年代设立的深圳、厦门等经济特区利用毗邻港澳台的区位优势，通过特殊政策发展起来；20世纪90年代上海浦东新区的开放开发和近年来雄安新区的建设，都是利用政策先行先试的优势发展成为区域经济的支撑点和改革的试验田。

3. 历史文化的差异

历史布局的差异。从历史上看，中国自宋朝以来，经济和人口向东南沿海集中的格局一直延续至今。汉朝以前，中国的经济中心在北方的黄河流域，之后由于北方战乱等原因，长江流域逐步得到开发。到南宋时期，经济上南强于北的局面已经确立。近代以来，东南沿海成为中国工业的发源地。到新中国成立初期，全国70%以上的工业和交通物流设施集中在占全国面积不到12%的东南沿海地带。

商业文化的差异。我国历史不同时期曾经出现晋商、徽商、豫商、浙商、台商、港商等以地域命名的特殊商业群体，他们代表了具有地域特色的企业家在经济发展过程中所扮演的角色，形成一种具有浓厚地域色彩的商业文化。比如在近代，晋商通过经营商业票号而控制全国金融业，相比之下，儒商成为徽商走向繁荣的标志，浙商则是改革开放以来涌现出的一批敢闯敢拼、开拓创新、积极进取的浙江民营企业家群体。

边疆民族文化的差异。我国拥有五十多个少数民族，且绝大部分分布在边境地区，由于历史原因，这些少数民族都形成了自己的文字、语言和文化习俗，民族文化差异体现在空间层面就是区域文化差异性，也是国家文化多样性的标志。民族文化是中华民族共同体的重要组成部分，也是我国区域协调发展中需要加快文化融合的重要方面。

（二）国家区域政策的影响

除了依托一般性国家政策的引领和推动，我国特别注重运用区域政策促进区域协调发展，进而推动国民经济整体发展，区域政策成为我们政策体系和治理构架的一个重要特色和耀眼亮点。我国幅员辽阔、人口众多，不仅省（区、市）之间差异较大，而且很多省（区、市）内部各地市的差异也较大。推动区域协调发展，不能将一种战略施诸全国各地。在实践中，我国逐步形成了多层次、多对象、多目标的区域发展战略和政策体系。区域政策的制定与实施，赋予了相关区域先行先试的权利和开拓创新的空间，促进了相关区域要素资源的集聚，直接影响了区域经济发展格局。

改革开放前，国内区域经济的布局主要以政府的计划与行政命令方式推动。与计划经济相应的各种制度强化了区域的生产力布局，加快了内陆地区工业化，对快速实现国家的工业化起到了积极作用，但资源和要素不能实现自由流动，区域间不易形成高效和互促的发展格局。改革开放后，伴随着社会主义市场经济体制的建立，沿海地区对外开放步伐加快，同时各地政府为促进本地经济增长，竞相出台各种有利于招商引资的政策，形成具有中国特色的区域经济良性竞争，加快了区域经济发展，但单纯依赖市场机制作用一定程度上拉大了区域差距。20世纪末开始，国家持续实施了区域协调发展战略、区域重大战略、主体功能区战略等，形成了一系列针对性强、含金量高、密切配合、相互支撑的政策举措，推动各地形成了强劲活跃的发展体制和运行机制。依靠区域内外联动和政府市场双轮驱动，区域经济迅速发展，区域协调发展不断呈现新格局。

过去二十多年的实践充分显示了国家区域政策的巨大效应。数据与事实表明，直接实施国家区域战略特别是具有量身打造战略指导的地区，其增长速度明显高于一般地区，经济效益显著优于一般地区，民生改善力度普遍强于一般地区，推进合作开放的步伐也大大快于一般地区。

第四节　区域协调发展的基本特征

区域协调发展的本质要求和核心内容，是缩小地区发展差距，更为准确地说，是缩小地区间过大的和不合理的差距。区域协调发展是在动态的变化中实现区域之间各项差距逐渐缩小，从而达到各区域间相对均衡、相对协调发展状态的过程。

一、区域协调发展的目标导向

从方向上看，促进区域协调发展应当体现的目标要求主要是：

（一）发展差距的缩小

缩小区域差距是区域协调发展的重要任务。促进区域协调发展就是要以要素有序自由流动、基本公共服务均等、资源环境可承载等为重点，努力缩小区域间的各项发展差距。基于适宜的区域战略规划和政策文件实施分类指导，对缩小地区差距、促进区域协调发展是十分有效的，例如我国区域战略的实施扭转了长期以来东部地区经济增长一马当先、中西部与东部发展差距越拉越大的状况，从2008年起，中西部经济增长速度全面超过东部。

（二）发展的动态平衡

区域经济发展任何时候都不会是绝对平衡的发展，有的地区发展水平高些、有的地区发展水平低些，有些地区发展快些、有些地区发展慢些，是正常状况。静态均衡不存在也无法做到。促进区域协调发展主要是实现相对平衡，或者说，是追求发展中的动态平衡，其含义是，正视地区间发展悬差问题，并使这种差距在前进中不断缩小。

（三）空间格局的优化

区域协调发展可以促进人口、经济和资源环境的空间均衡，形成合理有序的国土空间开发格局。通过出台实施空间尺度更为细化的相关区域规划和政策文件，加大政策的差异性，增强措施的针对性，可使区域空间格局更加优化。

（四）综合竞争力的增强

实施区域协调发展的相关政策可以有效提升区域的综合竞争力，从而提高国家综合竞争力。分类指导和因地制宜能够充分发挥各个地区的比较优势，做强做大优势产业、特色经济，消除地区发展瓶颈制约，增强区域核心竞争力。而一体发展、协调联动能够最大限度地提升地区创新能力和资源要素配置效益，最大限度地减少地区封锁、市场分割和恶性竞争，从而降低经济运行成本、促进优势互补，提升国家整体竞争力和抗风险能力。

二、区域协调发展目标的划分

（一）根据理论和逻辑划分

1. 发展结果协调

区域协调发展的结果是为了促进发展水平与财力水平、生活水平的相对均衡。主要运用的政策工具是中央对地方的均衡性财政转移支付和公共产品公平供给。

2. 发展机会均等

不同地区间初始条件、要素禀赋差异和生态空间管控等差异，决定了各区域经济社会发展是不平等的。但不同区域的每一个人都应享有平等的基本生存与基本公共服务的权利。

3. 发展条件均衡

不同地区受区位和交通、资源要素和产业发展等条件的影响，往往发展条件差异明显。但可以通过提升交通基础设施通达程度，促进市场一体化和要素流动，缓解发展在空间上的累积循环效应。

（二）根据重点领域划分

1. 区域经济发展的协调

强化举措推进落后地区实现更加充分更为快速的发展，将区域人均经济发展水平的差距缩小到合理的范围。同时，通过发展生产与优化分配促进居民收入水平的均衡。

2. 区域社会发展的协调

加快推进基本公共服务均等化，解决区域间财力水平差异过大、社会发展状况悬殊等问题，同时不断提升公共服务供给质量与水平，促进各区域人民精神文化生活持续改善，人的全面发展取得明显进展。

3. 区域生态环境的协调

通过生产生活生态空间的合理保护开发，促进区域人口经济与资源环境承载力相协调，同时加快建立生态补偿机制，拓宽生态价值转化通道，促进人与自然和谐共生。

三、我国区域协调发展的主要衡量标准

我国区域协调发展的基本要义，是把逐步缩小地区差距作为一项需要持续推进的重大任务，通过市场和政府的有机协同，形成动态促进区域协调发展的体制机制。区域协调发展是在动态中不断呈现的，这个过程既不是一蹴而就的，也不是一劳永逸的。因此不仅要把握区域协调发展的目标方向，也应确定衡量区域发展的基本标准。具体说，至少应包括五个方面。

(一) 人均地区生产总值差距适度

地区生产总值在一定程度上反映了地区经济发展的水平,而地区人均生产总值在一定程度上反映着地区间发展的协调性,地区间人均生产总值差距的不断缩小,意味着区域协调的程度不断提高。随着人口的流动和欠发达地区经济的加快发展,各地区常住人口人均生产总值的差距是可以缩小的。不能把促进区域协调发展简单地理解为缩小地区间生产总值的差距,这实际上也是做不到的。促进区域协调发展,要着力遏制地区间常住人口人均生产总值差距扩大的趋势,使之保持在一定的限度内。

(二) 人与自然关系和谐

人类的可持续发展有赖于经济的可持续发展,而经济的可持续发展又有赖于自然生态的可持续发展。因此,生态可持续发展是区域协调发展的必要条件和核心内容。我国生态环境整体上比较脆弱,许多地区的经济和人口承载能力不强,各地区的经济发展,必须充分考虑本地区的资源环境承载能力,以不破坏生态环境为前提,使各地区人与自然的关系处于协调和谐状态。既要促进欠发达地区的经济发展,努力缩小地区差距,同时也要做到开发有度、开发有序、开发可持续,切实保护好生态环境。

(三) 基本公共服务均等

基本公共服务包括公共教育、劳动就业创业、社会保险、医疗卫生、社会服务、住房保障、公共文化体育、残疾人服务等领域。基本公共服务是最基本的民生需求,是政府及其机构为社会提供的普惠型服务,涉及广大人民群众的根本利益与现实权利。基本公共服务均等化要求同一区域的各类人群和不同区域间的人群都能公平地获得大致均等的基本公共服务。因此,是否提供了均等化的公共服务,或者说,各类人群是否享有大体相同的基本公共服务是衡量区域协调程度的重要标准。

(四) 区域联动紧密深入

地区间的一体联动有利于实现优势互补,缩小差别。联动越深入广泛,则越能提升地区间协调发展水平。因此促进区域协调发展,必须打破各种壁

垒，化解利益藩篱，全方位、多领域推进地区间合作，实现协调发展、一体发展。

（五）比较优势充分发挥

寸有所长、尺有所短，任何一个地区都具有比较优势。发挥比较优势，不仅能实现地区最快的发展，而且能避免地区间的不良竞争，推动形成优势互补、协同配合的区域分工布局。实现区域协调发展，不是最大限度地耗费资源能力，而是要发挥地区比较优势，这也应成为衡量区域协调发展程度的重要标尺。

第五节 区域协调发展需要着力解决的主要问题

区域政策为解决区域问题而生，区域问题导致了区域发展不协调。区域协调发展面对的问题是多种多样的，既有基于通行因素展现的一般问题，也有缘自具体实际形成的特殊问题。结合我国基本国情与具体实践，需要着力解决的区域问题主要有以下七方面问题。

一、区域发展差距过大问题

所谓区域发展不协调问题，首要的和核心的问题是地区间区发展差距问题。但并非存在差距就是问题，逻辑分析与实践发展都表明，一定范围内的差距往往是地区间争先恐后推动发展的动力与条件。准确地说，区域协调发展所要解决的是不合理或过大的地区差距问题。作为多种区域问题的综合反映，区域发展差距过大，不仅会影响整体经济的发展进程，还容易引发严重的社会问题。区域发展差距过大主要从增长速度、人均地区生产总值、收入水平及基本公共服务状况等方面体现出来。

（一）区域间经济增长速度差距过大

一定的经济增长速度是促进区域协调发展的基础和支撑。而区域不平衡不协调的最为直观的体现就是区域间增长速度差距过大、部分地区增速长期陷入低迷低速状况。地区经济增长速度快慢依赖于客观条件和主观努力两方面因素，而由于产业特性、资源禀赋、不合理体制等的限制带来的低增长、低效益等，应是促进区域协调发展所要解决的重点问题。

（二）区域间人均总值差距过大

地区人均生产总值是衡量地区发展差距的主要指标，在人口数量相对稳定的情况下，地区间人均生产总值差距越小，区域协调发展程度越高。反之，不协调性就越突出。在市场经济条件下，人口是自由流动的，且主体流向是经济较为发达地区，如果经济发达地区与欠发达地区间人均生产总值差距扩大，则意味着区域不协调状况加剧。

（三）区域居民收入水平差距过大

居民收入水平是衡量人民生活质量和社会富裕程度的最直观、最重要的指标，与国家和地区经济发展状况直接相连。在分配制度较为合理的前提下，区域居民收入水平差距越小，意味着区域协调发展程度越高，反之，则表明区域不平衡问题突出。一般地说，过大的区域居民收入水平差距，是导致劳动者创造性、能动性不足和社会不和谐、不稳定的直接原因。

（四）区域基本公共服务水平差距过大

基本公共服务作为政府为每一位社会成员提供的公共产品和服务，其均等化程度直接关联着区域协调发展。在公正的社会制度下，社会成员应当拥有平等的人身权利和发展机会，能够共享社会发展成果，特别是均等共享基本公共服务。区域基本公共服务水平差距过大，是区域发展不协调的重要体现，不符合公平正义原则，不利于改善民生，也不利于促进社会和谐。促进区域协调发展，应在努力提高供给水平的同时，多措并举实现基本公共服务的均衡发展、平等共享。

二、区域不良竞争和无序开发问题

基于行政板块运作形成的制度体系和利益关系，促使一些地区更多地以自身视角谋划和推动发展，这种各自为政的做法导致了区域间的不良竞争和国土空间的无序开发，对促进区域协调发展形成了严峻挑战。

（一）经济循环不畅

为防内部资源要素流出和外部产品服务进入，一些地区往往明招暗技并举，采取一些不适当的行政手段和经济方法搞地区封锁、市场分割，致使资源要素自由流动、高效配置受到阻碍，生产、分配、流通、消费各环节不能全面贯通，内外经济流动无法正常展开。这妨碍了全国统一大市场的建立，影响了经济运行的改革与效益。

（二）结构优化艰难

局限于"一亩三分地"自身利益的封闭性运作，必然带来产业发展的"大而全""小而全"，从而形成了地区间产业体系的低水平重复。与此同时，地区分割导致比较优势难以有效发挥，创新要素无法集聚整合，产业链供应链不能高水平衔接配置，从而影响了产业基础高级化和产业链现代化的推动与提升。

（三）发展方式粗放

地区封锁、各自为政妨碍了区域合作的深入推进，从而影响了资源要素的跨地区广泛利用。加之干部任用制度、政绩考核制度等存在的一些缺陷，驱使一些地区不顾自身条件，盲目追求"高大上"产业和项目，或忽视长远利益热衷于靠山吃山、靠水吃水，其结果是竭泽而渔，导致资源浪费和环境破坏，也毁掉了经济持续增长的根基。

三、发达地区整体竞争力提升问题

发达地区是促进一国经济发展和困难地区跨越发展的重要带动力量。由于经济和人口的持续集聚、经济规模的不断扩大等原因，一些突出问题会在发达地区逐渐显露出来，对整体竞争力的进一步提升形成了严重制约。

（一）资源环境约束趋紧

由于人口、资本、产业及其相关要素向发达地区过度集聚，发达地区资源环境约束渐趋紧张，存在成本攀升和空间限制压力，土地供给难以为继，生态环境制约增强，人口红利逐渐减退，人力资源成本和资金物流成本不断攀升，从而引起了一系列社会管理、生态环境和公共服务问题，集中表现为交通拥堵、环境恶化、住房紧张、就业困难等。同时，随着发达地区城市规模增大，城市工业产生的废水、废气、固废，以及大量的汽车尾气排放和城镇居民生活污水排放等，严重影响了城市居民的生活品质。

（二）实体经济发展压力增大

实体经济特别是先进制造业，是区域发展的基础与支撑，是承载就业、创造财富的主要依托。相对于虚拟经济，实体经济对厂房、设备、材料等要求较高，投入成本大，竞争也更加激烈，利润微薄且获取不易。不断攀升的地价、房价和劳动用工综合成本，以及市场需求的多样化、精致度和科技化的不断提高等，给实体经济的发展带来了超常的压力。在这样的环境下，一部分实体经济实现了由大城市向小城市，由综合成本高向综合成本低的地区区际转移，也有一部分实体经济放弃本业走向虚拟经济领域。

（三）科技创新资源支撑乏力

科技革命的深入发展及对产业领域的深层融透，使产业持续创新不仅成为一种共识，也成为国际间、地区间比拼的一个核心内容。而随着生产力发展特别是现代化事业的推进，广大人民群众对美好生活的追求日益强烈，其多样化、个性化和愉悦性特色的凸显，大大强化了产品与服务知识性、科技性的需求，从而要求创新链产业链供应链深度结合并不断优化升级。发达地区在这方面处于首当其冲的位置。在激烈的竞争环境下，创新资源要素总体上总是分散配置状态的。因而面对日益强烈与不断攀高的需求，许多发达地区科技创新能力明显不足，尤其是在关键核心技术创新方面支撑乏力。

四、落后地区实现跨越式发展问题

缩小两极差距，不是抑制先进地区前行步伐，而是推动落后地区实现跨越发展，后者是促进区域协调发展的重点任务。但实现落后地区跨越发展面临一系列尖锐挑战，殊为不易。

（一）自然地理与历史差异在市场经济环境中形成的"马太效应"给落后地区跨越发展带来挑战

一些地区的落后局面形成往往具有自然地理和历史发展的原因。地处偏远地带、交通闭塞、气候恶劣，资源短缺、土地贫瘠、经济基础薄弱，长期处于边缘化状态。市场经济是竞争经济，其内在系统中没有必然的贫困支持机制。这样的自然环境和历史基础极易形成明显的马太效应，落后地区不仅自我发展能力差，而且外部资源、要素难以流入，反而自身的资源要素还会流出，陷入了雪上加霜的境地。

（二）工业化、城镇化深入发展在城乡二元结构环境下出现的"剪刀差依赖"给落后地区跨越发展带来挑战

区域差别主要体现在城乡差别上，而落后地区一般都分布在农村。工业化与城镇化进程的加快，虽然有利于推动生产要素在全国范围内有效配置，但这一过程又会导致生产要素向发展条件好的城市集聚，特别是在工业化发展的一定阶段，其集聚效应明显大于扩散效应，从而加剧区域的不平衡发展。这种状况鲜明反映在城乡关系上。就我国情况看，长期实施的是城乡分割的二元经济体制。在计划经济时期，农村主要是通过农产品与工业品价格的"剪刀差"来支撑城镇发展。在市场经济条件下，旧有的"剪刀差"伤害并没有完全消除，农村又以生产要素特别是土地、人才的低廉售让支持着城市的发展和工业化的进程，这种状况进一步造成了城乡发展差距的悬殊，对农村的加快发展特别是农村落后地区的跨越发展形成了制约。

（三）推动绿色发展在转型提质环境下形成的"两难困境"给落后地区跨越发展带来挑战

绿色发展是人类永续发展的基础与保障，能够促进人类所需要的丰富物质生活和优良精神生活的有机聚合。在我国，绿色发展是高质量发展的重要特征和本质要求。但绿色发展以保护生态环境和节约资源要素为前提，要求实现经济社会发展和人口、资源、环境的协调统一。落后地区大都位于高山

低谷地带，生产生活主要靠开发当地资源，"靠山吃山，靠水吃水"的特征十分突出。贯彻绿色发展理念，必须优化改善这种粗放的生产生活方式。但在内部生态环境需要大力保护、外部资源要素难以有效利用的情况下，如何实现跨越发展，对落后地区而言充满艰难。

（四）宏观调控政策实施在现行体制环境下出现的"效用销蚀现象"给落后地区跨越发展带来挑战

宏观调控政策的着力点在保障经济社会全面协调可持续发展，但是，不合理的政绩考核体系、不健全的财政税收体制及不完善的市场制度体系等，致使一些影响区域协调发展的因素，如单纯追求经济增长、实施市场封锁分割等难以得到实质性改善，进而使"区别对待、有保有压"的发展方针很难有效贯彻，而其中受影响最大的往往是落后地区。此外，宏观调控与经济调节中存在的"一刀切"状况，常常只"切"了先进地区的"尾"，而却"切"了落后地区的"头"。落后地区刚刚开步走，就被一纸命令叫停了。

五、特殊类型地区转型发展问题

资源枯竭、产业衰退、生态退化地区以及独立工矿区、老工业区、采煤沉陷区面临着主导产业衰退、接续替代产业发展不充分等问题，面临特殊发展困难。

从产业发展看，这些地区经济长期依靠资源能源等重化工产业带动，倚重投资驱动，产品大多以初级产品为主，产品附加值低，产业链条短，产品市场竞争力较弱，一些地区转型困难，替代接续产业基础薄弱，劳动力素质不适应转型发展需要，有效供给不能适应市场需求变化需要，大量企业生产经营困难。老工业基地受国内外形势变化和产业变革影响，装备制造和能源重化工业等原有的主导产业逐步衰退。资源枯竭地区长期高强度、大规模的资源开采，引发一系列生态破坏和环境污染问题，陷入"资源诅咒陷阱"的风险仍然存在。

从城乡发展看，城乡二元制结构有待打破，城市对农村仍然是虹吸效应大于辐射效应。县城内生发展动力不足,较难实现以工补农、以城带乡。乡村社会事业和民生发展滞后,劳动者职业技能缺乏,本地人才流失较为严重,外地管理人才和专业技术人才引进更难,导致各类人才相对匮乏。

这类地区经济转型和社会转型问题相互交织。偏资源型、偏传统型、偏重化工型的产业结构日益不适应市场的需要,再加上企业活力仍然不足,产业结构不够合理,产业链条比较短等因素相互叠加,使得经济增长旧动力减弱和新动力不足的结构性矛盾凸显出来。结构性问题又反过来暴露了行政管理体制不活等深层次体制性机制性问题,导致体制性、结构性问题互相交织,长期性、短期性问题互相叠加,历史性、现实性问题相互碰撞,使得面临矛盾更加复杂。可以说,结构问题暴露了体制机制问题,体制机制问题又反过来制约了结构不能向高端迈进,这些体制机制和结构问题影响了市场,市场需求不足影响经济增速,经济增速放缓制约民生的改善,形成了一个相互影响和传导的链条。

六、区域合作难以深入拓展问题

区域合作是促进区域协调发展的重要举措,有利于避免恶性竞争,扩大发展空间,但推进区域合作协作涉及从思想认识到操作方式等一系列调整、转变、优化与提升。无论是从内部条件看,还是从外部环境看,都还存在着一些影响区域合作开展和深化的障碍。

一是思想障碍。对区域合作的重要性认识不足,推进合作的主动性不强。一些发达地区存在"嫌贫爱富"意识,有优越感,认为与发展较差的地区合作难以获得实质性好处,交"穷朋友"会拖累自己;一些欠发达地区则存在"自惭形秽"意识,有自卑感,既担心与发展较好的地区合作会遭受不公平对待,又害怕在合作中因身处低位而导致资源外流、利益受损。

二是体制障碍。以行政区为单元的治理模式及其管理体系,包括财税、投融资体制和政绩考核、责任追究机制等,易于推动封闭式运作的内热型发展,而不利于对外开放合作的有效推进。尽管经过多年的改革,包括行政管理体制在内一些重要改革取得积极进展，但总的来说，导致地区封锁，市场分割的体制基础还比较坚实，形成统一大市场的基础制度还需要提升完善，这种状况影响了区域合作在关键性领域展开并取得实质性成效。

三是操作障碍。受思想体制障碍制约，一些地区间的合作往往具有急功近利的色彩，一般局限于单个项目或单个领域。较为深层的合作是共建包括产业园区在内的各类合作平台，但如何建立协调而富有效率的共管共治的行政体制，如何形成利益公平分享、风险协力应对的利益机制，如何推进地区间产业转移承接，如何促进高质量发展等仍缺乏有效的经验，存在不少制约。

七、长效机制建设滞后问题

制度和机制管根本、管长远，具有全局性、规范性、持续性等特点，是推动区域协调发展的重要保证，促进区域协调发展，必须建立健全覆盖各主要领域，平衡各重大关系的长效机制。

当前，区域间一些基本利益关系还没有理顺，区域战略统筹、市场一体化发展、区域合作互助、区际利益补偿等机制还不健全，区域发展的法治建设还比较滞后，区域规划和政策文件的实施缺乏必要的法律保障，实质性的区域一体化进展缓慢，突破行政区划限制仍困难重重。由于机制不顺、约束不足，个别地方不思长远发展利益，热衷于搞短期作为、表象操作。而一届班子一种思路的翻烧饼式的做法，不仅造成了无序开发和粗放发展，也导致了经济增长的大起大落，严重影响了区域协调发展。

第二章
我国区域发展格局的演进历程

新中国成立以来,国家高度重视区域协调发展,立足不同发展阶段,紧密结合当时的形势、任务和问题,坚持从实际出发,相继出台了一系列区域战略和政策举措,推动区域协调发展不断迈向新台阶、呈现新格局。

第一节 沿海与内地平衡发展时期

从新中国成立初期到20世纪80年代末,是平衡工业布局,推动我国工业布局由沿海向内地扩展的阶段。一般称这一阶段为生产力均衡布局或区域平衡发展阶段。

由于技术落后、战火侵害等原因,旧中国的工业基础十分薄弱,残存的工业设施70%以上集中在沿海一带,有限的内地工业也主要集中在少数大城市。占全国土地面积1/3的大西北,1949年工业产值仅占全国的2%。为了改变旧中国遗留下来的工业基础薄弱、沿海与内地布局畸轻畸重的格局,同时基于新中国成立初期的国际政治环境和加强战备的考虑,当时所确立的区域战略思路是,利用沿海的基础和适当利用外援,促使新的工业布局大部分向内地推进,形成全国工业布局相对均衡,各大经济协作区自成体系、相互促进的格局。毛泽东同志在1956年的《论十大关系》中明确指出,沿海的工业基地必须充分利用，但是，为了平衡工业发展的布局，内地工业必须大力发展。在这一战略思想指导下，国家总体上施行向内陆地区倾斜、优先发展中西部地区的区域发展战略，这一时期又可细分为两个阶段，分别是"一五""二五"时期和"三线建设"时期。由于实行计划经济，中央政府统一进行地区间的财力再分配，这一时期国家区域战略主要通过中央基本建设投资计划来实现。

"一五"时期，国家启动了以苏联援建的156项重大项目为核心，以900多个限额以上（投资在1000万元以上）大中型项目为重点的经济建设，涉及内陆地区17个省区市。1953—1959年，共安排限额以上大中型建设项目921个，包括苏联援建的156项重大项目（实际施工150项）。其中冶金工业企业20个、化学工业企业7个、机械工业企业24个、能源工业企业52个、轻工业和医药加工企业3个、军事工业企业44个，这些企业4/5在中西部和东北地区，921个项目内地占68%。"二五"时期，国家投资的重点仍然在中西部内陆地区。经过两个五年计划的建设，极大地改变了中西部和东北内陆地区的经济面貌，全国的生产力布局有了重大的改变。

1965年10月30日，中共中央批准下发《一九六五年计划纲要（草案）》，确定了"三线建设"的总目标，即采取多快好省的方法，在纵深地区建立起一个工农业结合、为国防和农业服务的比较完整的战略后方基地。"三线建设"自1964年9月起至1980年大规模建设基本结束，重点集中在西南的云、贵、川和西北的陕、甘、宁、青等省区以及三西（湘西、鄂西和豫西）地区。当时国家划定的"三线地区"范围包括：甘肃省乌鞘岭以东，山西省雁门关以南，京广铁路以西和广东省韶关以北的广大地区。包括四川、贵州、云南、山西、陕西、甘肃、青海、宁夏全境，河南、湖北、湖南、山西的西部，广西的西北部，共计13个省、自治区的全部或部分地区。在第三个五年计划期间，内地基本建设投资占全国的64.7%，其中"三线地区"占52.7%。从1964年到1980年，"三线建设"累计完成投资2052亿元，其中工业投资占70%以上。建设了1100多个大中型（限额以上）工矿企业、科研单位和大专院校，集聚了50多万训练有素的科技人才，配置了数十万台（套）当时国内最先进的技术装备。这是国家对中西部地区发展援助力度最大的时期，使中西部地区经济得到迅速发展，基本上建成了以国防工业为重点，交通、电子、化工、钢铁等产业为基础的工业体系。

新中国成立以后至20世纪70年代末期这三十年间，由于国家区域战略布局向内陆地区倾斜，有力地推进了内地的工业化、城镇化进程。直到现在，内地的发展都有赖于这个基础。但是，由于偏重行政力量主导，这一时期的区域发展也存在一些不容忽视的问题：内陆地区部分项目投资效益不高，1978年，"三线地区"的百元固定资产（原值）实现的产值只有沿海地区的一半。

需要指出的是，这一时期促进区域协调发展的思想已开始萌生。经济协作区的成立，使协调区域性的工业发展有了一个基本的依据。1975年，中共中央制定了《1976—1985年发展国民经济十年规划纲要》，1978年修订时提出"在1980年建成中国独立的比较完整的工业体系和国民经济体系；到1985年进一步完善全国的经济体系，各个部门的主要环节基本掌握现代先进技术，在全国基本建成六个大区不同水平、各有特点、各自为战、大力协同、农轻重比较协调发展的经济体系"，促进区域协调发展的思想在其中得到了一定程度的反映。

总体来看，这段时期我国区域经济发展取得了一定的进展，区域政策符合当时的国际国内环境，并有力支撑了内陆地区工业化、城镇化的发展。历史是一步一步走过来的，区域协调发展的思想也是逐步认识清楚和逐步确立的。没有前三十年实践的基础，就没有今天的区域协调发展观的确立与创新。

第二节 沿海地区率先发展时期

从 20 世纪 80 年代末到 90 年代中后期，是沿海地区率先发展阶段，一般称这一时期为不均衡发展战略阶段。中共十一届三中全会作出了将全党的工作重点转移到以经济建设为中心的社会主义现代化建设上来的重大决策。1988 年 9 月，邓小平同志在听取工作汇报时，提出"两个大局"的思想，指出沿海地区要加快对外开放，使这个拥有两亿人口的广大地带较快地先发展起来，从而带动内地更好地发展，这是一个事关大局的问题。内地要顾全这个大局。反过来，发展到一定的时候，又要求沿海拿出更多力量来帮助内地发展，这也是个大局。那时沿海也要服从这个大局。1979 年，中共中央、国务院提出了"扬长避短、发挥优势"的方针，确立了积极支持沿海地区率先发展的区域发展战略。"六五"计划明确指出，要积极利用东部沿海地区的现有基础，充分发挥它们的特长，带动内地经济进一步发展。"七五"计划进一步提出，要加速东部沿海地带的发展。按照中共中央、国务院决策部署，国家实行了向沿海地区倾斜的区域经济政策。

这一时期的区域战略，"赋权力、建平台"成为重要的区域政策手段。主要包括：

对广东、福建两省实行特殊政策。1979 年 7 月，中共中央决定对广东、福建两省实行特殊政策。即两省的财政和外汇实行定额包干；物资、商业在国家计划指导下适当利用市场调节；在计划、物价、劳动工资、对外活动等方面扩大地方权限。

设立经济特区。1980 年 5 月，中共中央、国务院正式批准设立深圳、珠海、汕头、厦门经济特区。1983 年 4 月，决定加快海南的开发建设，实行了类似经济特区的政策，1988 年 4 月，七届全国人大一次会议决定设立海南经济特区，同时批准设立海南省。

开放沿海港口城市。1984年4月，为加快对外开放的步伐，国务院决定进一步开放大连、秦皇岛、天津等14个沿海城市，并实施了放宽地方管理权限、扩大对外开放经济活动的权利等政策。

开辟沿海经济开放区。1985年2月，中共中央、国务院决定把长江三角洲、珠江三角洲和闽南厦漳泉三角地区59个市县开辟为沿海经济开放区。1988年3月，国务院进一步扩大了沿海经济开放区的范围，开放辽东半岛、胶东半岛及沈阳、南京等地的140个市、县。

设立浦东新区。1990年6月，中共中央、国务院正式批准上海市开发和开放浦东新区，实行经济特区的某些优惠政策。

在沿海地区设立保税区。1990年6月，国务院批准建立中国第一个保税区——上海外高桥保税区。1991年，国务院批准建立了天津港、深圳福田和沙头角保税区，随后又设立了深圳盐田港、大连、张家港等11个保税区。

这些政策极大地促进了东部沿海地区发展，"六五"至"八五"时期，沿海地区基本建设投资超过全国的一半，1978—1995年，沿海地区吸引外资占全国吸引外资总额的84.7%，东部沿海省份地区生产总值年均增长11.7%，比全国平均水平高1.8个百分点，比中西部地区高2.1个百分点，逐渐形成了一条从南到北沿海岸线延伸的沿海对外开放地带。

总体来看，这一时期沿海地区的率先发展，推动了我国综合经济实力快速提升，为20世纪末实现国内生产总值比1980年翻两番的战略目标，以及人民生活达到小康水平作出了重大贡献。

但是，东部地区发展速度持续领先于中西部地区，也使东部地区与中西部地区发展速度的差距逐步扩大。1978—2000年，东部、中部、西部和东北地区的地区生产总值年均增长速度分别为12.01%、9.99%、9.74%和8.58%，东部地区比其他地区快2个百分点以上。差幅最大的"八五"时期，东部地区比其他地区增速高出5个百分点。从绝对差距看，1978年，东部地区与中部、西部地区之间人均生产总值的绝对差距分别为153.6元和212.9元，到1990年分别扩大到700.1元和885.8元，2000年又分别扩大到4790.2元和

6162.0元。总体上，在1990—2000年间，东部与中部、西部地区之间的相对差距系数，分别扩大了8.9个和12.1个百分点。区域差距的扩大已经逐渐成为一个影响国民经济发展全局的问题。

在推动沿海地区率先发展的同时，国家对区域协调发展也给予了一定程度的重视。"七五"计划提出要正确处理东部沿海、中部、西部三个经济地带的关系，要加速东部沿海地带的发展，同时把能源、原材料建设的重点放到中部，并积极做好进一步开发西部地带的准备。把东部沿海的发展同中、西部的开发很好地结合起来，做到互相支持、互相促进的思想，是促进区域协调发展的初步设想。"八五"期间，中共中央作出了"开发上海浦东，带动长江三角洲和整个长江流域地区经济的发展"的重大战略决策。同时"八五"计划也要求，要正确处理发挥地区优势与全国统筹规划、沿海与内地、经济发达与较不发达地区之间的关系，促进地区经济朝着合理分工、各展其长、优势互补、协调发展的方向前进。继续完善和发展区域合作，以省区市为基础，以跨省区市的横向联合为补充，发展各具特色、分工合理的经济协作区；提倡经济上较发达的沿海省、市与内地较不发达的省、区开展经济联合。"八五"计划提出这一指导方针，说明区域政策开始把正确处理不同区域之间的关系和地带内的区域经济关系作为政策目标，为形成较为完整的区域协调发展思想进一步奠定了坚实的基础。

第三节 着手推动区域协调发展时期

从20世纪90年代中后期到党的十八大召开，促进区域协调发展被摆放到重要位置，区域发展总体战略得以有效实施，一系列成效陆续显现。一般称这一时期为着手推动区域协调发展时期。

20世纪90年代中期，针对地区差距带来的突出矛盾，中共十四届五中全会提出把缩小地区差距作为一条长期坚持的重要方针，1995年9月，江泽民同志在中共十四届五中全会闭幕时的讲话中指出，对于东部地区与中西部地区经济发展中出现的差距扩大问题，必须认真对待，正确处理。党中央决定，从"九五"开始，更加重视支持中西部地区经济的发展，逐步加大解决地区差距继续扩大趋势的力度，积极朝着缩小差距的方向努力。《国民经济和社会发展"九五"计划和2010年远景目标纲要》中首次将地区之间协调发展作为国民经济和社会发展的指导方针之一，指出要坚持区域经济协调发展，逐步缩小地区发展差距。根据这一指导思想，国家作出了一系列重大决策：1999年，中共中央领导同志主持召开会议对西部大开发提出了明确要求，中共十五届四中全会正式提出实施西部大开发战略；2003年印发《中共中央 国务院关于实施东北地区等老工业基地振兴战略的若干意见》，实施东北地区等老工业基地振兴战略；2006年印发《中共中央 国务院关于促进中部地区崛起的若干意见》，启动实施促进中部地区崛起战略。至此，国家关于四大区域板块的指导战略全面形成，"十一五"规划将"推进西部大开发、振兴东北地区等老工业基地、促进中部地区崛起、鼓励东部地区率先发展"概括为"区域发展总体战略"。

2006年至2012年，围绕重点地区加快发展、特殊类型地区转型跨越等，中共中央、国务院推动出台了近百个区域发展政策文件和战略规划，这些规划和文件基于分类指导、因地制宜的原则，指向明确，举措扎实，有力地推动了区域总体战略的深化、细化、实化。

2005年召开的中共十六届五中全会提出，各地要根据资源环境承载能力和发展潜力，按照优化开发、重点开发、限制开发和禁止开发的不同要求，明确不同区域的功能定位，并制定相应的政策和评价指标，逐步形成各具特色的区域发展格局。根据这一要求，国家形成了主体功能区战略，国务院于2010年印发《全国主体功能区规划》。

2011年，国家"十二五"规划纲要把区域协调发展进一步具体化，明确提出通过落实区域发展总体战略实现区域协调发展，坚持把深入实施西部大开发战略放在区域发展总体战略优先位置，给予特殊政策支持；全面振兴东北地区等老工业基地，重点是完善现代产业体系，深化国企改革，促进资源枯竭地区转型发展，推进重点经济带和经济区建设；大力促进中部地区崛起，巩固提升"三基地、一枢纽"地位，有序承接东部地区和国际产业转移；积极支持东部地区率先发展，在改革开放中先行先试，在转变经济发展方式、调整经济结构和自主创新方面走在全国前列。"十二五"规划要求充分发挥不同地区比较优势，促进生产要素合理流动，深化区域合作，推进区域良性互动发展，逐步缩小区域发展差距。

区域发展总体战略及一系列配套政策文件的实施，区域差距扩大的趋势初步得到遏制，区域发展的协调性不断增强。数据表明，"九五""十五"时期，东中西经济增长速度差距有所缩小，到"十一五"后期，中西部地区和东北地区的增长速度已超过东部地区，实现了增长格局的革命性转变。2007年，西部地区经济增长速度达到14.6%，超过了东部地区的14.4%；2008年以后，中西部和东北地区全面加速，西部、东北和中部地区生产总值分别增长12.4%、13.3%、12.2%；13.4%、12.6%、11.6%，连续两年超过东部地区11.1%和10.7%的增速。区域增长格局的这种变化为经济结构优化、发展质量提升、区域全面协调发展打下了坚实基础。

2002年至2012年间，西部大开发将基础设施、生态环境和特色产业作为重点方向，取得显著成就。东北振兴重点支持国有企业改革，着力打造能源原材料基地、装备制造业基地、国家商品粮基地和国家生态屏障，有力促进了老工业基地转型。中部崛起重点支持综合交通运输枢纽建设，加快推进现代装备制造及高技术产业基地、能源原材料基地、粮食生产基地建设，焕发了新的活力。东部地区不断提高经济发展的质量和效益，调整产业结构，在转变经济发展方式上走在全国前列。此外，在此基础上，国家针对老少边贫等困难地区实施了扶助政策，组织开展了援疆援藏等一系列工作，建立了包括5个重点革命老区振兴发展规划、8个涉及革命老区的片区区域发展与脱贫攻坚规划在内的支持特殊困难地区发展的政策体系。

总体来看，21世纪以来十年的实践，内陆地区与沿海地区间的发展差距有所缩小，形成了一批增长极，为应对1998年亚洲金融危机和2008年世界金融危机提供了支撑，在这个过程中，我国跃居经济总量第二位，发展水平又上了一个台阶。

第四节 深入推进区域协调发展时期

党的十八大以来，国家高度重视区域协调发展，把缩小地区差距放在国家发展稳定大局中考量与部署，将促进区域协调发展作为党和国家一项持续推进的重大任务。2019年8月，习近平同志在主持召开十九届中央财经委员会第五次会议时指出，要按照客观经济规律调整完善区域政策体系，推动形成优势互补高质量发展的区域经济布局。国家在继续实施区域发展总体战略的基础上，采取了一系列重大创新性举措，深入推进区域协调发展，开创了我国区域发展的新格局。一般称这一阶段为深入推进区域协调发展阶段。

一、促进区域协调发展的地位更加突出

根据新形势、新任务，中共十八届五中全会正式将创新、协调、绿色、开放、共享作为指导我们新时期经济社会工作的发展理念。协调发展构成了新发展理念的主要内容，成为党治国理政的战略方针和指导原则；区域政策与财政政策、货币政策等主要经济政策相提并论，成为国家指导和调控经济活动的主体手段和主要工具；从中央到地方，各级党委和政府主要负责同志直接指导区域战略和政策治理实施，促使区域协调发展成为名副其实的"一把手"工程。基于理论研究和实践探索，中央有关文件还明确了"实现基本公共服务均等化、基础设施通达水平比较均衡、人民基本生活保障水平大体相当"等促进区域协调发展的具体目标要求。

二、国家区域重大战略陆续出台

中共十八届五中全会强调，要拓展发展的新空间，形成沿海沿江经济带

为主的纵向横向经济轴带，培育壮大若干重点经济区，基于这一认识，中央统筹实施西部大开发、东北振兴、中部崛起、东部率先等战略的同时，陆续提出推进实施京津冀协同发展、长江经济带发展、粤港澳大湾区建设、长三角区域一体化发展、黄河流域生态保护和高质量发展、成渝地区双城经济圈建设等区域重大战略。这些区域重大战略的提出，成为党的十八大以来促进区域协调发展一个特色与亮点，已与区域发展总体战略一体，基于条块结合和点线面协同，推动区域协调发展不断呈现新局面，也有力地支撑了中国经济稳中向好发展。

三、深入实施区域发展总体战略

在制定和实施区域重大战略的同时，采取务实举措继续大力强化区域发展总体战略，进一步促进东中西和东北四大区域板块发挥比较优势，实现各具特色的高质量发展。以高质量发展为引领推进西部大开发，支持基础设施建设、先进产业形态培育、生态环境保护，促进各种所有制经济共同发展。坚持问题导向推动东北地区等老工业基地振兴，着力推动体制机制改革、经济结构调整、创新体系建设和营商环境改善，构筑持续发展的基础与条件。充分发挥区位、科技、市场等优势促进中部地区崛起，加快培育现代经济体系，构筑内联外通的开放格局。积极支持东部地区率先发展，继续在改革创新与合作开放方面走在前列，成为国家高质量发展的动力源和示范带。

四、大力实施脱贫攻坚战略

减少贫困是促进区域协调发展的主要内容，新中国成立以来一直受到党和国家的高度重视，脱贫成效持续显现。党的十八大以来，脱贫攻坚工作显著加大了力度。2015年中央扶贫开发工作会议，吹响了脱贫攻坚战的冲锋号。2017年党的十九大报告中指出，坚决打赢脱贫攻坚战。中共中央着眼促进全体人民共同富裕，把坚决打赢脱贫攻坚战提升到事关全面建成小康社会奋斗目标的新高度，把脱贫攻坚作为实现第一个百年奋斗目标的重点任务，作出一系列重大部署和安排。牢牢立足社会主义初级阶段这个最大实际，围绕为什么要脱贫、如何脱贫、如何保证脱贫效果等重大理论问题，先后提出了"两个确保"的目标、"两不愁三保障"的标准、"六个精准"的扶贫方略、"五个一批"的脱贫路径等一系列新思想新举措，总结了"六个坚持"的基本经验，提出了脱贫要从方法路径上重点解决"扶持谁""谁来扶""怎么扶""如何退"等重要问题，取得了脱贫攻坚的历史性胜利。至2020年，全国832个贫困县全部摘帽，近一亿农村贫困人口实现脱贫，960多万贫困人口实现易地搬迁，历史性解决绝对贫困问题以及巩固脱贫成果的成就，为世界减贫事业作出了重大贡献。

五、实施以人为核心的新型城镇化战略

党的十八大以来是我国新型城镇化快速推进的一个时期。把握城镇化发展的客观规律，2013年12月中央召开了城镇化工作会议，确立了以人的城镇化为核心、以城市群为主体形态、以城市综合承载能力为支撑、以体制机制创新为保障的新型城镇化建设思路。围绕解决突出问题推进改革、完善政策，提出着重解决好"三个1亿人"问题，即促进约1亿农业转移人口落户城镇，改造约1亿人居住的城镇棚户区和城中村，引导约1亿人在中西部地区就近城镇化，并相应出台了推进户籍制度改革、实施居住证制度、实施支持转移人口市民化的财政政策等举措。制定了一批重点城市群发展规划，促进城市群一体化发展，促进城镇化和新农村建设协调推进。新型城镇化快速发展，不仅成为培育发展新动能和推进供给侧结构性改革的重要抓手，而且有效发挥着对区域和农村的辐射带动作用，为缩小城乡区域发展差距、推进城乡发展一体化作出了重要贡献。

六、着力打造重点功能平台

改革开放以后，国家支持建设了经济特区、国家级新区等一批重大功能平台，为区域经济发展发挥了支撑、引领与示范作用。党的十八大以后，根据改革开放和现代化建设的要求，继续在适宜地区设立了一批各具特色的示范区和试验区。主要是，建设海南自由贸易港和一批自由贸易试验区；继续有序推进新区建设，设立了河北雄安新区等；打造了深圳前海、珠海横琴等粤港澳合作平台等；支持浦东高水平对外开放打造社会主义现代化建设引领区、深圳建设中国特色社会主义先行示范区，浙江探索建设共同富裕示范区，山东建设新旧动能转换综合试验区等。这些功能平台成为促进区域协调发展重大战略与政策先行先试的重要基地，也成为引领结构调整、动能转换和高质量发展的有效载体。

七、推动建立持续有力的区域协调发展促进机制

促进区域协调发展，既要因应时势变化制定与实施应对性政策举措，更要着力构建稳定有力的长效机制。党的十八大以来，通过以改革创新为牵引，推进统一大市场建设、城乡融合发展、区域合作和一体化发展，完善重点地区对口帮扶机制、健全区际利益补偿机制、改革财政转移支付制度等举措，促进区域协调发展的长效机制建设取得新进展。2018年11月，中共中央、国务院发布了《关于建立更加有效的区域协调发展新机制的意见》，强调推进重点领域改革，加快形成统筹有力、竞争有序、绿色协调、共享共赢的区域协调发展新机制，对建立健全促进区域协调发展的新机制作了全面部署。

第五节 我国区域协调发展的重大成就

新中国成立以来,特别是党的十八大以来,国家区域战略和政策的持续有力实施,带来了区域经济的迅猛发展,形成了区域协调发展的新格局。地区间发展的相对差距逐渐缩小,区域增长格局发生积极变化,一批区域经济增长极培育形成,欠发达地区和贫困地区发展状况得到明显改变,区域一体化进程不断加快,促进区域协调发展体制机制探索取得积极进展。总体来看,区域发展成就显著,协调性进一步增强,各地区在增长速度、发展质量、区际关系、民生福祉等方面都发生了积极变化。

一、经济增长极支撑作用显著增强

国家区域战略和政策实施带来的一个重要成效,是在焕发传统动力源地区经济运行活力的同时,培育了一大批新的经济增长极。

(一)传统动力源地区带动力更加强劲

京津冀、长三角、粤港澳大湾区内地九市等三大引擎经济保持持续增长,在国家经济发展中发挥了稳定器和顶梁柱作用,2022年地区生产总值合计达到49.5万亿元,超过全国的40%,发挥了经济发展稳定器和挑大梁作用。京津冀协同发展取得新的显著成效,疏解北京非首都功能初见成效,雄安新区进入大规模建设与承接北京非首都功能的阶段。长三角一体化科创与产业融合发展不断增添新动能,生态绿色一体化发展示范区深化制度探索,形成一批创新成果。粤港澳大湾区建设深入推进,横琴、前海、南沙等战略性平台加快建设,引领三地深化规划衔接、机制对接。三大动力源规模经济效益、创新要素集聚、人才高地建设、对外开放开发等继续走在全国前列。

（二）一批中西部地区增长极陆续涌现

中部地区的长江中游城市群、西部地区的成渝双城经济圈等凭借自身区位、政策等优势加快崛起，年均经济增速显著高于全国平均水平。在长江中游城市群的带动下，2016年至2020年，中部地区生产总值年均实际增速达到7.8%，除2016年外，其经济增速均在四大区域中最高，呈现出持续崛起的态势，生产总值占各地区总额的比重由20.3%提升到2022年的22.1%。西南地区在成渝等地区引领下，经济增长势头良好。2016—2020年，西南地区生产总值占全国比重，由2010年的10.8%增加至2015年的12.1%，2022年又提高到13.5%。中原城市群、广西北部经济区、沈阳都市圈等也发展成为全国或区域的重要经济增长极。

二、区域发展格局进一步优化

随着国家区域战略和政策的实施，区域发展格局呈现出积极变化。

（一）重大生产力空间布局不断改善

一系列区域重大战略加快落实，不仅使基于分工的区域比较优势得到进一步发挥、区域联动进一步加强，而且带来了资源要素的高效流动和优化配置，沿江沿海大通道全部贯通，中西部地区承接产业转移和加强产业合作能力全面增强，产业分工协作关系不断优化，一大批重大项目落地实施。

（二）区域增长格局呈良性转变

随着分类指导为主要特点的区域政策体系的不断完善，在进一步巩固东部地区发展优势的基础上，中西部地区的经济实现快速增长，革命老区、民族地区、边疆地区和贫困地区发展活力显著增强。2013年到2021年，东部、中部、西部、东北地区生产总值分别年均增长7.0%、7.5%、7.7%和4.7%，中西部地区发展速度领先于东部地区。

（三）重要功能区关键作用更加凸显

长江经济带区域生态环境发生显著变化，黄河流域植被覆盖度提升，2022年长江干流、黄河干流全线达到Ⅱ类水质，青藏高原、黄土高原等生态功能区保护治理成效逐步显现。黑龙江、河南、山东、安徽、吉林5个粮食主产区2022年产量超过全国40%,有效维护了国家粮食安全。山西、内蒙古、陕西、新疆等能源富集地区建成一批能源资源综合开发利用基地,能源开发运输格局进一步优化,国内能源安全保障水平有效提高。

(四)区域开放水平跃上新台阶

海南自由贸易港加快制度型开放步伐,外商投资准入负面清单、跨境服务贸易负面清单出台实施,洋浦国际船籍港制度等加快建立,"一线放开、二线管住"进出口管理制度试点不断扩大,自由贸易港制度体系初步构建。自由贸易试验区、内陆开放型经济试验区、沿边重点开发开放试验区等发展能级持续提升。成功建设了中欧班列、西部陆海新通道、中老铁路、雅万高铁、匈塞铁路、比雷埃夫斯港等一批标志性项目。截至2022年年底,中欧班列共铺画了82条运输线路,累计开行6.5万列,运送货物604万标箱,货值超3000亿美元。政策沟通、设施联通、贸易畅通、资金融通、民心相通全面展开,引领我国对外开放持续深化,使国内各区域开放潜力得到有效释放。

三、区域发展均衡性水平不断提高

国家区域战略和政策的实施,初步扭转了区域间差距过大的趋势。

(一)人均地区生产总值相对差距逐步缩小

2022年,中部和西部地区生产总值分别达到26.7万亿元、25.7万亿元,占全国的比重由2012年的21.3%、19.6%提高到2022年的22.1%、21.4%。特别是人均地区生产总值,东部与中部、西部地区之比分别从2012年的1.69、1.87缩小至2022年的1.50、1.64。从近年来区域经济运行看,中西部地区主要经济指标增长情况总体好于东部地区,东北地区也呈现好转复苏迹象。

(二)基本公共服务均等化水平不断提高

东、中、西部和东北地区义务教育生师比基本持平,生均用房面积差距明显缩小,中西部地区大班额比例显著下降。东北地区每千人口医疗卫生机构床位数位居全国前列，中西部地区超过东部地区。全国社会保险制度改革稳步推进，基本养老保险覆盖10.5亿人，基本医疗保险参保率达到95%。东部、东北、中部与西部地区居民人均可支配收入比分别从2013年的1.7、1.29、1.1下降至2021年的1.63、1.11、1.07。

（三）基础设施通达程度更加均衡

至2022年，中西部地区铁路营业总里程达到9万公里，占全国比重近60%；东北地区铁路营业总里程达1.9万公里，路网密度超过全国平均水平。西部地区高速公路、国省干线公路连线成网，多个省份已实现县县通高速。航空运输服务已覆盖全国92%的地级行政单元、88%的人口，中西部地区机场容量大幅增加。区域电网结构持续优化，特高压工程建设加快推进，跨区域输电能力有效提升。此外，中西部地区信息网络、水利工程等建设成效也十分显著。

四、部分困难区域发展后劲增强

国家区域战略和政策的实施，使部分困难区域发展状况得到明显改变，经济增长潜力不断释放。

（一）东北地区经济增速出现恢复性回升

自2013年以来，受周期性、结构性和体制性因素的综合作用，东北地区生产总值增速下滑。进入"十三五"时期，东北经济增速出现了恢复性回升，地区生产总值实际增速由2016年的2.5%逐步提高到2018年的5.1%，2022年接近全国平均水平，2023年一季度已经超过全国平均水平，逐步呈现止跌回升、触底回稳的态势。

（二）特殊类型地区发展水平明显提升

绝对贫困问题得到历史性解决，现行标准下近1亿农村贫困人口全部脱贫，832个贫困县和12.8万个贫困村全部摘帽。中央财政持续加大对革命老区、边疆地区等转移支付力度，有力促进这些地区经济发展和民生改善。革命老区加快振兴发展，2022年20个重点城市人均生产总值超过6万元，赣南原中央苏区发展取得显著成效，2022年，赣州、吉安、抚州三市地区生产总值分别是2011年的3.0倍、2.9倍、2.7倍，54个苏区县（市、区）地区生产总值全部实现十年翻番。

五、区域合作逐步走向深入

在国家区域战略和政策的推动下，区域合作广泛开展并不断向深层次推进。

（一）区域合作的领域不断拓展

随着合作主动性的不断增强，地区间的合作也从随机性的项目合作走向各领域的全面合作，而基础设施的互联互通、市场体制的接轨对标、产业结构的协同互补、生态环境的共保联治、公共服务的均等共享等成为合作互动的主要内容。以跨区域、跨流域为特点的区域重大战略的实施，大大促进了区域合作深度与广度的提升。

（二）区域合作的体制机制更加完善

经过多年的探索实践，以建立健全区域战略统筹、推动市场一体化发展、强化区域互助互补、实行区际利益补偿等为重点，区域协调发展机制建设取得了积极进展。区域战略统筹机制建设稳步开展，在充分激发单个战略内在能量的同时，最大限度地发挥相关战略的联动融合效应；区域板块间，城市群间普遍建立了常态化的协调机制，部分重点区域还建立了中央层级的领导协调机构，跨地区发展难点和体制障碍得到及时沟通和有效化解；相关规制不断完善，行政、经济、法律等一体联动的区域合作运行架构基本建立。

第六节 推动区域协调发展的主要经验

过去几十年来，我国推动区域协调发展形成了一系列成功的做法，积累了许多值得重视的宝贵经验。

一、坚持分类指导，注重从实际出发制定区域政策

我国各区域资源禀赋和生态基础不同，资源和人口的分布很不均衡，这种基本国情决定了必须实施分类指导。只有分类指导，才能提高区域政策的针对性和有效性，消除地区发展瓶颈制约；只有分类指导，才能充分发挥各地区的比较优势，增强区域核心竞争力；也只有分类指导，才能形成合理分工基础上的有序发展，促进区域一体化。分类指导在空间指向上必然要突出重点，从各区域板块的实际出发相对独立地制定区域政策和区域规划。比如，支持京津冀、长三角、粤港澳等地区创新发展，努力打造高质量发展的动力源；支持中西部地区发挥承东启西、连南接北的区位优势，加快建设现代化基础设施体系和现代流通体系，积极服务和融入新发展格局；支持东北地区深化结构调整和转型发展，不断巩固维护国家国防安全、粮食安全、生态安全、能源安全、产业安全的地位。这些政策的核心是尊重客观规律，充分发挥比较优势，促进要素在地区间自由流动和重新组合，各扬所长、各尽其能，形成全国高质量发展的动力系统，这也是构建新发展格局的重要内容。

二、坚持上下联动，注重发挥中央和地方两个积极性

国民经济是地区经济的总和，只有实现地区经济又好又快发展，才能最终实现国民经济又好又快发展，国家各类区域政策的着眼点首先在于发挥中央和地方两个积极性，既有效体现国家经济社会发展"一盘棋"的要求，防止地方发展脱离国家整体发展轨道、偏离国家战略方向，又高度尊重地方作为国家经济发展主体的地位，鼓励和推动其从自身实际出发创造性地开展工作。中央各部门发挥统筹、调控、引导作用，但这种作用不能损伤而且应当是有利于促进地方发展的积极性、创造性和能动性。国家直接组织制定区域发展规划和政策文件，一方面直接把国家的战略意图注入地方的发展思路之中，润物无声地对地方实施宏观调控，另一方面又借助这个载体把高高在上的审批管理变成了躬耕于民的直接服务，转变了调控方式。鉴于国家区域战

略与政策的直接着力点是各区域，所以不应"闭门造车"而应尽可能让相关地区参与其中。地方直接参与区域规划和区域政策文件的制定，既能提高规划和政策文件的针对性和有效性，也能增强地方实施规划和政策文件的主动性和扎实性，在有效发挥地方积极性的同时，形成了上下联动、心往一处想、劲往一处使，共谋国家繁荣发展、共促国民经济又好又快发展的生动局面。

三、坚持远近结合，注重构建区域协调发展的长效机制

促进区域协调发展要取得实质性进展，区域协调发展的良好成效要得以巩固强化，都依赖于构建一套科学的制度体系和长效机制。立足于促进区域协调发展，国家从不同层面对长效机制作了一系列探索，包括建立科学的规划编制计划审核程序、探索重大战略与政策的落实机制、推动建立区际利益关系平衡协调机制、积极开展促进区域协调发展立法基础工作等，取得了初步的成效。实践证明，相关体制机制较为健全的地方，制约区域协调发展的突出矛盾和问题解决得就比较好，区域发展的协调性也能够持续增强，从工作层面看，国家制定的相关区域战略规划和政策文件落实得也比较好。但长效机制的建设难度较大，这方面的一些工作基础仍比较薄弱，需要继续探索推进。

四、坚持重点突破，注重解决主要矛盾和矛盾的主要方面

推动区域协调发展，不仅要有正确的思想观念，而且要有科学的工作策略和方法，找准突出矛盾和主要问题，聚焦重点领域和关键环节，"落一子而活满盘"，在解决矛盾问题中推动发展。促进区域协调发展的主要矛盾是地区差距过大，制定区域战略和政策的目的是促进区域协调发展，就是要围绕解决过大的地区差距为中心进行攻坚克难。这些年，国家从不同地区的实际出发，坚持"抓两头带中间"，坚持示范带动、试点先行、平台引领，统筹解决重点地区跨越发展与转型发展、外部推动与自我发展、提升效率与促进公

平、脱贫致富与全面发展等重大问题，一方面大力促进欠发达地区特别是贫困地区跨越发展，加速补齐地区均衡发展的短板，尽快缩小两极差距，另一方面充分发挥和培育地区比较优势，拓展地区发展潜力和核心竞争力，促进区域合理分工与一体发展，同时着力推进建立更加有效的区域协调发展新机制，研究论证促进区域协调发展的法规制度，明确区域协调发展的内涵、战略重点和方向，最大限度激发各区域人民自我发展的热情和动力，区域发展协调性明显增强。

五、坚持改革创新，注重探索优化区域协调发展新路径

实现区域协调发展是一项长期复杂艰巨的系统工程，既有世界共同面对的难题，又有基于中国国情的特殊困难，因此促进区域协调发展的过程也必然是攻克难题、开拓进取的过程，必须始终坚持改革创新。这些年来，我们把改革创新作为促进区域协调发展的重要途径，努力构建和运用适宜载体、平台和机制，加强对关乎全局和区域发展的重要地区、重要领域和重要环节进行探索试验，并注重发挥试点示范的带动作用，不仅解决了前进路上的一系列羁绊，也形成了许多有益于整体的成功经验和做法，改革创新是这些年区域经济发展格局出现迅速变化的关键原因。促进区域协调发展仍然任重道远，随着形势变化，我们所面对的局面将更加复杂，需求也会更加多样，必须继续坚持改革创新的精神，努力探索优化促进区域协调发展的路径和方式，要加强重点地区的先行先试，特别是要打造和依托必要的试验平台，强化体现国际通行规则、发展规律和前进方向相关事项的探索实验，以积累经验、摸索道路、提供示范。重点地区的先行先试是分类指导的区域政策的关键内容，也是区域发展战略的重要举措。

第三章
区域协调发展的理论创新

促进区域协调发展需要科学的理论指导。我国促进区域协调发展的实践是在马克思主义理论指导下展开的,在这个过程中积极借鉴国外思想精髓,充分吸收国内研究成果,结合实践不断探索,形成了一系列独具特色的关于区域协调发展的理论建树。

第一节 马克思主义区域经济思想

马克思和恩格斯对近现代政治经济发展的基本原理进行了科学阐述,在创立马克思主义政治经济学理论的过程中,对区域发展问题也作出了深刻阐释,为我国进行区域发展的理论创新和实践探索提供了科学指导。

一、城乡区域分工

马克思和恩格斯在《德意志意识形态》中指出,"物质劳动和精神劳动的最大一次分工,就是城市和乡村的分离"。在城乡区域分工的形成过程中,马克思和恩格斯区分了两种完全相反的机制:集中与分散。

(一)城市形成的集中机制

城市的形成以较为发达的分工和广泛贸易为前提,主要通过人与人之间的市场交换连接起来。城市的出现，是以"人口、生产工具、资本、享受和需求的集中"这一经济事实为基础的。城市的出现，也导致了行政机关、警察、赋税等公共机构以及市民政治的出现，这也是形成城乡两大阶层的经济基础。

（二）乡村形成的分散机制

为了说明城乡区域分工，马克思和恩格斯引入了"地域局限性"这一概念。他们认为，农业生产是以耕地为基础的，耕地是一种自然赋予的生产资料，在生产过程中无法移动，只能与其他生产工具并列在一起，从而出现农业生产的"地域局限性"。因此，如果说城市形成的机制是集中，那么乡村形成的机制就是"隔绝与分散"。乡村以农业生产为基础，必然因耕地分散而被隔绝在不同区域进行。与此相反，马克思和恩格斯指出，城市和乡村的分离还可以看作是资本和地产的分离，看作是资本不依赖于地产而存在和发展的开始。

二、区域平衡布局

马克思和恩格斯批评资本主义经济使资源配置处于无政府状态，并造成了区域经济发展的不平衡。在他们设想的社会主义社会的经济体系中，政府和计划都将发挥巨大作用，可以从根本上纠正资本主义经济的无序状态和区域不均衡问题。马克思和恩格斯对于无产阶级的理性和政府的计划能力具有强大无比的信心。他们坚信，当无产阶级取得了国家政权之后，人们就成为自身、社会和自然界的"自觉的和真正的主人"。人们在认识和掌握社会发展客观经济规律的基础上，自觉地依其开展经济活动，从而克服资本主义经济条件下的经济主体自立和分散决策的种种弊端。因此，社会生产内部的无政府状态将为有计划的自觉的组织所代替。在《反杜林论》中，恩格斯重申了"大工业在全国的尽可能地平衡分布"的原则，并指出，只有按照一个统一的大的计划协调地配置自己的生产力的社会，才能使工业在全国分布得最适合于它自身的发展和其他生产要素的保持或发展。列宁继承了马克思和恩格斯关于社会主义生产力布局的思想，在《论新经济政策》中提出制定俄国的工业改造和经济发展计划以及区域规划，以有效利用各区域自然资源。

三、城乡融合发展

马克思和恩格斯注意到，一方面，城市与乡村之间的分离是早期阶段资本主义经济发展的一个必要前提；另一方面，城乡分离又造成了资本主义经济中城市与乡村之间的对立。在对未来理想社会的设想中，马克思和恩格斯提出了消除城乡对立、实现城乡融合的思想。在《共产主义原理》中，恩格斯指出，在生产力极大发展的共产主义社会中，城市与乡村的对立将消失。"从事农业和工业劳动的将是同样的一些人，而不再是两个不同的阶级。单从物质方面的原因来看，这已经是共产主义联合体的必要条件了。乡村农业人口的分散和大城市工业人口的集中只是工农业发展水平还不够高的表现，它是进一步发展的阻碍……通过消除旧的分工，进行生产教育、变换工种、共同享受大家创造出来的福利，以及城乡的融合，使社会主体成员的才能能得到全面的发展"。

进一步地，恩格斯也从生态文明的角度论证了城乡融合的必要性。在《反杜林论》中，恩格斯指出："城市和乡村的对立的消灭不仅是可能的，而且已经成为工业生产本身的直接需要，同样也已经成为农业生产和公共卫生事业的需要。只有通过城市和乡村的融合，现在的空气、水和土地的污染才能排除。"

马克思和恩格斯的城乡融合思想是十分深刻和具有远见的。城乡融合是区域经济发展到一定阶段的必然要求，有利于缩小城乡差别，提升城乡一体化水平，提升城市环境质量，促进城乡经济、社会和生态环境协调发展。

第二节　国外学者的区域经济理论观点

为应对复杂多样的区域经济问题,国外一些学者研究提出了一些创新性观点,试图揭示区域发展的内在规律,为实践运行提供指引。

一、区域均衡与非均衡理论

区域发展的均衡与非均衡,一直是理论界讨论的重点和争论的焦点。

(一)区域平衡发展理论

平衡发展或平衡增长是区域经济发展的一种方式。区域平衡发展理论是从发展经济学的有关理论引进并发展而形成的。

1. 纳尔逊的"低水平均衡陷阱"理论

低水平均衡陷阱理论是在美国经济学家哈维·莱宾斯坦提出的"准安定均衡"理论基础上,由发展经济学家纳尔逊(R.R.Nelson)进一步提出和完善的。该理论假设当人均收入超过维持生命的水平,人口就要迅速增长,但人口增长率达到"自然的上限"以后,收入增长使人口下降。理论的主要内容是:不发达经济的根源表现为人均实际收入处于仅够糊口的或接近于维持生命的低水平均衡状态;过低的居民收入使居民储蓄和投资受到极大的限制;如果以增加国民收入来提高储蓄和投资,又通常导致人口的增加,从而又将人均收入推回到低水平稳定均衡状态之中,这是不发达经济难以逾越的一个陷阱。

持续的经济增长要求打破低水平均衡陷阱,在可动员的经济资源不变和没有外部经济刺激的情况下,要走出陷阱就必须使人均收入增长率超过人口增长率。因此,必须多管齐下、综合治理,主要措施是:第一,从制度上创造有利于经济发展的政治氛围和社会环境;第二,推行计划生育,缩小家庭规模,改变社会结构,鼓励节俭消费,倡导居民储蓄,培养企业家精神;第三，改变收入分配格局，避免公平伦理观念影响效率原则，并促使财富向投资者集中；第四，依靠国家综合投资以及国民经济发展计划和规划的确定，加大突破陷阱的力量；第五，吸引外资以增加投资和收入；最后，通过技术进步来提高现有资源的使用效率。

2. 罗森斯坦-罗丹的"大推进"理论

美国经济学家保罗·罗森斯坦-罗丹（P.N.Rosenstein-Rodan）提出了著名的"大推进"理论，主张发展中国家在投资上以一定的速度和规模持续作用于众多产业从而冲破其发展瓶颈。

"大推进"理论的中心思想是：要克服由于地区市场狭小、投资有效需求不足和资本供给不足的双重发展障碍，发展中国家必须全面地、大规模地进行投资，即在国家经济各部门同时增加投资，并合理分配投资，满足和增加各方面的需求，使市场扩大，特别是对基础设施大幅度投入，给经济一次大的推动，从而推动整个国民经济的全面、均衡、快速发展，使发展中国家走出贫困的恶性循环。

因此，要形成广大的市场，使多种多样的商品都各有所需，就必须广泛地、大规模地在各个部门和各个行业同时进行必要的投资。相反，如果不采用"大推进"办法，而是进行孤立的、小规模的投资，经济只能缓慢增长，就不能迅速改变落后国家的经济面貌，无助于缩小发展中国家与发达国家之间的差距。

（二）区域非均衡发展理论

区域平衡发展理论遭到以赫希曼、缪尔达尔等为代表的一些发展经济学家的反对和批判。他们认为，发展中国家不具备全面增长的资本和其他资源，平衡增长是不可能的。投资只能有选择地在若干部门和区域进行，其他部门或区域通过利用这些部门或区域的投资带来的外部经济而逐步发展起来。

1. 艾尔伯特·赫希曼的不平衡增长理论

这一理论是由著名经济学家赫希曼（A.O.Hirschman）在《经济发展的战略》一书中提出的，主张发展中国家的投资应有选择地在某些部门进行，其他部门通过其关联效应发展起来,从而使其经济逐步得到发展的经济战略。赫希曼认为发展中国家主要的稀缺资源是资本,资本稀缺这一瓶颈无法突破,从而也就无法实现增长。他指出,发展的路程好比一条"不均衡的链条",从主导部门通向其他部门,从一个产业通向另一个产业,从一个企业通向另一个企业。经济发展通常采取"踩跷板"的推进形式,从一种不平衡走向新的不平衡。

2. 威廉姆森的倒"U"形理论

1965 年,威廉姆森发表了《区域不平衡与国家发展过程》一文,通过对 20 世纪 50 年代 24 个国家有关区域差异的国际性数据进行横向比较,威廉姆森发现这些国家的区域差异格局在时间上呈现倒"U"形,其中贫穷的发展中国家如巴西、哥伦比亚、菲律宾与波多黎各等国的区域差异呈扩大的趋势,而发达国家如美国、加拿大、法国和意大利等国的区域经济差异却在持续缩小。与此同时,威廉姆森又进行了单个国家区域收入差异变化的分析。并提出:在经济发展的早期阶段,区域差异逐渐扩大;但在经济发展的成熟阶段,这一差异趋于收敛。据此,威廉姆森认为区域差异遵循"全国增长轨迹上的倒'U'形曲线"。

根据威廉姆森的倒"U"形理论,积极活动的空间集中式极化是国家经济发展初期不可避免的现象,但由此而产生的区域差异将随着经济发展的成熟而最终消失。倒"U"形理论的内在含义是经济发展与区域差异之间的相互作用和相互依赖性。具体地说,在经济发展的初期阶段,差异的扩大是经济增长的必要前提。因为用于国家经济发展的资源在此阶段是有限的,只有将有限的经济资源集中在较少的区域使用,才能实现最迅速的经济进步,否则将导致经济效率的损失。而在经济发展的后期阶段,可供支配利用的经济资源比较充裕,因而鼓励新增长点出现的可能性增大,新的增长点的出现不仅可以缩小区域差异,而且还能促进国家整体经济发展水平的进一步提高。

3. 冈纳·缪尔达尔的循环累积因果论

其基本思想是,经济发展在空间上并不同时产生和均匀扩散,而首先是从一些条件较好地区开始的，一旦由于初始优势而比其他区域超前发展，则该区域就通过累积因果过程，不断积累有利因素，继续超前发展。由此产生两种相反的效应：一是回流效应；二是扩散效应。在市场机制作用下，回流效应远大于扩散效应，强大的回流效应和弱小的扩散效应是经济发展不平衡的重要原因。该理论的政策主张是：在经济发展初期，政府应当优先发展条件较好地区，以寻求较高投资效率和较快经济增长；当发展到一定水平时，要防止累积循环因果造成贫富差距无限扩大，必须制定一系列特殊政策来刺激落后地区发展，以缩小经济差距。

4. 区域经济梯度推移理论

区域经济梯度推移理论的基础是美国弗农（R. Vernon）等提出的工业生产生命循环阶段论。生命循环阶段论认为工业各部门甚至各种工业产品都处在不同的生命循环阶段上，在发展中必须经历创新、发展、成熟、衰老四个阶段，并且在不同阶段，将由兴旺部门转为停滞部门，最后成为衰退部门。学者把生命循环论引用到区域经济学中，创造了区域经济梯度转移理论，认为区域经济盛衰主要取决于其产业结构优劣，而产业结构优劣又取决于区域主导产业部门在工业生命循环中所处阶段，如果处于创新和发展阶段，则会在以后一段时期内保持快速发展势头，就属于高梯度地区；反之，则处于低梯度地区。创新活动大都首先出现在高梯度地区，由高梯度区向低梯度区转移；梯度转移主要是通过多层次城市系统向外扩展。

二、区域分工与协作理论

区域分工理论的起源，一般可以追溯到"现代经济学之父"亚当·斯密提出的绝对成本优势理论。从绝对成本优势和比较成本优势理论到新古典分工理论，区域分工理论经历了一个漫长的发展过程。

（一）绝对成本优势与区域分工

绝对成本优势的概念，最早是由亚当·斯密在1776年出版的《国富论》一书中提出的。

亚当·斯密从一般制造业工厂内部的分工入手，进而分析了国家之间的分工，认为各国可以利用在生产某种产品上的绝对成本优势来进行专业化生产，并以此专业化产品同其他国家进行贸易。亚当·斯密的国际分工原则，是建立在生产商品的成本差异基础上的，而这种成本差异是绝对的。

一个国家购买其他国家的某种产品而不自己生产，是因为该国不具有生产这种产品的绝对优势，也就是相对于购买其他国家生产的该产品而言，本国生产的成本太高。与之相对应，一个国家之所以能够向其他国家卖出某种产品，是因为该国具有生产这种产品的绝对优势。亚当·斯密进一步认为，各国生产成本的差异可以归结为生产效率的差异，而之所以形成生产效率的国际差异，主要是因为各国所拥有的优势不同。他把这种优势分为两类：自然优势和可获得性优势。前者指超乎人力范围之外的气候、土地、矿产和其他相对固定状态的优势；后者指工业发展所取得的经济条件，如资金、技术等。一个国家在生产和输出某种商品上具有自然或可获得性优势，也就具有成本优势。

虽然亚当·斯密的分工理论是针对国际分工和贸易领域提出的，但同样也适用于区域分工。也就是说，任何区域都具有其绝对有利的生产条件，并且各区域的专业化生产能够提高生产效率。各区域按照绝对有利的生产条件进行分工，生产成本最低的产品，然后区域之间进行交换，能够使各区域的资源和生产要素得到最有效利用，从而提高区域劳动生产率，增进区域经济利益。

（二）比较成本优势与区域分工

大卫·李嘉图在1817年出版的《政治经济学及赋税原理》一书中，以劳动价值论为基础，利用两个国家、两种产品模型，论证了比较优势的存在以及在国际贸易理论中的应用，从而奠定了比较成本优势学说的基础。

按照比较成本优势学说，即使是不具有任何绝对成本优势的区域，也能参与区域分工，并且从中获利，从而解决了绝对成本优势学说的缺陷。李嘉图举了一个著名的酒和毛呢的例子来说明这个问题。假如葡萄牙生产一定单位的葡萄酒要耗费 80 个工人一年的劳动，生产一定单位毛呢需要耗费 90 个工人一年的劳动，而英国生产同样数量的葡萄酒和毛呢则需要分别耗费 120 个工人和 100 个工人一年的劳动。不难看出，葡萄牙在生产这两种商品上都具有绝对优势，而英国在生产这两种产品上则都处于相对劣势。那么按照绝对利益学说，葡萄酒和毛呢都应该集中在葡萄牙生产，这样一来葡萄牙和英国在这两种产品生产上就不存在分工问题了。而按照比较优势的原则，两国之间在这两种产品之间的分工不仅是可行的，而且是更有效率的。就葡萄牙而言，其从事葡萄酒生产比从事毛呢生产具有比较优势，因此应该集中于生产葡萄酒；反之，对于英国而言，其从事毛呢生产比从事葡萄酒生产具有比较优势，因此应该集中于生产毛呢。这样一来，两个国家在这两种商品上的分工不仅能得以实现，而且还节约了劳动，增加了产出。

（三）要素禀赋理论

要素禀赋理论也称赫克歇尔-俄林模型（简称 H-O 模型），最早是由瑞典经济学家赫克歇尔（E. Heckscher）于 1919 年提出的。

H-O 模型突破了古典经济学劳动价值论的观点，以新古典经济学作为区域分工和国际贸易理论的基础，用生产要素禀赋差异导致的价格差异代替李嘉图的生产成本差异来进行研究，认为区域分工以及国际贸易产生的主要原因是各地区生产要素的丰裕程度，并由此决定了生产要素相对价格和劳动生产率的差异。俄林假定，商品在区域间可以自由移动（无运费），而生产要素不能自由移动。不同区域的生产要素禀赋不同，也就是生产要素的供应丰裕程度不同，这样会引起两区域生产要素相对价格比例不同。根据生产费用理论，生产要素价格比例不同，会导致两区域生产的商品相对成本比例不同，从而在孤立的状态下会造成两区域商品相对价格不同。而且，正是由于两区域商品相对价格不同，才导致区域贸易的发生。一个区域输出那些含有区内供应丰裕而价廉的生产要素的商品，输入那些含有本区供应稀缺而价高的生产要素的商品。通过这样的自由贸易，地区间可以获得比较利益，而且在生产要素自由流动的条件下，贸易的结果可以使商品价格均等化，某种程度上也可以使生产要素价格均等化。

（四）相似条件下的地域分工理论

克鲁格曼在20世纪90年代提出了相似条件下的地域分工理论。克鲁格曼认为，国际分工与贸易的形成，特别是要素供给结构相似国家之间形成的同类产品的贸易，是这些国家按照规模收益递增原理而发展专业化的结果，与国家之间生产要素禀赋差异的关系不大。克鲁格曼认为，规模收益递增是要素供给相似国家或地区之间形成分工和贸易的原因，而规模收益递增则不断强化这种既定的分工贸易格局。也就是说国家和地区之间的区域分工格局，具有很强的路径依赖。相似条件下的地域分工理论将规模经济作为一个重要的因素来研究区域问题，能够更好地阐明资源禀赋相近国家之间的分工，相对于比较优势理论具有更广泛的解释能力。

三、区域空间结构理论

区域空间结构理论是目前仍在发展当中的理论，该理论的内容比较新颖，研究的范围比较宽泛，与区域协调发展的联系十分紧密。

（一）区域空间开发模式理论

区域空间开发模式理论主要包括增长极模式理论和网络型模式理论，发展轴模式可以看作一种过渡的模式。

1. 增长极模式理论

区域空间开发的理论基础是增长极理论，并由此产生增长极模式。增长极理论最初是由法国经济学家弗朗索瓦·佩鲁于20世纪50年代提出来的。其基本思想是：经济增长并非同时出现在所有地方和部门，而是首先集中在某些具有创新能力的行业和主导产业部门，这些主导产业部门通常集聚在大城市中心。经济的增长首先出现在增长极上，然后通过不同的渠道向外扩散，并对整个区域产生影响。

增长极通过支配效应、乘数效应、极化与扩散效应对区域经济活动产生作用。

支配效应。增长极上的产业具有技术、经济方面的先进性，能够通过与周围地区的要素流动关系和商品供求关系对周围地区的经济活动产生支配作用。也就是说，周围地区的经济活动随增长极的变化而发生相应的变动。

乘数效应。增长极的发展对周围地区的经济发展产生示范、组织和带动作用，从而加强了与周围地区的经济联系。在这个过程中，受循环累积因果机制的影响，增长极对周围地区经济发展的作用会不断地得到强化和放大，影响范围和程度随之增大。

极化效应。极化效应即增长极周围区域的生产要素向增长极集中，增长极本身的经济实力不断增强。现在一般把一个区域内的中心城市称为增长极，把受到中心城市吸引的区域称为"极化区域"。主导产业的产生会在增长极出现极化作用，主要是由规模经济作用引起的产业集聚作用，使增长极能够不断成长壮大。

扩散效应。扩散效应是与极化效应同时存在、作用力相反的效应，是生产要素从增长极向周边区域扩散的趋势效应。只要两地建立了市场经济的贸易关系，生产要素就始终是双向流动的，所以极化效应和扩散效应也是同时存在的；由于技术发展水平的不断提升，增长极上的产业不断发生更替，被更替下来的产业向增长极周边地区转移；随着经济社会发展水平的提高，增长极的产业部门存在的机会成本增加，使效率相对较低的产业向周边扩散。扩散效应又被称为"涓滴效应"，即生产的发展通过扩散而促进增长极周边所有区域的发展，从而缩小地区之间的差异。

增长极的形成必然改变区域的原始空间平衡状态，使区域空间出现不平衡。增长极的成长将进一步加剧区域的空间不平衡，导致区域内、地区间的经济发展差异。不同规模等级的增长极相互连接，就共同构成了区域经济的增长中心体系和空间结构的主体框架。区域经济空间开发的其他各种模式，都是从增长极当中演化出来的。区域协调发展，要考虑区域增长极之间的关系。

2. 网络型模式理论

增长极的扩大可能在较为狭小的地域形成若干发展轴，这是增长极模式的扩展。由于增长极数量的增多，增长极之间也出现了相互联结的交通线，这样，两个增长极及其中间的交通线就形成了理论上的发展轴。但有时增长极的扩散不是线状的，而是圆状的，也就是向增长极的周边扩散。有的学者提出，随着地区开发的深入和增长极数量的增加与质量的提高，根据区域经济空间相互作用理论和空间近邻效应，在区域经济增长极之间产生相向的聚集与扩散，在它们之间建立起各种交通线路以及各种经济社会联系，产生相对密集的要素流，从而形成经济相对发达的区域。这种区域的形成可以激活该地区的经济发展潜力。同时，由于该地区具有良好的区位优势，因此，能吸引其他地区的资源，使企业和经济部门等向此集聚。增长极和发展轴演化的结果，就是由若干个增长极和发展轴联合在一起，形成你中有我、我中有你的局面，从而形成增长的网络。增长网络的形成，使极化效应产生的聚集规模经济在更大的范围内表现出来，而不是仅仅从一个点上表现出来。对于网络所在的区域来说，意味着增长结果的分散化和增长极点的分散化；而对于更大区域来说，则将整个网络区域视为一个巨大增长极，所以其极化的效应可能更强，对区域经济的影响也可能更大。这种联系方式组成了具有不同层次、功能各异、分工合作的区域经济系统。它能够将区外的一些资源纳入到这个系统之中，对其他地区的影响也最明显，一般发生在发达地区。因此，这种模式是区域协调发展的基础和核心内容。

网络型模式具有以下三个效应：

规模经济效应。当一个网络型区域形成之后，该区域就具有了外部规模经济效益。从宏观经济的角度分析，就是从单个城市参与竞争过渡到城市群或都市圈参与的竞争，从而提升总体的竞争力。

产业集聚效应。网络型区域所拥有的产业集聚功能，远远超过单个增长极所拥有的集聚功能，形成在一个较大地域范围内的产业聚集的趋势。例如汽车工业在长三角地区的集聚、钢铁工业在京津冀区域的集聚，都反映出这种趋势。

区域联系效应。网络型区域的区域联系分为两个部分：区域内部的经济联系和区域外部的经济联系。从区域内部看，原来属于外部的联系被内部化，减少了区域合作的成本；从区域外部看，区域经济联系的范围扩大，内容更加多样性。

（二）区域经济空间一体化理论

美国区域经济学家弗里德曼在继承钱纳里和罗斯托的发展阶段理论的基础上，将产业发展和空间演变相结合，从而建立起区域空间结构和发展阶段理论。该理论认为："在区域经济持续增长过程中，空间子系统会重组，其边界会发生变化。这一过程往往按一定规则进行，其最终格局是全国各区域经济全面一体化。"弗里德曼根据区域内各组成部分的相互关系，将空间一体化过程分为以下四个阶段：第一阶段为独立的地方中心阶段，第二阶段为单一强中心阶段，第三阶段为唯一强中心和边缘次级中心阶段，第四阶段为区域空间一体化阶段。

区域经济空间一体化是一个空间系统演化的概念，也是一个动态的过程，主要有以下的表现形式。

1. 空间形态一体化

空间形态一体化就是要形成组织严密、运转协调的城镇等级体系。在这一体系中，不仅城市与其腹地高度统一，合为一体，还要求城市之间在空间上联系紧密，不存在边缘化地区，形成多核心和生产要素高度密集的星云状结构的大都市带。空间形态一体化的含义，就是要形成有利于发挥这两大功能的空间布局结构。

2. 市场一体化

区域经济一体化实质是市场一体化。虽然区域内部没有关税等壁垒，但是在区域经济关系不协调的情况下，各个地区为了各自的利益，往往动用行政力量，阻碍生产要素、原材料和产品的跨区域流动，进行市场分割和地方保护，从而阻碍区域市场一体化的形成。而如果没有区域市场一体化，那么区域经济一体化也就无从谈起。因此，消除区域合作的各种障碍，是实现区域经济一体化的基础。要保证各种生产要素通过市场自由流动，就必须有发育完善的市场体系和统一市场作基础。这里所说的市场，不仅包括产品市场，还包括资本、技术、人才等生产要素市场，以及产权、旅游、文化等其他的专业市场。市场一体化是各种要素市场的有机统一体。

3. 产业一体化

产业一体化的含义，就是要构建分工明确、联系紧密的区域产业结构分工合作体系。这就要求根据比较优势形成产业分工，实现区域内产业结构合理化，以提升产业的整体竞争力。根据区域产业集聚理论，由于区域的主导产业，在生产上或者在产品分配上有着密切联系，或者在布局上有相同的指向性，这些产业按一定比例布局在区域的某个优越的地区内，就可以形成一个高效率的生产系统，改善企业生产的外部环境，从而使区域整个生产系统的总体功能大于各个企业和各组成部分功能之和。

4. 交通通信设施一体化

交通通信基础设施如同人的脉络，将区域各组成部分连为一体。没有便捷、完善的交通通信设施网络，区域内的商品、要素等流动就受到限制，也就必然无法实现区域经济的一体化。因此，加快区域内各省市间基础设施的连接，形成发达的地区交通枢纽，发挥其对国民经济的巨大带动作用，是经济一体化发展的重要内容。区域内各组成部分要以区域高速公路等快速干道建设为契机，加快城市通道的配套与衔接，共同完善交通、物流网络。

5. 信息一体化

在信息化社会时代，随着信息技术的进步和获取信息手段的不断完善，信息深入到社会生活与经济发展的方方面面，从而信息一体化在区域经济一体化中的地位和作用就越来越大。信息一体化，要求消除信息封锁现象，实现信息资源互通共享。这样，既有利于共同市场的形成，又能有效地降低社会交易成本，提高整个区域的综合竞争力。

6.制度一体化

从本质上来说，市场经济是法治经济。不仅市场主体的行为需要受到法律和制度的制约与规范，政府的行为也不例外。因此，要实现区域经济一体化，就要规范各地政策和制度，制定统一的市场规则和政府行为方式，为区域经济一体化提供制度规范和保障。就目前中国而言，由于行政壁垒造成的市场分割和区域经济冲突无疑是区域经济一体化过程中的重大障碍之一，不同行政主体的政策和制度之间往往存在冲突和矛盾，这也正是交易成本居高不下的重要因素。未来中国区域法治一体化最核心的工作，就是要建立一个共同的管理决策机构，打破行政界限的束缚，为实现"行政区域"向"经济区域"转变提供制度保障。

从当前我国区域经济发展的现状看，我国很大一部分区域的空间结构演变正处于由简单的中心—边缘关系转变为多极结构的阶段。中国区域空间结构的未来，是通过区域的协调发展，形成一个多级的、多中心的、网络状的空间结构，构建优势互补、高质量发展的区域经济布局和国土空间开发格局。

第三节 国内学者的区域经济理论探索

区域发展不平衡是我国的基本国情，在研究借鉴西方国家和苏联等的区域经济理论与政策的基础上，我国学者紧扣区域发展中的突出矛盾与问题积极探索，形成了不少重要的理论观点。

一、区域比较优势与区域一体化理论

我国幅员辽阔、资源禀赋区域差异显著，存在不同的区域比较优势。国内学者从比较优势角度来研究中国区域经济的代表性成果，主要有中国区域分工转型论和比较优势发展战略理论。

区域比较优势理论认为，异质区域间分工由区域比较优势决定，而同质区域间分工则由规模经济决定。由于中国区域异质性较大，比较优势就成为中国区域间分工的主导性因素。比较优势发展战略理论是从发展经济学和国际经济学角度提出的，后来被学者们运用到国内区域经济发展战略的探讨中。在全球化背景下，参与国际贸易与分工是国家发展的重要推动力，后发国家通过在国际分工中找到自己的比较优势而实现快速发展。

区域一体化理论认为，一体化是指在特定区域内的各地区通过达成经济合作的某种承诺或者组建一定形式的经济合作组织，谋求区域内商品流通或要素流动的自由化及生产分工最优化，并且在此基础上形成产品和要素市场、经济和社会政策或者体制等统一的过程。

国内学者普遍认为，区域一体化是区域合作的最高层次，其核心内容主要包括一体规划、全面协同、深层对接、有效约束等。推进区域一体化的主要条件是经济发展程度较高，综合实力较强，地区间发展较为平衡；地区间经济联系非常紧密，互补性较强；市场体制机制较为完善，内外开放程度较高；地区间合作意识强烈，形成了较为深厚的合作基础。区域一体化是区域协调发展的最终目标。区域协调发展是指有目的的政府干预下的趋近于区域一体化的过程；而区域一体化是指区域格局完全合理化的一种理想状态。要实现区域一体化，必须促进区域协调发展，而促进区域协调发展的关键之一是促进区域合作。换言之，区域合作需要政府通过区域协调发展战略进行引导，区域协调发展是区域迈向一体化发展的过程，而一体化发展则是区域协调发展与区域合作的最终目标。

部分学者提出，区域经济一体化的形成一般要经过四个阶段：一是贸易一体化阶段。从取消对商品流动的限制、消除贸易壁垒和市场开放做起，形成一个经济区共同发展的共识。二是要素一体化阶段。实行生产要素的自由流动，包括人员自由往来、基础设施共建共享和产业转移等。产业发展走向融合，中心城市产业方向逐渐明朗，产城融合成为必然趋势。三是政策一体化阶段。区域内经济政策的协调一致，政策范围包括共同制定区域规划，明确区域功能定位，淡化行政区划的影响，加强合作，强化区际经济关系，根据发展需要尽可能超越行政区划限制，对区域空间布局提出战略性的发展方案，建立区域合作项目实施保障机制和制定相应制度，并且在基本公共服务均等化的相关政策、生态环境补偿的相关政策上实现一体化。四是完全一体化阶段。当贸易一体化和要素一体化的全面实现、所有政策的全面统一之后，就进入到完全一体化阶段。我国各地区进入完全一体化阶段还需要一个相当长的时间。

从我国实践看，20世纪90年代末，区域一体化理论进一步发展为城市群战略以及特定区域一体化发展理论与实践。近几年来，随着区域重大战略的提出与实施，区域一体化理论更是获得了长足发展。但国家基于大的区域板块在战略层面推进的一体化试验，目前只有长三角区域。而实施长三角区域一体化战略的依据在于：其一，这一区域是我国经济最具活力、开放程度最高、创新能力最强的地区之一。其二，这一区域推进合作已历时数十年，如今不仅形成了较为成熟的"统分结合、三级运作"的合作机制，而且相关地区在许多关键领域的合作已深度展开，一体化发展具备坚实的基础。国家战略规划对长三角区域一体化发展提出了一系列要求，特别是要求长三角区域深化跨区域合作，形成一体化发展市场体系，率先实现基础设施互联互通、科创产业深度融合、生态环境共保联治、公共服务普惠共享，推动区域一体化发展从项目协同走向制度创新，为全国其他区域一体化发展提供示范。

二、区域经济成长阶段论

一些国内学者认为区域经济成长是一个渐进的过程，可分为待开发、成长、成熟、衰退四个阶段。待开发阶段是区域经济成长的初始阶段，生产力水平低下，生产方式落后，产业结构单一，市场规模狭小，资本形成能力弱，各种经济活动在空间上呈散布状态。此阶段的发展途径，需要将区域内条件与区域外资本、人才、技术输入有机结合，启动区域经济增长。成长阶段是区域经济跨越工业化起点进入较强的经济增长阶段，其主要特征是经济增速较快，市场规模扩大，产业结构变化较大，区域专业化分工发展迅速，人口和产业向城市集聚，形成驱动区域经济成长的增长极。促进区域经济从待开发阶段向成长阶段的主要途径有：外部推动型、国家投入型、自身积累型和边贸启动型。成熟阶段是区域经济经过成长阶段的高速增长之后，区域经济逐步达到发达水平，其主要特征是区域经济增速放缓，工业化水平较高，服务业发达，基础设施完善，人力资本丰富，区域内资本积累水平较高。与此同时，区域经济也面临一些瓶颈问题，包括人口过于集中，生产成本和生活成本上升，部门产业比较优势逐步丧失，甚至开始出现衰退迹象。衰退阶段是区域经济经历成熟阶段之后，由于缺乏区域新动力而出现的区域衰退阶段，其主要特征是经济增长缓慢，原有增长极和主导产业优势弱化，产业结构老化，衰退产业比重较高，产业结构转型升级迟缓，缺乏新兴替代产业。

有的学者则将区域经济增长分为待开发、成长、成熟和高级化四个阶段。其中高级化阶段的主要特征是区域经济完全实现现代化，推动区域经济增长从要素投入转向技术和组织创新，大型企业集团迅速扩张，成为区域经济的主导力量，区域对外输出技术密集产品、资本和服务，消费结构更加优化，第三产业成为推动区域经济增长的重要力量。

三、点轴区域空间结构理论

这一理论认为，区域空间中点的基本类型包括各级居民点和工矿区、各级中心城镇、集聚区是区域人口、产业、经济组织和社会组织的相对集中地。点是区域经济发展的增长极，具有较强的极化、扩散效应，带动周边区域发展。

轴是指由交通、通信干线和水源、能源通道连接起来的基础设施束。发展轴可以分为沿海（沿大湖）岸型、大河沿岸型、沿陆上交通干线型、混合型等。发展轴的主体部分是沿轴线上或交叉点上的城市、工矿区、港口等，其辐射范围包括轴线上的所有城镇、港站及其周边区域。

区域内的点与轴具有层级性，不同层级的点由轴线相互连接。中心点经济要素沿着若干扩散通道向外扩散，在距中心不同距离的位置形成规模与强度不同的新集聚，相邻区域扩散源的经济联系使扩散通道相互连接成为新发展轴线、新的点—轴—集聚区，形成不同规模和层级的点轴空间结构。

点轴空间结构系统的演化过程主要如下：点轴结构形成前的阶段，此阶段经济处于发展水平较低的农业经济阶段，点轴尚在孕育发展中，空间上尚未形成明显的点轴结构。点轴逐渐形成阶段，区域局部地区生产活动开始集聚，区域资源开发和经济发展加速，区域内集聚点开始建立相互连接，点轴结构开始形成，这一阶段通常与工业化初期相适应。主要点轴框架形成阶段，在工业化中期阶段，产业结构、空间结构变化较快，中心点轴加速发展，点轴框架基本成型。点轴空间结构均衡阶段，区域内的点轴之间的扩散与集聚活动、连接通道基础设施建设基本完成，不同点轴的层级结构基本达到均衡状态。

四、区域发展梯度理论

区域发展梯度理论指出，梯度（Gradient）概念是度量地理区域在空间上的非均衡性的一个指标。区域内两地间的距离与相关指标差异决定了地理梯度的强弱。衡量区域梯度的度量方法为：

$$G = \Delta I / \Delta D$$

其中 G 表示区域梯度，ΔI 表示区域间在自然资源、经济发展、社会发展、文化发展、生态环境上相关指标的区域差异，ΔD 表示区域间由于交通通信基础设施、文化制度差异而产生的经济距离与心理距离。根据梯度转移理论，高梯度区域产业存在向低梯度转移的趋势。然而，由于历史和现实等多种因素，梯度转移可能无法顺利进行。

第四节　我国促进区域协调发展的路径创新

新中国成立 70 多年来区域发展的实践是跌宕起伏的，也是灿烂辉煌的。在应对复杂的局面和攻克艰巨难题的过程中，既带来区域发展格局的不断优化和持续改善，也形成了许多具有理论价值的操作方法与运行模式。

一、战略统领、规划引导

依托国家区域战略与规划，促进区域协调发展和国民经济持续健康快速发展，是过去二十多年来探索形成的一种重要模式。区域战略体现为区域协调发展战略、区域重大战略、主体功能区战略等多种形态，充分彰显国家意志，集高品位、强动能和大实惠于一体，具有很强的权威性和感召力，对统一思想认识、协调各方行动发挥了保障与推动作用。国家实施重大区域经济活动时，一般都以适当的区域战略做统领。区域规划是区域战略的实施载体，具体确立战略在特定空间区域实施的目标、原则、主要任务和基本举措，是引领解决区域突出矛盾与问题、推动形成良好的区域发展格局的操作指南。战略统领和规划引导的有机结合，形成了指导区域协调发展的较为完整的国家政策构架，为区域发展沿着正确的方向务实推进奠定了基础。

二、分类指导、一体联动

依据不同区域实际实施分类指导和推动跨区域一体联动发展，是我国促进区域协调发展的创新举措和成功做法。我国各地区情况千差万别，促进区域协调发展不能搞一刀切，而应当"一事一议"、因区施策。分类指导不仅能提升解决区域问题的针对性、有效性，还能推动各地区发挥比较优势，增强发展潜能。考虑到我国地区发展不平衡较为突出，在操作上宜于细化区域规划的空间板块，适当缩小区域政策单元，以提高区域政策指导的精准性。与此同时，为防止各地区基于自身利益各自为政、阻断经济良性循环，也为了推动各地区在更大范围内利用和配置资源，实现优势互补，必须推动一体联动，促进开放合作。在操作上，应依托沿海、沿边、沿江、沿线，推动形成纵向、横向经济带，打造跨区域的经济合作区和协同带。

三、试点先行、重点突破

我国国情复杂，促进区域协调发展面临着一系列难题，其中不少问题涉及面宽广、触及利益关系深重，解决起来无先例可鉴，风险较大。结合数十年来体制改革的经验，我们采取了"试点先行、重点突破"的探索方式。即选择若干有代表性的地区，授予先行先试的权利，鼓励其围绕完成设定的区域发展目标和解决实际存在的突出矛盾，大胆试验，寻找良方。换言之，就是选择重点地区，围绕重点区域实施突破。实践证明，这是一个具有重要价值的创新举措。实施重点突破有效积累了经验，大大降低了发展成本和运行风险，也为其他地区树立了良好示范，从而带来了一方领跑、八方跟进、全面飞跃的协同联动发展的局面。

四、两端发力、中间跟进

区域发展囊括整个国土空间，在不同区域空间存在着不同的问题与困难。千山万水、千头万绪，不能平均用力、胡子眉毛一把抓。秉持重点突破的思维，在空间格局上，我国推进区域协调发展确立了"抓两头、带中间"的总体工作思路，取得了显著效果。一方面，支持有条件地区加快开发开放步伐，加速形成若干带动能力强、联系紧密的经济圈和经济带，着力培育支撑全国发展的动力源和增长极；另一方面，扶持困难地区加快发展，着力解决革命老区、民族地区、边疆地区和贫困地区在发展中面临的特殊困难，增强其自我发展能力。这样做的结果，是大大加快了欠发达地区特别是困难地区的发展进程，进一步增强了发达地区对促进区域协调发展的支撑能力和对欠发达地区的辐射带动能力。在"两头"的紧逼之下，其他"中间地带"也紧紧跟进，发展质量全面提升。

五、梯次推进、优势互补

过去数十年来，为实现区域协调发展和国家经济整体快速发展，我国实际形成了基于国土空间转换的地域板块、空间形态和产业结构三个方面的梯次推进局面，而这种推进模式综合考虑了发展基础、实际需要和开发能力等因素。从地域板块看，起初的开发重点是东部沿海地区，尔后逐渐扩展到中西部地区，又进一步将重点聚焦到中西部贫困地区。从空间形态看，从主要是陆域开发延展到海洋开发，又进一步延展到空域开发。这一时期，国家提出了经略海洋、建设海洋强国的战略，从区域发展角度，设立了若干海洋经济发展试验区；还推动建立了一批航空港经济综合实验区和临空经济、低空经济试验区。从产业结构看，在积极承接国外产业转移的同时，大力推动东部沿海地区产业向中西部地区转移。这种梯次转移在拓展生产力发展空间的同时，强化了各地域、各领域、各行业的分工合作和优势互补，为促进协调发展、优化空间结构和产业结构，强化经济发展潜能提供了基础支撑。

六、平台示范、载体支撑

依托功能平台、促进区域协调发展和国家经济整体发展是我国的一项重大举措。功能平台类型繁多，促其共有的本质特征都是自主创新、先行先试。过去二十多年来，我们选择适宜地方规划建设了一批承载区域协调发展使命的功能区。这其中有旨在探索科学发展路径、加快产业提升、促进城乡协调、实现经济发展与生态环境保护有机统一的经济区或实验区，有着眼于与港、澳、台地区在重点领域开展深度合作探索的合作区，有立足于推进老少边穷地区加快发展的承接产业转移示范区，还有以重点城市为依托，以探索新型城市化道路和区域高质量发展为主要任务的新区。这些功能区既是试验田，又是排头兵；既是顶梁柱，又是辐射源；既是重要的增长基地，为国家发展做出了重要贡献，又是规制、标准的创建载体，为破解发展和体制难题提供了一批又一批可复制推广的经验与做法。

七、对口帮扶、共同发展

对口支援与帮扶是基于我国社会主义制度优势的伟大创举，是一项融政治、经济、社会、文化等为一体的特别性制度安排和政策设计。作为发达地区带动欠发达地区特别是困难地区的一种重要手段，对口支援与帮扶在缩小不合理地区差距、促进区域协调发展方面发挥了关键作用。一些极为贫困的地区，通过国家政策支持和强有力的对口支援与帮扶进入了经济发展的快车道，经济社会发展面貌焕然一新。经过不断探索，我国推进对口支援与帮扶的思路日益完善、机制不断健全、内容持续扩展。特别重要的是呈现出了三个延展：从"输血"向"造血"延展，将从支援方对受援方单纯给钱给物发展到更多以"飞地经济"等形式推进当地产业拓展、比较优势提升；从主要是扶贫向扶志和扶智延展，注重被扶人群能力、技巧的培养和精神文明建设；从支援方对受援方的单向施惠向援受双方基于互利共赢的双边合作延展，实现优势互补、共同发展。

八、双轮并驱、八方协同

充分发挥中国特色社会主义制度优越性，运用有效市场和有为政府两种力量，促进区域协调发展。政府力量集中在营造良好制度环境、制定跨区域发展规划、缩小基本公共服务水平差距、协调推进区域合作等方面。市场力量则体现在冲破地区封锁和行政壁垒，促使各地区间良性竞争，促进各类生产要素自由流动、优化配置等方面。通过双轮并驱，实现追求效率与保障公平，把推动经济发展与缩小区域差距、激发地区能动性与保护市场统一性有机结合起来。在这个过程中，注重与相关部门沟通衔接，坚持发挥中央和地方两个积极性，积极运用科研机构的智慧成果，通过上下左右互动协作，确保区域规划方案制定科学精准、政策措施落实有力有效。

第四章
国外促进区域协调发展的典型经验

区域发展不平衡不协调是世界各国尤其是大国共同面临的问题,为应对区域发展的不平衡不协调问题,许多国家结合自己的实际推动实施了相关政策,积累了一些有益经验,形成了许多有效做法。他山之石,可以攻玉,这些经验与做法对推动我国区域协调发展具有重要借鉴意义。

第一节 美 国

美国主要是运用财政货币政策并采取经济法律等多种措施来推动区域协调发展。

一、背景

美国东北、西部和南部经济发展状况经历了由不平衡向相对均衡的转变。

美国东北部地区包括美国北部工业带和五大湖工业区以及中央低地一带,是美国资本主义发展最早的地区,自然资源丰富,拥有巨大的铁矿、丰富的煤田以及其他有色金属矿产。这里的土地面积虽然只占全国的15%,却集中了全国人口的2/3,制造业、加工工业的3/4。特别是大西洋沿岸北部地区及五大湖区,工业发达、运输便捷、城镇密布,是全国经济发展水平最高的地区。但在工业化进程中，部分城市出现了转型问题，同时美国的西部和南部内陆地区作为欠发达地区，人口稀疏，主要生产农产品和初级产品，经济文化相对落后，经济增长缓慢。区域经济发展的不平衡，严重阻碍美国整体经济的发展，同时也引发了一系列的社会问题。从19世纪下半叶起，美国已开始有意识地加快落后地区的开发，加强对落后地区经济的宏观调控，广泛运用财政货币政策并采取经济法律等多种措施，培养落后地区的自我发展能力，把区域经济的均衡发展和充分就业看作事关国家长远利益和本国经济政治的根本制度能否正常运转的大事。

二、具体政策

（一）明确区域开发的目标

美国在实施区域开发政策时，首先会通过政府和社会、当地群众的协商，明确政策目标。这些目标主要包括促进落后地区自我发展能力的提高，缩小地区间收入差距和人民生活水平的差异，推动全国经济均衡增长。

（二）完善区域发展的法律制度

1965年通过了《阿巴拉契亚地区发展法》，并依法成立了阿巴拉契亚区域委员会，负责制定地区发展总体规划，确定优先发展领域，通过财政援助和技术服务等途径促进地区经济的增长。此外，为了解决严重的地区困难并为西部落后地区的经济发展作出规划指导，美国政府在20世纪60—90年代还颁布了《地区再开发法》《人力发展与训练法案》《经济机会法案》《公共工程与经济发展法》和《联邦受援区和受援社区法》等多个法案，同时政府还成立了地区再开发署来实施这些法案，落实对困难地区的援助。从总体上看，严格的立法以及专门的执法、管理机构的建立，为促进美国落后地区的发展建立了制度保障。

（三）通过财政税收金融政策支持欠发达地区经济发展

美国政府援助欠发达地区的方式之一就是政府从经济发达的东北部、中北部征集巨额税收，通过财政支出的各个渠道，将相当一部分资金用于南部和西部的经济发展。此外，美国政府还实行税收优惠政策，扩大了州和地方政府的税收豁免权，以进一步激励资本向落后地区流动。

（四）以基础设施建设为先导

美国的区域开发政策强调落后地区设施及基础工程的优先投资和建设，并重点投资于水电工程、全国公路网、全国信息网和基础教育等领域。在道路建设方面，美国政府尤其重视修建公路与铁路，打通东西交通运输要道。目前美国已经形成纵横交错、连接各地的州际高速公路干线网络。所有落后地区都实现了同全国的公路和铁路联网。铁路的兴起，不仅促进了美国全国性市场的形成，而且在西部催生了众多的"铁路城镇"，使西部铁路沿线及附近地区步入了早期的繁荣。

近年来，美国的区域援助政策将促进人口自由流动基础上的充分就业，重建增长动力，实现人口、经济平衡作为重要目标。1993年，国会通过的《联邦受援区和受援社区法案》是美国出台的一个系统解决欠发达地区发展问题的法案，全美分三批共确定了38个受援区，其中城市受援区28个，农村10个。申请地区要符合一些条件：一是失业率高于全国平均水平1%以上；二是收入水平在全国平均工资80%以下；三是遭遇特殊情况（如受灾等）。20世纪90年代，美国政府在推动芝加哥、底特律、匹兹堡等老工业城市转型过程中，也将实现人口、就业和经济的再平衡作为主要目标，支持新旧增长动能转换，经过二十年的发展，匹兹堡市在钢铁产业衰退、常住人口减少三分之一的同时，其人均收入等指标已经重新超过全国平均水平。

第二节 欧 盟

欧盟由欧洲共同体发展而来，创始成员国包括德国、法国、意大利、荷兰、比利时和卢森堡6个国家，截至2022年拥有27个会员国。欧盟区域发展不平衡随着欧洲共同体逐步扩大而产生，欧盟区域政策的要旨是在推动经济一体化中平衡各地区的发展。

一、背景

欧盟区域政策的理念起源于 1957 年签署的《罗马公约》。真正起步是在 20 世纪 70 年代中期。1973 年欧共体第一次扩大，英国、爱尔兰、丹麦 3 国正式成为共同体的新成员。这次扩大凸显了地区差距问题。1975 年 3 月，共同体部长理事会就全面实行共同地区发展政策达成一致。地区政策的核心是设立欧洲地区发展基金。欧洲共同体决策机构认为，欧洲一体化会促使其内部经济向发达中心地区集中。这期间，如果忽略经济欠发达的外围地区，最终将因贫富悬殊太大而危及共同体的存在。2009 年里斯本条约确立了欧盟委员会的国土空间发展职责后，欧盟加大了协调多方面空间政策的力度，包括促进土地利用及规划利益相关方的合作，促进波罗的海沿岸地区的多边协同发展等方面。目前的欧盟区域政策着重于盟内富裕国家向贫困国家的财政转移支付，同时推动解决区域问题的区域计划。除了重视成员国之间的合作之外，欧盟还大力促进不同主体力量在区域政策实施过程中的整合，例如通过多方参与评估和监测，提升政策的实施成效。

二、具体政策

（一）明确政策目标和区域发展战略规划

由于欧盟内部的各国发展水平参差不齐，为了提升欧盟的整体实力，欧盟采取了相当多的区域协调政策。欧盟区域协调政策的第一个特点就是确定明确的政策目标。欧盟多次明确，区域政策的目标是实现区域均衡发展和社会、经济、文化融合。根据欧盟内部各区域不同的区域状况，将欧盟整体划分为七大类区域，针对不同类型的区域采取不同的区域政策，并编制中长期规划，进行严格的战略规划安排资金和项目，并且将这种做法形成制度。

（二）建设及时有效的区域协调法律体系

欧盟从最初的贸易一体化开始，就非常重视制度性一体化建设，在欧盟一体化过程的每个阶段都制定相关法律,通过法律的形式要求成员国实施一致的对外政策,同时对欧盟内部的合作提供制度保障。欧盟的最初设立是为了促进欧洲的经济一体化发展,所以欧盟在促进区域协调发展方面,更是不遗余力地通过各种法律巩固谈判结果,并在此过程中对各种经济政策通过国家机构进行统一规划部署和协调实施。

(三)完备灵活的区域发展金融工具

欧盟区域政策之所以能够得以贯彻落实,离不开其完备灵活的区域政策金融工具,主要包括基金工具和贷款工具两个方面。基金工具方面:一是结构基金,由各成员国按照国内生产总值的一定比例缴纳,并纳入欧盟财政预算统一管理,近年来其额度一直占欧盟总预算的 1/3。结构基金中 1/4 用于缩小地区差距、支持转型工业地区的发展;二是凝聚基金,该基金覆盖的国家主要是人均国内生产总值低于欧盟均值 90% 的成员国,用于这些国家的环境保护和跨境基础设施建设项目;三是欧盟团结基金,主要用于成员国的突发性重大自然灾害。在贷款工具方面,主要措施是通过成立欧洲投资银行,为欧洲经济一体化提供资金支持。欧洲投资银行成立之初就把支持落后地区经济发展,促进欧洲经济和社会的融合作为其优先考虑的重要目标,目前已经成为世界上最大的多边优惠贷款提供者。正是借助于以上金融工具的组合使用,欧盟有效地实施了区域协调政策,扶持了落后地区的发展,促进了区域协调发展。

近年来,欧盟的区域政策主要是通过转移支付实施财政资金再分配政策,由欧盟地区政策总司负总责,主要有三个目的:一是创造就业机会,二是提升竞争力,促进经济增长,三是维持居民生活质量的共同提高和可持续发展。欧盟凝聚政策是地区发展的总战略,是整个欧盟战略的重要组成部分,具有法律效力。欧盟已先后实施了 1988—1992 年、1994—1999 年、2000—2006 年、2007—2013 年、2014—2020 年五个周期的凝聚政策,核心是打造和创建富有竞争力、吸引力和创造力的地区,实现竞争力、就业、区域合作三大目标。欧洲委员会根据各成员国人口状况、国家财富、区域财富和失业率等标准，给予每个成员国指导性的年度欧盟凝聚与区域发展基金总额。每个成员国再决定该基金在各个区域之间的具体分配。从执行效果看，欧盟凝聚政策在很大程度上改善了公共管理，增加了政策的透明度，形成了良好的治理模式。其中，欧盟2007—2013年凝聚政策支持地区发展投入资金为3470亿欧元，占欧盟总预算的35.7%。主要用于资助有特殊问题的地区，资金主要投向交通、环境、研发创新、城乡统一协调及支持边境地区发展；同时，欧盟要求各地区配套一定比例的资金共同承担风险，一般要求配套资金为10%—50%，德国、英国等实际可达到100%配套。为明确区域援助政策的受益范围，欧盟统计局根据各地区经济发展水平、产业结构状况、就业率等一系列指标，建立了欧盟地区统计三级单元目录（NUTS）。欧洲地区发展基金利用NUTS系统严格界定援助对象（2004年NUTS-2为213个，2013年为271个，基本相当于我国地级市；NUTS-3为1091个，基本相当于我国的县）。

一是经济落后地区，即NUTS-2人均国内生产总值在欧盟平均水平75%以下的地区。欧盟为这些区域的经济发展和结构调整、经济转型、增强竞争以及欧盟领土合作提供资金支持，促进人均国内生产总值低于欧盟平均水平75%地区的经济发展和结构转型。

二是存在严重失业问题的区域。根据欧盟地区政策总司定义，严重失业问题指该区域工业部门的失业率在过去三年高于欧盟平均水平，并且工业部门处于退化状态，总就业人数仍呈下降趋势的区域。欧盟资金主要用于支持经济结构单一的地区实现结构调整和产业多样化，并完善教育和培训体制及促进就业。

三是跨境地区和环境敏感地区，欧盟为这些区域的环境项目和跨国境项目建设提供资金援助，或与之相关的技术援助。

2014—2020年的凝聚政策以增长、就业和区域合作为重点，但对增长率、责任分工、资助条件和金融工具进行了调整。约1000亿的欧元资金被用于11个优先领域，包括：强化研究、技术发展和创新；提升对信息计算技的使用和质量;提升中小企业竞争力;支持各经济行业向低碳经济转型;提升应对气候变化的适应性,危机预防和管理;环境保护和资源高效利用;推进可持续交通,打通重点基础设施网络瓶颈;促进就业的可持续性和质量提升,支持劳动力流动;促进社会融合,战胜贫困和歧视;投资于教育、职业培训和终身学习;提升公共政策效率,提升公共部门和利益相关者在公共政策领域的应对能力。

从总体上看,欧盟促进区域协调发展政策在缩小各成员国、各地区的差异方面取得了明显成效。可以说,欧盟新成员国的持续增加和经济货币联盟一体化的发展,都与其区域政策有着密不可分的关联。

第三节 加拿大

加拿大的区域协调发展问题与加拿大自然资源本底具有明显的区域性特征有关,主要通过均等化转移支付促进区域平衡发展。

一、背景

加拿大是幅员辽阔的发达国家,人口少而资源丰富,由于受地理、气候、历史、民族等多重因素的影响,加拿大南北、东西发展差异性大,具有明显的区域性特征。加拿大的人口和经济,主要集中于沿美加边境南北纵深的100公里之内,且主要集中在安大略省和魁北克省,据统计,两省经济之和占加拿大全国经济总量的近70%,其中安大略省经济最发达。西部、东部一些省区由于自然条件、历史传统、产业结构等原因,经济发展相对落后。西部的阿尔伯塔、萨斯哈彻温、曼尼托巴和不列颠哥伦比亚四省过去一直以农业、林业和能源等资源产品生产部门为主,产业结构简单、门类较少,经济总量在全加拿大总体经济中所占的比重也不大。发展相对较落后地区是加拿大东大西洋沿岸新布朗斯威克、纽芬兰、诸瓦斯科舍和爱德华王子岛省。

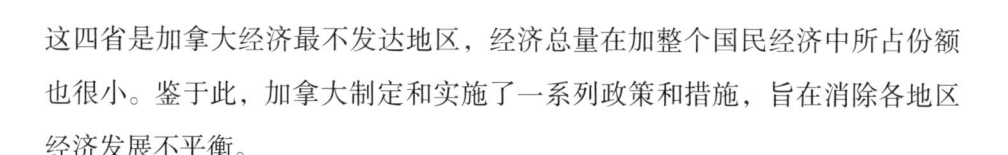

这四省是加拿大经济最不发达地区，经济总量在加整个国民经济中所占份额也很小。鉴于此，加拿大制定和实施了一系列政策和措施，旨在消除各地区经济发展不平衡。

二、具体政策

加拿大主要的区域政策为均等化转移支付，即通过均等化转移支付使各省的财力都能达到一个共同的水准，这是加拿大宪法中明确的举措。均等化转移支付是联邦为解决省际财政能力不均衡、缩小各省财政能力差距而设计的无条件转移支付项目，其最终目的是实现全国范围内的公共服务均等化。它起源于20世纪40年代联邦和省政府之间签订的"均等化和税收出租协议"。在协议中各省将征税权出租给联邦政府，由联邦代征各省相关税收，同时联邦每年给各省支付一定的补偿金以弥补各省的损失。从实际操作层面上来看，均等化项目转移支付的支付数额是基于公式来计算的，且完全透明并向社会公开。均等化财政转移支付在加拿大的经济与政治发展过程中扮演了重要的角色。2013年，加拿大均等化项目转移支付规模达到200亿美元，占联邦财政支出的25%。财政转移支付的方式也从20世纪50年代的有条件转移支付转变成了目前的无条件转移支付，但是设立了事后评估和公开问责机制。通过将联邦收入进行无条件转移支付，加拿大在全国基本统一的征税水平下，提供全国基本统一的公共服务。

此外，1997年加拿大联邦政府开始实施西部经济多元化发展计划，作为国民经济发展新战略，实施一系列积极的扶持措施，推动西部省份的经济多元化发展，从而推动整个国民经济发展，增强国家的综合实力。

第四节　德　国

第二次世界大战后，德国原本比较均衡的区域经济结构由于战争的破坏和国家的分裂被打破，各区域的发展极不平衡。为解决这一问题，德国实施了一系列的区域政策。

一、背景

德国《基本法》规定"国家必须保持各地区人民生活条件一致性"的最高目标，其核心举措是改善区域经济结构。德国的区域经济政策发展和政策目标变化大致经历了以下四个阶段：第一阶段：1951—1958年，消除战争损失与促进东部边境地区的发展；第二阶段：1959—1968年，激发结构薄弱地区包括农村中心地和北方经济萧条的老工业区的增长潜能；第三阶段：1969—1989年，以改善区域经济结构共同任务为目标，促进区域协调发展；第四阶段：1990年至今，东德、西德统一后，重点转向促进东西部地区融合发展，同时兼顾西部地区的协调发展。

二、具体政策

（一）明确区域开发的目标

德国《共同任务法》第四条规定，联邦和州必须制订一项共同的框架计划。该计划每四年制订一次，内容包括：在全联邦范围内，按照统一的标准划分促进地区，确定促进目标，制定统一的促进规划以及统筹安排区域发展各项措施的实施等。促进地区主要是那些经济实力大大低于联邦平均水平的地区，通常是农村地区，或那些因产业结构转型而存在明显结构问题的地区，通常为老工业区。联邦政府将区域开发政策和目标定为：一是使生产要素在空间范围内得到最佳配置，激活条件不利地区的发展潜力，实现全国经济最大增长；二是缩小各地区在收入及福利方面的差距，实现全国各地区生活均等化；三是减少产业结构单一地区的脆弱性，促进各地区产业结构稳定发展，增强各地区适应经济周期的能力。

（二）为区域经济政策目标提供法律保障

相继颁布了《联邦基本法》《联邦空间布局法》《联邦改善区域结构公共

任务法》，其中《联邦基本法》规定，联邦各地区的发展和人民生活水平应该趋于一致，并消除地区发展的不平衡；《联邦空间布局法》明确规定，联邦领土在空间上应该得到普遍发展；《联邦改善区域结构公共任务法》规定联邦和州共同出资，对落后地区及结构薄弱地区的援助责任和补贴按比例确定下来。1970年德国又颁布了《联邦财政平衡法》等法律，《联邦财政平衡法》明确规定，通过州际及州与地方的税收再分配，保证各州人均税收的均等。

德国《基本法》第72条规定：联邦各地区的发展和居民生活水平应该趋于一致；《联邦空间布局法》第一条规定：联邦领土在空间上应该得到普遍的发展；《联邦改善地区经济结构法》规定：联邦和州各出资50%对落后地区的发展给予补贴。德国的区域经济政策核心内容之一，就是通过实行财政的横向和纵向平衡政策，努力缩小各州之间的人均收入差距。德国政府允许各州之间的人均收入可以有10%的差距，主要根据社会收入水平、失业率、基础设施水平和未来发展潜力四项指标，确定各州生活水平是否趋于一致。超出全国平均水平的州，要拨出部分收入给低收入的州；低于全国平均水平的州有得到财政补贴的权利。财政横向平衡，主要是采取法人税的分配、税款转移和联邦特别拨款，促使各州人均税收均等化。通过法人税分配，使财政收入低的州达到各州平均财力的92%；通过税款转移，使财力弱的州人均财政收入达到全国平均水平的95%；缺口部分由联邦财政提供，称为联邦特别拨款。财政纵向平衡，则主要是促使州与乡镇之间的财政平衡，做法与横向平衡类似。对落后地区进行财政补贴，以财政补贴为基础，改善地区经济结构，是德国区域经济政策又一重要内容。

为了扶持相对落后的原东德地区经济发展，德国政府将原西德地区的区域均衡政策直接延续用于原东德地区，并通过巨额的财政援助措施重点加强了原东德地区的基础设施建设。从1995年开始实施，至2004年结束的《团结公约》一期，将总数1000亿的欧元用于改善东部地区的基础设施及经济结构。一方面迅速扩大电话、电传的业务能力，建立原东德地区与国际间的信息网络，大力修整和改造公路和铁路干线，加强交通、电力、水利等设施的建设；另一方面，增加对该地区的教育投资，提高该区域劳动力的综合素质。实施区域经济发展政策四十多年来，德国在促进地区经济发展，缩小地区发展不平衡方面取得了很大成就。1991年东部各州人均国内生产总值仅为西部的43%，到2009年已增至71%，人均可支配收入从60%提高到80%。

第五节　俄罗斯

俄罗斯地域辽阔，不同区域之间的自然条件和发展基础差异很大，俄罗斯政府通过不断优化重大生产力布局，着力解决区域发展不平衡问题。

一、背景

俄罗斯地域辽阔，各区域发展差异很大，莫斯科、圣彼得堡等中心区域直接面向欧洲市场；北高加索与外高加索和中东国家相邻，民族政治形势复杂；乌拉尔与西西伯利亚是俄罗斯经济的资源基地，是与中亚及东南亚国家进行经济协作的技术中坚力量；东西伯利亚与远东是俄罗斯资源的新兴开发区，也是与亚太地区进行合作的前哨。俄罗斯联邦中央力图逐渐加大对地方经济社会发展的干预力度，实现经济区域布局的统一性与完整性，实现共同发展和创新发展。

二、具体政策

（一）重大生产力布局促进区域多极化发展

俄罗斯一直重视利用大型项目促进重点城市集聚区经济强劲增长、提升人口和投资吸引力，增强地区中心城市的竞争力和城市功能多样化。如支持海参崴承办2012年亚太经合组织峰会，支持索契承办2014年冬季奥运会，依托奥运会在黑海海滨建立和发展旅游休闲区，在乌拉尔山区腹地建立两个国家创新中心：一是"叶卡捷琳堡"创新综合体；二是以南-乌拉尔大学为基础在车里雅宾斯克建立创新中心，集中布局重型机械制造、化工、农业、能源机械和仪表、医疗设备、冶金等部门，并建立地区生产集群。

（二）对落后地区成立专门的开发机构进行开发

为推动远东地区的发展，俄罗斯成立了远东发展部等机构，远东发展部所负责的俄罗斯联邦远东和贝加尔地区共包含12个联邦主体，其中包括属于远东联邦区的萨哈（雅库特）共和国、滨海边疆区、哈巴罗夫斯克边疆区等地区，总面积达到778.9平方公里，占俄罗斯总面积的45.5%，人口为1076.1万人，占俄罗斯总人口的7.5%。2013年俄罗斯联邦政府通过了远东发展部制定的《俄罗斯远东和贝加尔地区发展规划》。该计划包括《2018年前远东和贝加尔地区经济社会发展》和《2007—2015年库页岛（萨哈林州）社会经济发展》两个目标纲要和12个附属规划。2014年通过了2020年前在该地区安排投资950亿美元，并且建立12个沿海经济特区的方案。

（三）加强基础设施投入

分别在海参崴和伊尔库茨克建立国立研究型大学，俄罗斯科学院分院，设立军事工业制造基地，在阿尔泰、贝加尔、堪察加半岛、北方地区依托国家交通主干线发展大型交通物流和生产中心。在2009—2013年高加索联邦地区109项设施投产，包括建设和改造的可容纳2387张床位的医疗设施，有25754个座位的普通教育设施，铺设和改造了1265公里的输气管道，1314公里的供水管网等。

俄罗斯的区域政策，在促进国土空间均衡的同时，也产生了大量产业结构单一的市镇。苏联时期至俄罗斯，新城市的建立大致经历四个阶段：建立企业—项目投产—工程竣工—城市形成。可见，在大型工矿企业的基础上发展起来的小城市大多具有产业结构单一的特征，因而被称为产业结构单一市镇。比较典型的产业结构单一市镇集中在采煤、发电、冶金、化工、木材加工、机械制造、食品和轻工业等领域。产业结构单一市镇在工业发达国家也存在，但从规模上看，俄罗斯的问题要严重得多。根据俄罗斯地区发展部2009年公布的数据，俄罗斯产业单一的城市数量为335个，约占城市总量的

40%,有1600万人口。2008年金融危机爆发时,产业结构单一城市的脆弱性显露无遗,特别是专门从事黑色和有色金属冶炼、机械制造的城市。俄罗斯地区发展部从2009年开始制定专门的规划支持这些产业结构单一城市。2011年俄联邦经济发展部制定并实施了国家援助试点项目,设立专门负责机构,协调单一产业城市稳定发展,这些项目使这些城市的劳动市场情况有所缓解。

第六节 日 本

日本的区域发展不均衡随着第二次世界大战后经济的发展而产生,区域政策重点是促进乡村等欠发达地区发展。

一、背景

第二次世界大战后,日本在战争经济主导下的生产秩序和对外经济贸易全面破坏。因此,日本试图加快开发那些国土资源利用潜力大的地区来解决上述问题,其结果是阶段性缓解了地区发展差距扩大的问题。随着战后经济的起飞,东京等大城市和都市圈地区又出现了经济和人口高度聚集的情况,乡村等欠发达地区的发展成为区域政策的重点。

二、具体政策

(一)通过国土开发管控促进区域发展

日本区域经济政策是以区域发展的法律体系为核心,由一系列的地区开发立法组成,既有国家性大法,又有地方性法律。早在1950年,日本就制定了《国土综合开发法》,作为地区开发的根本法。该法对有关国土和地区开发的审议会制度、全国和各地方以及特定区域的综合开发规划的制定和实施作出了明确规定,并与后来相继制定的《孤岛振兴法》《山村振兴法》《北海道开发法》等关于特定落后地区振兴的法律,《新产业城市建设促进法》《低度开发地区工业开发促进法》等关于对产业的空间布局进行引导的法律，以及《控制首都圈市区内工厂等新建法》《工厂立地法》等限制大都市圈工业布局的法律一起，构成了一个相对完整的地区发展法律体系，使得各地区开发有立法作保障，制度有章可循。

同时，明确中央和地方政府财权和事权。日本的《宪法》《地方自治法》《财政法》《地方财政法》等法律均对中央与地方的事权与职责有明确的规定。1997年，日本政府通过《地方分权推进相关决议》，正式开始了近20年的地方分权改革。1999年，颁布了《促进地方分权相关法律关系整备法》，进一步明确了地方政府相关权限和中央地方事权划分。2006年，通过《地方分权改革推进法》，具体职能划分如下：国防、外交等由中央负责；社会保障、医疗与健康、公共福利等具有收入再分配性质或需要全国统一标准的公共产品和服务，由中央及较高一级的地方政府负责；教育管理职能由各级政府按层级划分；对当地居民生产生活有直接影响的消防、城市规划、公共卫生、住宅等由各级地方政府承担。

（二）坚持计划与立法紧密结合

这是日本开发落后地区的主要方式。日本的地区开发政策主要有三种，即国土综合开发政策、一般落后地区的开发政策和特定落后地区的开发政策。1950年，日本制定了《国土综合开发法》，该法确定了综合利用、开发和保全国土，并使产业布局合理化和提高社会福利的国土综合开发目标。1962年以来，日本政府根据《国土综合开发法》共制定了四个全国综合开发计划，每个计划都把解决地区差距作为最主要的目标之一。一般落后地区开发政策也有很多，如1962年制定的《新产业城市建设促进法》及六个配套的基本计划。1950年，日本政府针对特定落后地区的开发，在中央设立了北海道开发厅，并制定了《北海道开发法》，包括开发计划的制定、计划推动的行政组织、预算编制程序和优惠政策措施等诸多内容，并视需要每年加以修订。根据《北海道开发法》，自1951年以来日本内阁先后制定并实施了六次北海道综合开发计划，每一期计划都有明确的重点和目标。此外，日本政府对特定落后地区还专门制定了振兴法规与计划。

（三）强化财政转移支付

财政转移支付是日本区域经济政策中最基础、最重要的手段。日本的财政转移支付分为国家让与税、国库支出金和国家下拨税三种。国家让与税实质上是国家与地方共享某些税收。国库支出金由国库向地方支出财政资金，是不要求偿还的国家支出款。国家下拨税是中央政府把某些税种收入的一部分下拨给地方自治团体，按照地方财政财力不足的程度进行分配，主要用于弥补地方财政收入的体制性不足。日本政府对经济的驾驭能力较强，中央财政占整个财政的70%，其中大部分拨付给地方政府，在非均衡发展时期，主要是拨给重点开发地区，在均衡发展时期则主要拨给落后地区。对落后地区的支持明显体现在财政补贴上。财政转移支付对于日本调控区域经济、规范中央地方财政关系、均衡地方财力起着十分重要的作用。

1. 地方交付税制度

地方交付税是以平衡各地方财力、实现财政均衡为目标，由中央给予地方的财政补助。按照《地方交付税法》第六条规定，在国税收入中，以个人所得税与酒税的32%、法人税的34%、消费税的22.3%、烟税的25%估算构成地方交付税总额，由中央政府向都道府县和市町村两级地方政府无条件拨付。在2014年中央政府预算支出中，"地方交付税交付金"为16.1万亿日元，占总支出的16.8%，是社会保障费、国债费之后的第三大支出。2014年国税与地方税比例60.1∶39.9，经"地方交付税交付金"调整后，比例转变为43.7∶56.3，再经过地方让与税调整后，则变为39∶61，中央对地方转移支付超过了地方财政收入。地方交付税总额由中央与地方共享税的法定分享比例决定。通常交付税中的94%属于普通交付税，6%属于特别交付税。特别交付税是指地方政府按照统一公式计算出的标准财政收入明显偏高，或者当标准财政需求不能体现的特殊财政需求出现时（如地方发生自然灾害），中央政府给予地方政府的特别补助。普通交付税，是中央政府根据地方标准财政收入与支出需求差额，给予地方政府的财政补贴。对某地方的交付税总额为该地方标准财政需求与该地方标准财政收入之差。以地方交付税为主的日本财政转移支付在高速增长阶段对缩小区域财力差距的均衡作用非常显著。

2.国库支出金制度

国库支出金是集规定用途和附加条件于一身的转移支付形式，相当于我国的专项转移支付。分为三类，一是国库补助金，是中央政府出于宏观调控和均衡发展的考虑而下拨给地方政府的财政补助；二是国库负担金，当地方政府兴办关系到整个国家利益的项目时，由中央政府按照自身应负担的份额对地方政府进行补助；三是国库委托金，当中央政府将本属于自身的事务委托给地方政府承办时，由中央政府给予地方政府补助。其中，国库负担金主要用于支持地方与国家有共同责任的重要公共事业，国库补助金主要用于对地方特定事业的奖励，国库委托金主要用于地方代为执行事权的费用。国库支出金是中央本级财政支出，以指定用途为条件对地方进行拨付，中央政府对这笔资金的使用负有监管职责，具体由财务省监督，会议检察院审计，2012年度决算额15.53万亿日元，占地方收入的14.3%。

3.地方让与税制度

地方让与税是中央政府为补充地方建设财源而征收的特定税种，征收后全部返还地方。2012年度决算额为2.27万亿日元，占地方收入的2.1%，其中，地方法人特别让与税占比最高，达73.6%，汽车重量让与税占12.4%，地方汽油让与税占12.4%，其余为石油燃气让与税、航空燃料让与税、船舶特殊吨位让与税等。

第七节 国外促进区域协调发展的经验与启示

世界主要国家在解决区域问题时有不少共性的做法，对我国研究制定区域协调政策提供了有益的启示。

一、国外主要做法

（一）坚持立法先行

法律法规是促进区域协调发展的坚实保障，世界主要国家都将立法作为落实区域发展战略部署的先行举措。英国较早就制定了专门针对欠发达区域开发的法律，1934年颁布了《特别区域法》，以后又调整为《工业布局法》《工业法》。美国政府颁布了《地区再开发法》《人力发展与训练法案》《经济机会法案》《公共工程与经济发展法》和《联邦受援区和受援社区法》等法律法规法案。德国颁布了《联邦基本法》《联邦空间布局法》《联邦改善区域结构公共任务法》等法律法规。日本颁布了《国土综合开发法》《土地利用计划法》《特殊土壤地区防灾及振兴临时措施法》《海岛振兴法》《山村振兴法》《偏僻地区振兴法》《过疏地区活性化特别措施法》等法律法规。

（二）注重规划约束与指导

依法编制区域规划，用以引导区域开发方向，约束无序开发行为，是世界一些大国的基本做法。日本的区域规划体系较为完整，分为全国性综合开发规划、都道府县综合开发规划、地方综合开发规划、特定地域综合开发规划4个层次，迄今，已编制了多个全国国土综合开发规划。德国区域规划也分为联邦、州、区域、市（县）4个层次，各层次的规划各有侧重又相互衔接。

（三）发挥财政政策在缩小区域发展差距中的主体作用

财政转移支付是世界一些大国促进地区间公共服务均等化的主要手段。美国政府通过财政支出的各个渠道，将相当一部分资金用于南部和西部的经济发展。日本的财政转移支付分为国家让与税、国库支出金和国家下拨税三种，国家让与税实质上是国家与地方共享某些税收。日本中央政府集中了国家总税收收入的绝大部分，将其中的一半左右通过财政转移支付的方式分配给地方，以缩小地区间人均财政支出或人均公共支出的差距。德国政府将原西德地区的区域均衡政策直接延续用于原东德地区，并通过巨额的财政援助措施重点加强了原东德地区的基础设施建设。

（四）实现重大生产力布局与区域战略导向的充分衔接

世界主要国家普遍重视利用投资手段，推动区域协调发展。一方面，通过设立开发基金或加强项目投资促进落后地区发展。1975 年欧盟就设立了欧洲地区发展基金，用于对落后地区援助。过去许多年来，欧盟通过结构基金、凝聚基金等，推动重点地区、重点领域，推动区域均衡发展。从 20 世纪 30 年代开始，美国政府直接推动实施了田纳西河流域工程、阿巴拉契亚区域开发工程、哥伦比亚河水电建设及流域开发等重点工程。美国还特意把一些尖端军事工业和重要的军工基地建在落后地区，以带动落后地区经济发展。另一方面，通过推动项目与要素集聚，提高中心城市动能，带动城市群区域或周边区域全面振兴。美国、俄罗斯及欧盟一些国家注重提升城市特别是中心城市科技、人才、资金等要素的集聚能力，同时利用项目布局提升城市发展动能，进而增强对周边地区的辐射带动能力。

二、若干主要启示

（一）促进区域协调发展是国家持续繁荣和长治久安的根本需求

世界实践表明，以地区不合理差距为主体的区域发展问题不仅是经济问题，也是政治和社会问题，处理不好不仅会阻碍经济健康快速发展，还会影响国家安定和社会稳定。当地区差距过大等问题与民族问题、宗教问题缠绕在一起时，就会成为国家动荡和分裂的诱因与基础。要高度重视促进区域协调发展，把其放在政府治理和战略考量的突出重要位置。

（二）准确把握区域战略、政策的方向性与针对性

借鉴国外经验，政府区域政策要注重从两个方面发力。一方面，健全市场体系，切实破除各种市场障碍，推动资金、技术、人才、劳动力、土地等各类要素在区域之间的自由流动与高效配置，着力构建全国统一大市场，为促进区域协调发展夯实体制基础；另一方面，着力改变地区发展基本条件，推进基本公共服务均等化、提升人的基本发展能力、促进发达地区与欠发达地区合作互动等，为区域协调发展构建核心支柱。

(三)坚持系统设计、因情施策、协同推进

不同地区的经济社会发展是相互影响的,区域政策需要统筹兼顾、系统设计。但区域问题总是存在于各个地区,因此解决这些问题,需要分类指导、因情施策。区域问题牵涉面广、连带性强,在大部分情况下,很难通过单一的手段解决,应在摸清症结、科学规划的基础上,综合并灵活运用经济、法律和行政手段,协同推动,切实提高政策效能。

(四)正确认识并处理自然资源基础与促进经济发展的关系

一个自然资源没有优势且经济相对落后的地区,如果能够根据自身的比较优势找到适当的突破口,并制定出切实可行的发展战略,在较短的时间内取得快速稳定的发展是可能的。即使是自然条件与经济条件都不错的地区,如果不注意开发与保护并举,也可能会导致这些优势条件的再丧失。这对于西部地区中生态环境和经济条件已经得到改善,或条件本来就较好的地区提出了警示,我国西部大开发要以生态建设为前提,走可持续发展的道路。

(五)高度重视和大力强化教育投资与人力资源开发

增加教育投资和人力资源开发,促使产业结构与经济增长方式的转变,可以显著地促进地区经济的增长。在知识经济时代,经济落后地区可以采用将有限的资金集中到某一领域,并充分利用人力资源的比较优势,在数字技术发展的时期引进新行业,依靠密集的高素质人才实现跨越式发展。可以在发展劳动密集型产业以及积累人力资本的基础上,逐步朝资金和知识密集型产业过渡,促使产业结构与经济增长方式的转变。现代人力资本理论以及有关学者的研究也表明,对人力资源投资的收益要高于对物质资源投资的收益。世界上有许多像韩国、印度这样的新兴工业国和发展中国家都在借助知识经济和经济全球化的机遇来努力获得竞争优势,包括使落后地区实现跨越式发展。

中篇

Part II

运用国家战略促进区域协调发展，进而推动整个国民经济和社会发展，是中国的一个创举。新中国成立以来，国家立足于区域发展实际，着眼全国"一盘棋"和缩小区域不合理差距，充分发挥地区能动性，制定实施了一系列重大战略与政策举措，构建了具有中国特色的区域政策体系，推动区域协调发展不断迈上新水平、呈现新格局。

第五章
区域协调发展总体战略的实施和成效

以西部大开发、东北振兴、中部崛起、东部率先发展为核心内容的区域协调发展总体战略，是国家谋划实施的系统性区域战略，这一总体战略的扎实实施，不仅带来了各区域板块具有特色的快速发展，也带来了全国经济社会发展面貌的显著改善。

第一节 西部大开发

世纪之交，中共中央率先作出实施西部大开发战略的重大决策。20年来，在一系列重要政策文件的推动下，一些关键领域取得了重要进展，西部整体发展质量显著提升。

一、背景基础

西部地区包括12个省区市（重庆、四川、贵州、云南、西藏、陕西、甘肃、宁夏、青海、新疆、内蒙古、广西），国土面积约685万平方公里，占全国的71.5%，战略启动的2000年人口约3.56亿人，占全国的28.1%，陆地边境线占全国的82%，与14个国家和地区接壤，能源资源富集，生态地位重要，是我国经济持续发展的重要支撑力量。

新中国成立后，国家一直积极支持西部地区发展。20世纪50年代，国家通过实施"一五""二五"计划，初步改变了西部地区产业结构，结束了西部地区没有工业的历史。20世纪60—70年代的"三线建设"，支持西部地区兴建了一批工业基地并初步形成了铁路交通格局，带动了攀枝花、六盘水等一批新兴城市崛起。

改革开放以后，东部沿海地区依托良好的发展基础和国家政策支持，率先发展起来。而西部地区受制于发展环境与市场规则，与东部地区发展差距逐渐拉大。因此，缩小区域发展差距，促进东西部各族人民共同富裕便成为亟待解决的重大问题。也正是基于此，中共中央作出了实施西部大开发的战略决策。

二、战略提出

1999年6月，西北五省区国有企业改革和发展座谈会指出，加快西部地区的经济发展，是保持国民经济持续快速健康发展的必然要求，也是实现现代化建设第三步战略目标的必然要求。特别是在当前国际市场竞争日趋激烈的情况下，必须抓紧研究、部署和尽快启动西部大开发这个世纪工程。同年9月，中共十五届四中全会正式提出实施西部大开发战略。

2000年1月，中共中央、国务院印发《关于转发国家发展计划委员会〈关于实施西部大开发战略初步设想的汇报〉的通知》，这一文件成为指导西部大开发的纲领性文件，其对实施西部大开发战略提出明确要求：当前和今后一个时期，在实施西部大开发战略、加快中西部地区发展中，要突出抓好西部地区的开发，把加快基础设施建设作为开发的基础，把加强生态环境保护和建设作为开发的根本，把抓好产业结构调整作为开发的关键，把发展科技教育和加快人才培养作为开发的重要条件，把深化改革、扩大开放作为开发的强大动力。同年10月，国务院印发《关于实施西部大开发若干政策措施的通知》，明确从2001年1月1日起，西部地区在资金投入、投资环境、对内对外开放、科技教育等方面享受多项优惠政策措施。

在此基础上，2001年9月，国务院办公厅转发了国务院西部开发办《关于西部大开发若干政策措施的实施意见》，从加大建设资金投入力度、优先安排建设项目、加大财政转移支付力度、加大金融信贷支持、大力改善投资软环境、实行税收优惠政策、实行土地使用优惠政策、实行矿产资源优惠政策、运用价格和收费机制进行调节、扩大外商投资领域、拓宽利用外资渠道、放宽利用外资有关条件、大力发展对外经济贸易、推进地区协作与对口支援、吸引和用好人才、发挥科技主导作用、增加教育投入、加强文化卫生等社会事业建设诸多方面提出了70条政策措施，随后国务院有关部门又陆续出台了一系列相关配套政策和文件。享受西部大开发政策的地域范围，除了"七五"计划时期的西部10省（区、市）外，还包括原来属于东部地区的广西和属于中部地区的内蒙古，以及吉林的延边朝鲜族自治州、湖北的恩施土家族苗族自治州、湖南的湘西土家族苗族自治州。从省级行政单元看，初步形成了"10+2"的西部地区概念和东部、中部、西部三大地带宏观区域格局。

三、重点任务

在不同时期，西部大开发战略的重点任务亦不尽相同。在西部大开发战略实施初期，国务院印发的《关于进一步推进西部大开发的若干意见》明确提出，推进西部大开发，要抓好十大重点工作：扎实推进生态建设和环境保护，继续加快基础设施重点工程建设，进一步加强农业和农村基础设施建设，积极发展有特色的优势产业，积极推进重点地带开发，大力加强科技教育卫生文化等社会事业，深化经济体制改革，拓宽资金渠道，加强西部地区人才队伍建设，加强对西部开发工作的组织领导，并明确将生态建设和基础设施作为西部大开发的重中之重。2007年，国家发展改革委、国务院西部开发办印发《西部大开发"十一五"规划》，对推进西部大开发进一步做出了具体部署。

2010年，在实施西部大开发战略十周年之际，中共中央、国务院印发《关于深入实施西部大开发战略的若干意见》，对此后10年深入推进西部大开发承前启后明确九大重点任务：加快基础设施建设，提升发展保障能力。加强生态建设和环境保护，构筑国家生态安全屏障。夯实农业基础，统筹城乡发展。发展特色优势产业，增强自我发展能力。强化科技创新，加强人才开发。大力发展社会事业，着力保障和改善民生。加强重点经济区开发，支持老少边穷地区发展。坚持体制机制创新，扩大对内对外开放。提高公共管理水平，促进社会和谐稳定。此外，意见还从财政、税收、投资、金融、产业、土地、价格、生态补偿、人才、帮扶等十方面给予西部地区政策支持，其中包括"对设在西部地区的鼓励类产业企业减按15%的税率征收企业所得税"等含金量很高的特殊政策。

2012年和2017年，国家发展改革委印发《西部大开发"十二五"规划》和《西部大开发"十三五"规划》，根据中央要求和西部发展实际，分别对"十二五""十三五"时期西部大开发做出了工作安排，对重点方面的改善和整体水平的提升，发挥了积极作用。

2020年，中共中央、国务院印发《关于新时代推进西部大开发形成新格局的指导意见》，提出了"形成大保护、大开放、高质量发展的新格局"的要求，为推动新时代西部地区高质量发展指明了方向。主要思路与任务是：

（1）以决战脱贫攻坚为标志，确保西部地区与全国一道全面建成小康社会。加大政策支持、资金倾斜和工作力度，确保西部贫困人口如期脱贫、贫困县全部摘帽，与全国一道全面建成小康社会。保持现有帮扶政策总体稳定，及时做好返贫人口和新发生贫困人口的监测与帮扶。推动全面脱贫与乡村振兴有效衔接，同步促进脱贫攻坚成果巩固和相对贫困问题解决。培育乡村发展新动能，推进美丽乡村建设，补齐乡村公共设施短板。

（2）以推进绿色发展为要求，加大美丽西部建设力度。抓好黄河流域生态保护修复和环境污染治理，巩固长江经济带共抓大保护、不搞大开发工作格局。进一步加大天然林保护、退耕还林还草、退牧还草、重点防护林体系建设等重点生态工程实施力度，推进自然保护地体系建设和湿地保护修复。开展三江源、祁连山等重点区域综合治理，加强区域大气污染联防联控，因地制宜加快城镇污水处理设施建设。促进绿色产业加快发展，推动重点领域节能减排，大力发展节能环保产业和循环经济。

（3）以共建"一带一路"为引领，扩大西部地区高水平开放。发挥一些地区沿海、沿江、沿交通干线的区位优势，做好人畅其行、物畅其流这篇文章，进一步加强与境内外的经贸联系。构建内陆和沿边多层次开放体系，高标准建设自由贸易试验区、边（跨）境经济合作区等功能平台。拓展区际互动合作，积极对接长江经济带、粤港澳大湾区建设、黄河流域生态保护和高质量发展等国家重大区域战略。

（4）以构建现代化产业体系为重点，增强西部地区经济高质量发展动力。培育和发展一批战略性新兴产业，改造提升传统产业，推动全产业链整体跃升。大力优化能源供需结构，着力提升传统能源高效清洁利用、可再生能源规模化利用、国家能源安全保障等能力。充分发挥西部地区特色优势，大力发展旅游休闲、健康养生等服务业，打造区域重要支柱产业。

（5）以强化基础设施规划建设为抓手，夯实西部地区经济社会发展基础。在交通设施方面，重点提高通达度、通畅性和均等化水平，加强横贯东西、纵贯南北的运输通道建设，拓展区域开发轴线。在水利设施方面，重点规划建设一批重点水源工程、江河湖泊骨干治理工程、大型灌区工程，提高安全饮水保障能力。在能源设施方面，重点加强西电东送等跨省区能源通道建设，提升清洁电力输送能力，积极推进配电网改造行动和农网改造升级。在通信设施方面，重点推动城市农村"同网同速"，大力支持农村偏远地区特别是贫困村加快宽带网络建设。

（6）以增强公共服务能力为关键，增进西部地区民生福祉。加快补齐社会民生领域短板，增强公共服务特别是基本公共服务能力，努力实现幼有所育、学有所教、劳有所得、病有所医、老有所养、住有所居、弱有所扶。充分利用互联网等新技术，大力发展远程教育、医疗等服务。

四、主要成效

随着西部大开发战略的持续深入实施，西部地区大保护、大开放、高质量发展的新格局逐步形成。在大保护方面，西部地区坚定贯彻"绿水青山就是金山银山"理念，不断强化区域环境、大气、河流、土壤等综合治理，努力走出了一条生态优先、绿色发展的新路子。在大开放方面，西部地区借助"一带一路"的引领作用，不断提升地区综合开放水平，商品、要素流动型开放和规制、标准等制度性开放取得积极进展。在高质量发展方面，西部地区一方面立足自身优势加快新能源项目落地，另一方面借助新基建契机，努力加快西部地区赶超与转型一体的步伐。"十二五"以来，全国地区生产总值增长最快的10个城市中，西部地区有昆明、西安、重庆、成都四个城市，这些城市正以强有力的辐射作用带动周边地区发展。全国9个大型清洁能源基地中，7个布局在西部地区，庞大的清洁能源总量为西部地区绿色高质量发展提供了全新的机遇。

从统计数据上看，2002年至2022年，西部地区占全国比重上升最大的是高速公路里程、进出口总额和第二产业增加值，这说明以基础设施、沿边开放和生态建设为重点的西部大开发取得明显成效。新一轮退耕还林还草工程、三江源生态保护、西南石漠化治理等重大生态工程使西部的国家生态安全屏障得以巩固。通过西部大开发重点工程，仅"十二五"时期就新建1.2万公里铁路，建成了一批大型水利枢纽、重点骨干水源工程及重点流域治理工程，西部地区发展的支撑条件得到了极大改善。此外，西部地区400毫米降水线以东的四川、重庆、陕西等三省市在集聚人口和经济增长等方面的数据显著高于西部其他省区。

第二节　东北振兴

东北地区战略地位十分重要。在国家振兴东北地区等老工业基地战略的推动下，东北地区体制创新积极展开，经济结构不断调整，向着高质量发展的目标持续迈进。

一、背景基础

东北地区包括东北三省（辽宁、吉林、黑龙江）和内蒙古东部五盟市（呼伦贝尔、兴安盟、通辽、赤峰和锡林郭勒盟，简称蒙东地区），总面积145万平方公里，战略启动的2004年总人口约1.2亿人，是全国重要的工业和农业基地，在维护国家国防安全、粮食安全、生态安全、能源安全、产业安全方面的战略地位举足轻重，关乎国家发展大局。

新中国成立后，国家在东北等地区集中投资建设了具有相当规模的以能源、原材料、装备制造为主的战略产业和骨干企业，苏联援建的156项重点工程，东北占了54项。东北地区创造了第一炉钢水、第一架飞机、第一辆汽车等诸多新中国第一。作为"共和国长子"，东北地区为形成独立完整的工业体系和国民经济体系作出了历史性重大贡献。"一五"时期，全国17%的原煤、27%的发电、60%的钢产自辽宁，1962年东北三省工业总产值占全国的17%，此后至1980年东北三省工业总产值占全国的比重一直高于15%，是全国重要的工业基地。

随着社会主义市场经济体制改革不断深入，东北老工业基地的体制性机制性结构性问题日益显现，主要表现为市场化程度低，经济发展活力不足；所有制结构较为单一，国有经济比重偏高；产业结构调整缓慢，企业设备和技术老化；企业办社会等历史包袱沉重，社会保障和就业压力大；资源型城市主导产业衰退，接续产业亟待发展。到20世纪末，东北地区与沿海地区发展动力上差异已十分明显。为有针对性地解决这一问题，中共中央于2003年作出实施东北地区等老工业基地振兴战略的重大决策。

二、战略提出

2002年，党的十六大报告首次提出"支持东北地区等老工业基地加快调整和改造，支持以资源开采为主的城市和地区发展接续产业"。2003年，中共中央、国务院印发《关于实施东北地区等老工业基地振兴战略的若干意见》（简称《若干意见》），提出了振兴战略的各项方针政策。《若干意见》强调，"支持东北地区等老工业基地加快调整改造，是党中央从全面建成小康社会全局着眼作出的又一重大战略决策，各地区各部门要像当年建设沿海经济特区、开发浦东新区和实施西部大开发战略那样，齐心协力，扎实推进，确保这一战略的顺利实施"。这标志着老工业基地振兴从"七五"和"八五"时期的产业和企业调整改造，转变为以东北地区为重点的区域战略。

2003年12月，国务院成立振兴东北地区等老工业基地领导小组。2004年，国务院振兴东北地区等老工业基地领导小组办公室（简称振兴东北办）正式成立，全面负责东北地区等老工业基地调整改造和振兴工作。此后，一系列支持、帮助、推动东北地区振兴发展的政策措施陆续出台，涉及基础设施、财税金融、国有企业改革、社会保障、科技人才、沉陷区治理等诸多方面。

三、重点任务

随着国内外环境变化，东北振兴战略各时期的重点任务也有所差别。2003年战略实施初期，《关于实施东北地区等老工业基地振兴战略的若干意见》明确提出，实施东北振兴需要推进八项重点工作，包括加快体制创新和机制创新，全面推进工业结构优化升级，大力发展现代农业，积极发展第三产业，推进资源型城市经济转型，加强基础设施建设，进一步扩大对外对内开放，加快发展科技教育文化事业。意见明确将体制机制改革和工业结构调整作为重中之重。

2007年，国家发展改革委、国务院振兴东北办印发《东北地区振兴规划》，进一步充实和完善了加快东北地区振兴的工作思路和政策措施。

2009年，为应对国际金融危机、促进全国经济平稳较快发展，国务院印发《关于进一步实施东北地区等老工业基地振兴战略的若干意见》，从九个方面提出了推进东北地区等老工业基地振兴的具体措施。特别强调要优化经济结构，建立现代产业体系，加快推进企业兼并重组，大力发展非公有制经济和中小企业，做优做强支柱产业，积极培育潜力型产业，加快发展现代服务业，扶持重点产业集聚区加快发展。

2012年，国家发展改革委印发《东北振兴"十二五"规划》，对"十二五"时期振兴东北地区发展工作作了系统安排。

2014年以来，由于长期形成的深层次体制性机制性结构性问题，叠加周期性因素和国际国内需求变化的影响，东北地区发展遇到新问题，突出表现为经济下行压力增大，原有以能源、资源、重化工业为主的产业结构不能适应新的需求和优化产业结构的要求，部分行业和企业生产经营困难。2016年，中共中央、国务院印发《关于全面振兴东北地区等老工业基地的若干意见》，这是中共中央、国务院在新的历史条件和时代背景下对东北地区等老工业基地振兴战略的丰富、深化和发展，是新一轮东北振兴战略的顶层设计，标志着东北振兴进入了全面振兴新阶段。意见对东北地区明确了"五基地、一支撑带"的发展定位（即建成具有国际竞争力的先进装备制造业基地和重大技术装备战略基地，国家新型原材料基地、现代农业生产基地和重要技术创新与研发基地，成为全国重要的经济支撑带），并围绕"四个着力"提出了重点任务。

（1）着力完善体制机制。加快转变政府职能，进一步理顺政府和市场关系，着力解决政府直接配置资源、管得过多过细以及职能错位、越位、缺位、不到位等问题。深化国有企业改革，支持东北在全面深化国企改革方面先行先试，完善国有企业治理模式和经营机制，解决好历史遗留问题。支持民营经济做大做强，促进民营经济公开公平公正参与市场竞争，使民营企业成为推动发展、增强活力的重要力量。推进厂办大集体、林区、垦区等专项领域改革。积极参与"一带一路"建设，加强与周边国家基础设施互联互通，促进区域投资贸易和人文合作，努力将东北地区打造成为向北开放的重要窗口和东北亚地区合作的中心枢纽。对接京津冀协同发展这个重大国家战略，完善区域合作与协同发展机制，构建区域合作新格局。

（2）着力推进结构调整。促进装备制造等优势产业提质增效，做优做强先进装备制造业，推进东北装备"装备中国"、走向世界，积极稳妥化解产能过剩，坚决淘汰落后产能。积极培育新产业新业态，实施东北地区培育发展新兴产业行动计划，发展壮大高档数控机床、工业机器人及智能装备、燃气轮机、先进发动机、光电子、生物医药、新材料等一批有基础、有优势、有竞争力的新兴产业。大力发展现代服务业特别是生产性服务业，实施老工业基地服务型制造行动计划，引导和支持制造业企业从生产制造型向生产服务型转变。加快发展现代化大农业，率先构建现代农业经营体系、生产体系、产业体系，着力提高农业生产规模化、集约化、专业化、标准化水平和可持续发展能力，为全国粮食安全提供坚强支撑。

（3）着力鼓励创新创业。完善区域创新体系，全面持续推动大众创业、万众创新，积极营造有利于创新的政策和制度环境，完善区域创新创业条件，推动科技创新、产业创新、企业创新、市场创新、产品创新、业态创新、管理创新。促进科教机构与地方发展紧密结合，鼓励东北地区科研院所和高校加快发展，布局建设国家重大科技基础设施，创新科研机构、高校与地方合作模式。加大人才培养和智力引进力度，完善人才激励机制，鼓励高校、科研院所和国有企业强化对科技、管理人才的激励。

（4）着力保障和改善民生。切实解决好社保就业等重点民生问题，加大民生建设资金投入，保障民生链正常运转，防止经济下行压力传导到民生领域。全面实施棚户区、独立工矿区改造等重大民生工程。推进城市更新改造和城乡公共服务均等化，加大市政设施建设与更新改造力度，改善薄弱环节，提高城市综合承载和辐射能力。促进资源型城市可持续发展，健全可持续发展长效机制，促进资源产业与非资源产业、城区与矿区、经济与社会协调发展。打造北方生态屏障和山清水绿的宜居家园，坚决摒弃损害甚至破坏生态环境的发展模式和做法，努力使东北地区天更蓝、山更绿、水更清，生态环境更美好。

经过持续努力，东北地区经济下行的趋势初步得到遏制，为长远发展奠定了基础。

2016年，国家发展改革委印发了《东北振兴"十三五"规划》，提出推动东北地区与全国同步实现全面建成小康社会宏伟目标。

2019年，中共中央、国务院印发了《关于支持东北地区深化改革创新推动高质量发展的意见》，指出当前东北地区面临的突出短板，明确了东北地区"五大安全"的战略定位，对东北全面振兴全方位振兴明确了改革、创新、协调、绿色、开放、共享等六个方面的重点任务。

2021年，经国务院批复同意，国家发展改革委印发了《东北全面振兴"十四五"实施方案》，细化明确了新时代东北振兴的方向、目标、路径。实施方案提出六个方面的重点任务：深化国资国企改革，完善中国特色现代企业制度和市场化经营机制；促进民营经济高质量发展，支持民营企业发展壮大；建设开放合作发展新高地，加大对内开放合作力度，提升东北亚国际合作水平，打造高水平开放合作平台；推动产业结构调整升级，改造升级传统优势产业，培育壮大新兴产业，大力发展现代服务业，着力提升创新支撑能力；构建高质量发展的区域动力系统，打造引领经济发展区域动力源，推动资源型地区转型发展和老工业城市调整改造，巩固国家粮食安全"压舱石"地位，筑牢祖国北疆生态安全屏障；完善基础设施补齐民生短板，完善区域基础设施网络，实施乡村建设行动，提升民生保障能力。"十四五"方案为东北地区在现代化全面开启的道路上开好局起好步提供了系统的思路举措。

四、主要成效

随着东北振兴持续深入推进，东北地区经济运行逐步企稳，体制机制不断创新，产业结构调整扎实推进，粮食综合生产能力显著提高，基础设施不断完善，社会事业较快发展，发展后劲进一步增强。与此同时，重点领域改革进一步深化，厂办大集体改革任务基本完成，部分国企通过改革实现转型发展，效益显著。

从统计指标看，东北地区粮食安全功能明显提升。2000年至2021年，东北地区粮食产量占全国粮食总产量的比例由12.7%上升到25.4%，粮食增加量占全国粮食产量增量的50.7%，大豆产量占全国的1/2，玉米产量占全国的1/3，稻米产量占全国的1/6，东北地区成为中国粮食安全的"压舱石"。生态安全功能进一步增强，2002年至2020年，东北地区自然保护区面积占比提高了2.5个百分点，森林面积占比达到1/3左右，成为中国北方的生态屏障。东北地区在重大技术装备等领域继续发挥支柱作用，特高压输变电设备、重型燃气轮机、数控加工中心等一批重大技术装备研制成功，在维护国家产业安全方面发挥了支持作用。

第三节　中部崛起

继西部大开发、振兴东北地区等老工业基地之后，中共中央作出了促进中部地区崛起的战略决策。在这一战略的引领和推动下，中部地区发展不断提速，而今已成为区域经济发展的主体动力源和国家高质量发展的关键支撑。

一、背景基础

中部地区包括山西、安徽、江西、河南、湖北和湖南6省，面积102.8万平方公里，占全国的10.7%，战略启动的2006年总人口约3.53亿，占全国的近26.8%。中部地区位于内陆腹地，人口众多，自然、文化和旅游资源丰富，科教基础雄厚，水陆空交通网络便捷通达，具有承东启西、连南贯北的区位优势，农业特别是粮食生产优势明显，工业门类比较齐全，生态环境总体条件较好，承载能力较强，是全国重要的农产品、能源、原材料和装备制造业基地。

20世纪90年代以来，中部地区一直面临着经济增速多数年份低于全国平均水平的问题，在西部大开发、东北振兴相继推进后，如何谋划推进中部地区发展，成为各界关注的焦点。此外，中部地区自身发展也面临一些突出困难：稳定粮食生产的长效机制尚未形成，"三农"问题突出；工业结构调整的任务繁重，第三产业发展缓慢；城镇化水平低，人口、就业和生态环境压力大，对外开放程度不高，体制机制性障碍较多；自然灾害频发，抗灾能力较弱等。这些问题严重影响了中部地区的发展，也不利于国家经济的整体提升。鉴此，对中部地区予以独特的战略赋能成为逻辑必然。

二、战略提出

2004年3月，在国务院政府工作报告中，首次明确提出促进中部地区崛起。同年9月，党的十六届四中全会通过的《关于加强党的执政能力建设的决定》强调，"重视实施西部大开发战略和振兴东北地区等老工业基地战略，促进中部地区崛起"，这是在中共中央文件中第一次提出这一战略要求。

2006年4月，中共中央、国务院发布《关于促进中部地区崛起的若干意见》，提出将中部地区建设成为全国重要的粮食生产基地、能源原材料基地、现代装备制造及高技术产业基地和综合交通枢纽，即"三基地一枢纽"。这是全面部署实施促进中部地区崛起战略的纲领性文件。同年5月，国务院办公厅发布了《关于落实中共中央国务院关于促进中部地区崛起若干意见有关政策措施的通知》，提出了8个方面56条具体实施意见。

2007年1月，国务院办公厅又下发了《关于中部六省比照实施振兴东北地区等老工业基地和西部大开发有关政策范围的通知》，明确了中部6省26

个城市比照实施振兴东北地区等老工业基地的有关政策，以及243个县（市、区）比照实施西部大开发的有关政策，即"两个比照"政策。同年4月，国家促进中部地区崛起办公室正式挂牌，负责协调落实促进中部地区崛起战略、规划和重大政策。2008年1月，国务院批准建立促进中部地区崛起工作部际联席会议制度，联席会议由18个部门和单位组成，负责贯彻落实党中央、国务院的重大部署，研究有关重大问题，协调重大政策，推进部门间沟通与交流。

三、重点任务

在不同阶段，中部崛起战略的重点任务也有所不同。2006年，中共中央、国务院发布的《关于促进中部地区崛起的若干意见》，明确了七大重点任务：加快建设全国重要粮食生产基地，加强能源原材料基地和现代装备制造及高技术产业基地建设，构建布局完善、大中小城市和小城镇协调发展的城镇体系，扩大对内对外开放，加强公共卫生服务体系建设，加强资源节约、生态建设和环境保护等，并将粮食生产、产业发展和基础设施建设作为重中之重。

2009年，经国务院批准，国家发展改革委印发《促进中部地区崛起规划》，规划遵照中央意见，基于充分发挥中部地区比较优势，对一个时期促进中部地区崛起的各项重大任务做了全面部署。

2012年，国务院发布了《关于大力实施促进中部地区崛起战略的若干意见》，提出了促进中部崛起的六个方面重点任务：稳步提升"三基地一枢纽"地位，增强发展的整体实力和竞争力。特别是巩固粮食生产基地地位，提高能源原材料基地发展水平，壮大现代装备制造及高技术产业基地实力，强化综合交通运输枢纽地位。推动重点地区加快发展，加快区域一体化发展。

2016年，国家发展改革委印发《促进中部地区崛起"十三五"规划》，提出加快推动新旧动能转换，加快推进产业结构优化升级，加快打造城乡和区域一体化发展新格局，加快构筑现代基础设施网络，加快培育绿色发展方式，推动中部地区综合实力和竞争力再上新台阶，开创全面崛起新局面。

2019年，推动中部地区崛起工作座谈会召开，强调要奋力开创中部地区高质量发展新局面，并就做好中部地区崛起工作提出8点要求。

2021年，面对新的形势，中共中央、国务院发布了《关于新时代推动中部地区高质量发展的意见》，勾勒了中部地区高质量发展的宏伟蓝图，并在创新、协调、绿色、开放、共享五大领域分别部署重点任务。

（1）坚持创新发展，加快构建以先进制造业为支撑的现代产业体系。着力推动科技创新与产业融合发展，做大做强先进制造业，加强统筹规划，依托长江、京广等交通大动脉建设一批产业集群和产业基地，加快科创产业平台建设。积极承接新兴产业转移，重点承接产业链关键环节，推进产业基础高级化、产业链现代化。

（2）坚持协调发展，不断增强城乡区域发展协同性。大力促进长江中游城市群和中原城市群发展，支持武汉等都市圈建设，实施城市更新行动，推进城市生态修复、完善城市功能。深入实施乡村振兴战略，积极推进农业供给侧结构性改革，巩固提升全国粮食生产基地地位，加快农业农村现代化。建立健全合作机制，完善支持政策、打造合作平台，推动省际协作和交界地区协同发展。

（3）坚持绿色发展，合力打造人与自然和谐共生的美丽中部。抓住重点流域生态保护这个"牛鼻子"，加强长江、黄河等重点流域生态建设和治理，科学推进长江中下游、华北平原国土绿化行动，构筑生态安全屏障。深入打好污染防治攻坚战，强化全民共治、源头防治，加强生态环境保护共保联治。大力发展绿色低碳循环经济，推行简约适度、绿色低碳的生活方式，完善促进绿色发展的体制机制，推动生产和生活实现绿色转型。

（4）坚持开放发展，建立健全内陆高水平开放新体制。加快纵向、横向内陆对外开放通道建设，主动对接新亚欧大陆桥、西部陆海新通道等对外经济走廊，积极融入共建"一带一路"，实施更大范围、更宽领域、更深层次的对外开放，打造中部商品、中部服务品牌。高标准建设安徽、河南、湖北、湖南自由贸易试验区，发挥湘江新区、赣江新区和郑州航空港经济综合实验区在对外开放中的重要作用，打造内陆高水平开放平台。

（5）坚持共享发展，着力提升公共服务保障水平。提高基本公共服务保障能力，结合实际建立健全基本公共服务标准体系并适时进行动态调整，加强公共卫生体系建设，着力补齐公共卫生风险防控和应急管理短板。实现巩固拓展脱贫攻坚成果同乡村振兴有效衔接，聚焦赣闽粤原中央苏区、大别山区等地区健全防止返贫监测和帮扶机制，增强已稳定脱贫县巩固脱贫成果及内生发展能力。

四、主要成效

随着中部崛起战略的持续实施，中部地区经济总量占全国的比重不断提升，"三基地一枢纽"地位持续巩固；制造业呈现良好发展态势，具有国内领先水平的先进制造业集群加快形成；绿色发展深入推进，生态文明建设不断取得新进展；人民生活水平显著提升，开创了中部崛起的新局面。河南以郑州为龙头，湖北以武汉为支点，湖南以"长株潭"为中心，安徽打造皖江城市带，江西与山西分别建设鄱阳湖生态经济区和太原城市群，均有效提升了中部地区的发展活力，加速中部崛起进入新阶段。这些核心城市与城市群发挥引擎作用，带动了中部地区整体充分发展。此外，中部地区还重点布局关键领域，实现创新发展，本地创新链加快培育，壮大了自身崛起的新动能。

从统计数据看，2006年至2022年，中部地区第二产业增加值和进出口占全国比重分别提高了3.8个和5.9个百分点，粮食产量全国占比稳定在30%以上，联通东西部沟通南北方的基础设施大通道逐步贯通，吸引外资和承接产业转移能力不断加强。2022年，中部地区生产总值达到26.7万亿元，增长4.0%，居四大区域板块首位。随着"八纵八横"高铁主通道和"十纵十横"国家综合运输大通道建设的推进，中部地区作为国土开发南北方向和东西方向枢纽和联通地带的地位不断增强，粮食生产基地、能源原材料基地、装备制造及高技术产业基地和综合交通运输枢纽地位更加巩固，有潜力打造新时期国家经济发展新的增长极。

第四节　东部率先发展

中共十一届三中全会之后,国家出台了一系列政策举措,支持和推动东部沿海地区加快发展步伐。这在后来被概括为"鼓励东部地区率先发展战略",成为促进区域协调发展总体战略的一个重要组成部分。四十多年来,东部地区领衔先行先试使命,全力开拓创新,为国家改革开放和现代化建设作出了重大贡献。

一、背景基础

东部地区包括北京、天津、河北、山东、江苏、上海、浙江、福建、广东、海南,是全国工业、经济、人口的主要集中地区。东部地区是全国综合实力最强的区域,2022年,东部地区以占全国9.5%的国土面积,聚集了全国38%的人口,创造了全国53%的经济总量、80%的对外贸易额,是全国经济发展的发动机和稳定器。

推动东部地区率先发展,是基于全国发展实际和经济规律,对区域经济布局作出的重要战略部署。

二、战略提出

东部地区率先发展战略是国家在改革开放以后即开始实施的一项区域发展战略安排,陆续推出了给予部分省份特殊政策、设立经济特区、开放沿海港口城市等一系列重大举措。随着西部大开发、东北振兴、中部崛起等战略陆续提出,2005年中共十六届五中全会通过的《中共中央关于制定国民经济和社会发展第十一个五年规划的建议》,明确提出鼓励东部地区率先发展,正式将其纳入区域发展总体战略。

东部地区率先发展虽然与西部大开发、东北振兴、中部崛起一起构成了区域发展总体战略，但国家并未专门针对东部地区制定区域发展规划，而是围绕对东部地区发展的总体要求，对京津冀、长三角、珠三角、山东、海南等东部地区重点区域，浦东新区、滨海新区、深圳前海、珠海横琴、广州南沙等重大平台单独编制相应的规划和政策文件，这也形成了党的十八大以后区域重大战略的基础。

国家对东部地区率先发展的战略安排聚焦于率先实现经济转型和高质量发展、一体化发展，具体从发展动力、产业结构、体制机制、开放发展、可持续发展、区际关系等方面，对东部地区率先发展提出了要求，明确东部地区在率先发展中要增强辐射能力，带动中部、西部、东北经济发展，促进四大战略区域协调发展，引领、支撑全国经济发展。

三、重点任务

纵观国家历次五年规划中关于东部地区率先发展的内容，国家对东部地区率先发展的战略安排是系统和连贯的，从引领和支撑全国经济发展，增强国际竞争力及参与更高层次国际竞争与合作两个方面，明确了东部地区率先发展的目标定位，确立了东部地区率先发展的战略方向。

总体上看，国家对东部地区率先发展的安排聚焦于率先实现转型和高质量发展、一体化发展，并具体从各个省区对东部地区率先发展加以指导。要求东部地区发挥创新要素集聚优势，加快在创新引领上实现突破，率先实现高质量发展。加快培育世界级先进制造业集群，引领新兴产业和现代服务业发展，提升要素产出效率，率先实现产业升级。更高层次参与国际经济合作和竞争，打造对外开放新优势，率先建立全方位开放型经济体系。

2006年以来，党和国家针对东部地区量身打造了一批指导性文件和规划。2008年，国务院发布《关于进一步推进长江三角洲地区改革开放和经济社会发展的指导意见》，并于2010年批准印发《长江三角洲地区区域规划》着眼于把长江三角洲地区建设成为亚太地区重要国际门户、全球重要的先进制造业基地、具有较强国际竞争力的世界级城市群做出了安排。2008年，经国务院批准，国家发展改革委印发《珠江三角洲地区改革发展规划纲要》，要求珠江三角洲地区努力争当科学发展的排头兵，率先建立创新型区域，通过深化改革开放，加强与港澳合作，打造世界先进制造业和现代服务业基地，率先建成全面小康社会和基本实现现代化。此外，国务院还先后印发了关于推进天津滨海新区开发开放有关问题的意见、关于推进上海加快发展现代服务业和先进制造业建设国际金融中心和国际航运中心的意见、关于推进海南国际旅游岛建设发展的若干意见，印发了关于江苏沿海地区发展规划的批复，关于浙江海洋经济发展示范区规划的批复，关于海峡西岸经济区发展规划的批复，关于山东半岛蓝色经济区发展规划的批复，关于广东海洋经济综合试验区发展规划的批复、关于河北沿海地区发展规划的批复、关于苏南现代化建设示范区规划的批复等重要文件，这些文件构成了推动东部地区率先发展的战略基础。

党的十八大以来，在既有工作的基础上，中央启动实施了京津冀、长三角、粤港澳大湾区等区域重大战略。2015年，中共中央、国务院印发《京津冀协同发展规划纲要》；2019年，中共中央、国务院印发《长江三角洲区域一体化发展规划纲要》和《粤港澳大湾区发展规划纲要》。

与此同时，国家陆续出台了一系列政策文件，鼓励东部适宜地区围绕解决关系全局的重大问题开展先行先试，包括《关于支持深圳建设中国特色社会主义先行示范区的意见》《关于支持浦东新区高水平改革开放打造社会主义现代化建设引领区的意见》《关于支持浙江高质量发展建设共同富裕示范区的意见》《关于支持山东省深化新旧动能转换建设绿色低碳高质量发展先行区的意见》等，国务院还批复了《山东新旧动能转换综合试验区建设总体方案》《海南自由贸易港建设总体方案》等重大试点方案。

四、主要成效

随着东部地区率先发展战略实施，东部地区发展脚步更加扎实，转型升级、改革创新、开放发展诸方面持续走在全国前列，区域发展新动能新亮点不断涌现，对全国发展引领作用更加突出。在充分引导创新要素集聚方面，东部地区瞄准世界前沿技术与产业，不断探索优化行政审批、技术标准互认等促进创新要素高效集聚的体制机制，有效推动了区域创新能力的提升。《中国区域创新能力评价报告2022》显示，区域创新综合能力最强的六个省市均在东部地区，这为加快推进社会主义现代化建设提供了巨大的内生动力。东部地区各省市加快推动战略性新兴产业集聚，培育世界级先进制造业集群取得显著进展，率先实现产业升级。东部地区背靠国内超大规模市场，不断推动全方位高水平开放，外贸模式由"总量贸易"加快向"优质贸易"转变，不断推进产业向全球价值链高端环节攀升。

从统计数据上看，2021年，北京、上海、广东、江苏、天津和浙江的研发强度已超过经济合作与发展组织（OECD）国家的平均研发强度，已步入创新驱动发展和参与全球竞争合作的阶段。京津冀、长三角、粤港澳大湾区等地区的发展质量进一步提升，2021年生产总值分别达到9.6万亿元、27.6万亿元、12.6万亿元，合计占全国的44%。东部地区已成为全国创新驱动的"动力源"和经济发展的"稳定器"。

第五节　四大区域板块的发展成效

依靠国家战略和政策的大力促进，四大区域板块的发展均取得显著成效，区域发展格局出现积极转变。

一、协调发展水平明显提升

（一）经济增速落差趋于收敛

进入21世纪以来，中西部地区经济呈现更快的增长态势。根据统计数据测算，2007年以来，中西部地区经济增长速度都高于东部地区，2007—2021年间，中部和西部地区生产总值年均增长9.5%和9.8%，分别比东部地区年均增速高 0.9 个和 1.2 个百分点。其中，在 2012—2021 年间，中部和西部地区生产总值年均增长 7.8% 和 8.1%，分别比东部地区高 0.6 个和 0.9 个百分点。

（二）相对差距逐步缩小

进入 21 世纪以来，四大区域板块间人均收入差距逐步缩小。按人均地区生产总值计算的东部与中西部间相对差距系数在 2001—2014 年间呈现明显下降，其中东西部相对差距系数下降 26.3%，东中部相对差距系数下降 29.4%。2014—2021 年，东部与中部、西部间人均地区生产总值相对差距系数分别下降 10.4% 和 7.6%，而东部与中部、西部间居民人均可支配收入相对差距系数分别下降 2.6% 和 6.4%。

（三）资源空间配置更加均衡

外商投资和沿海产业向中西部地区转移加快。2005 年，中西部地区生产总值占各地区总额的比重为 36.8%，2012 年提高到 40.9%，2021 年进一步提高到 43.1%。这期间，中部地区所占比重由 19.5% 提高到 22.0%，西部地区所占比重由 17.4% 提高到 21.1%，分别提高了 2.5 个和 3.7 个百分点。

二、比较优势得到重塑

（一）东部地区国际竞争力不断增强

东部地区创新要素持续集聚，综合性国家科学中心和科技创新中心建设加快，涌现出不少世界一流研发机构，适度超前布局了 5G 网络、数据中心、物联网等新型基础设施，推动了传统产业数字化、智能化转型。长三角等地区初步探索了经济一体化发展的有效途径，歧视性、隐蔽性区域市场壁垒逐渐消除，行政性垄断有效打破，统一开放竞争有序的商品和要素市场雏形初现。对外开放新优势持续打造，在建立全方位开放型经济体系中走在前列。自由贸易试验区升级持续推进，市场化法治化国际化的营商环境逐渐建立起来，初步构建起与国际接轨的开放型经济新体制。

（二）中西部地区经济和人口承载能力持续提升

长江中游城市群协同发展走向深入，武汉、长株潭都市圈建设加快。中心城市、节点城市和重要县城各司其职、协同发展格局逐渐形成，大中小城市综合承载能力有所提高。现代化基础设施体系和现代流通体系建设加快，长江、京广、陇海、京九等沿线地区承接新兴产业布局和转移持续推进，建设了一批集聚发展、特色鲜明的产业平台和产业集群。

（三）东北地区内生发展动力持续增强

东北地区从维护国家国防安全、粮食安全、生态安全、能源安全、产业安全的战略高度，加强政策统筹，实现了重点突破。围绕生态、粮食等重点领域，加大了生态资源保护，实施了山水林田湖草一体化保护与修复行动，在一定程度上畅通了"绿水青山"和"金山银山"双向转化路径。粮食主产区利益补偿机制逐步完善，对粮食主产区和产粮大县的奖补力度持续加大，推动了从农业大省向农业强省转变。传统优势产业改造提速，新兴特色产业培育加快，东北与东部对口合作持续深化，与东部地区稳定的产业链、供应链、资金链对接机制逐渐形成，共建园区、"飞地经济"加快发展。

（四）四大区域板块协调发展机制逐步完善

区域战略统筹、市场一体化发展、区域合作互助、区际利益补偿等机制初步建立，以动力源、增长极和支撑区为组成部分的高质量发展动力系统逐渐形成。城市化地区、农产品主产区、生态功能区三大空间格局进一步优化，西部地区和东北地区维护国家粮食、生态、边境、能源安全方面的功能持续增强。与常住人口挂钩的基本公共服务转移支付制度逐渐完善，要素和人口出现向中西部地区中心城市和城市群流动趋势。

第六章
区域重大战略的实施和成效

党的十八大以来，中共中央统揽全局，提出了一系列关于区域协调发展的新理念、新思想，推动了京津冀协同发展、长江经济带发展、粤港澳大湾区建设、长江三角洲区域一体化发展、黄河流域生态保护和高质量发展等区域重大战略，引领区域发展实现历史性变革。

第一节　京津冀协同发展

推动京津冀协同发展，是中共中央在新时代推出的第一个区域重大战略。2014年以来，以疏解北京非首都功能为直接抓手，紧扣重点环节，统筹推进各项工作，京津冀协同发展不断取得新成就，跃上新水平。

一、背景基础

京津冀包括北京、天津、河北三省市，面积约21.6万平方公里，战略启动的2014年地区生产总值为6.6万亿元，常住人口1.11亿。京津冀三省市同属京畿重地，濒临渤海，背靠太岳，携揽华北、东北和西北，战略地位十分重要。北京作为首都，政治地位突出，文化底蕴深厚，科技创新领先，人才资源密集，国际交往密切。天津拥有北方最大的综合性港口，制造业基础雄厚，研发转化能力较强。河北自然资源丰富，劳动力相对充裕，产业基础较好，具有广阔的发展空间。

京津冀区域合作由来已久，改革开放前三地就开展了物资调配、交通能源以及重大引调水工程等方面的合作。1983年，中共中央、国务院批复同意《北京城市建设总体规划方案》，明确指出北京的经济发展，应当同天津、唐山两市，以及保定、廊坊、承德、张家口等地区的经济发展综合规划、紧密合作、协调进行，而"首都圈"的概念亦在方案中首次提出。这一时期，京津冀三地从不同层面建立起相关协作组织及机制，合作主要围绕物资调剂与供应保障展开，有着较强的计划经济向市场经济转轨色彩。

2004年，国家发展改革委组织召开了京津冀区域经济发展战略研讨会，会后发表了"廊坊共识"，提出要启动京津冀区域发展总体规划编制工作。2005年，国务院批复了《北京城市总体规划（2004—2020年）》，规划提出积极推进环渤海地区的经济合作与协调发展，加强京津冀地区在产业发展、生态建设、环境保护、城镇空间与基础设施布局等方面的协调发展。2006年，国家发展改革委在唐山召开京津冀都市圈区域规划工作座谈会，着手启动了规划编制工作。规划定名为《京津冀都市圈区域规划》，规划稿几经修改，分别于2007年10月和2009年10月两次正式上报，这一规划首次把京津冀三地联系起来，但规划范围并未包括两市一省全部行政区域。

2010年，《京津冀都市圈区域发展规划》规划范围进一步拓展到两市一省全部行政区域，并在此基础上，将规划名称调整为《京津冀地区区域发展规划》。2011年，国家"十二五"规划纲要提出，推进京津冀区域经济一体化发展，打造首都经济圈。随后，国家发展改革委按照新的形势和任务要求，着手编制《首都经济圈发展规划》，并于2014年完成编制工作，这一规划实际上是《京津冀协同发展规划纲要》的雏形。这一时期，虽然相关规划未能面世，但各项工作为促进京津冀协同发展奠定了工作基础。

二、战略提出

2014年2月,京津冀协同发展座谈会在北京召开,明确将实现京津冀协同发展作为重大国家战略,强调实现京津冀协同发展,是面向未来打造新的首都经济圈、推进区域发展体制机制创新的需要,是探索完善城市群布局和形态、为优化开发区域发展提供示范和样板的需要,是探索生态文明建设有效路径、促进人口经济资源环境相协调的需要,是实现京津冀优势互补、促进环渤海经济区发展、带动北方腹地发展的需要。

2015年,中共中央、国务院印发《京津冀协同发展规划纲要》,明确了有序疏解北京非首都功能,推动京津冀协同发展的目标、思路和举措,并将推进交通一体化发展,加强生态环境保护、推动产业升级转移作为率先突破的重点领域。描绘了京津冀协同发展的宏伟蓝图。随后,全国首个跨省级行政区的京津冀"十三五"规划以及京津冀土地、城乡、水利、卫生等专项规划印发实施,京津冀城际铁路网规划、北京新机场临空经济区规划等相继出台。2017年,中共中央、国务院印发通知,决定设立河北雄安新区,用以集中疏解北京非首都功能。

京津冀协同发展战略提出时,京津冀地区发展面临诸多困难和问题,特别是北京集聚过多的非首都功能,"大城市病"问题突出,人口过度膨胀,交通日益拥堵,大气污染严重,房价持续高涨,社会管理难度大,引发一系列经济社会问题。同时,京津冀地区水资源严重短缺,地下水严重超采,环境污染问题突出,已成为东部地区人与自然关系最为紧张、资源环境超载矛盾最为严重、生态联防联治要求最为迫切的区域,加之区域功能布局不够合理,城镇体系结构失衡,京津两极过于"肥胖",周边中小城市过于"瘦弱",区域发展差距悬殊,特别是河北与京津两市发展水平差距较大,公共服务水平落差明显。上述问题,迫切需要国家层面加强统筹,有序疏解北京非首都功能,推动京津冀三省市整体协同发展。

中共中央所作出的京津冀协同发展决策部署,出发点和着力点都在于疏解北京非首都功能，解决首都"大城市病"问题，探索城市内涵集约发展和跨行政区协同发展的有效路径。主要是：

（1）全面优化区域分工。京津冀协同发展是一个系统工程，必须从全局的高度和更长远的考虑来认识和做好相关工作。京津冀协同发展规划纲要给予了三地各自全新定位，整体定位是"以首都为核心的世界级城市群、区域整体协同发展改革引领区、全国创新驱动经济增长新引擎、生态修复环境改善示范区"。北京定位是"全国政治中心、文化中心、国际交往中心、科技创新中心"，天津定位是"全国先进制造研发基地、北方国际航运核心区、金融创新运营示范区、改革开放先行区"，河北定位是"全国现代商贸物流重要基地、产业转型升级试验区、新型城镇化与城乡统筹示范区、京津冀生态环境支撑区"。有目标定位的顶层设计，使认识归于统一，各方力量就容易拧成一股绳。"谁去谁留""去哪谁接"等原来一些犯难的问题，也有了方向明确的解决方案。

（2）聚焦破解北京"大城市病"。北京以"功能"堆积为基础的大规模快速城镇化进程，促进了城市人口的增长、城市开发空间的扩展和经济总量的增长，与此同时也带来一系列城市病问题，大气污染、交通拥堵、水资源短缺、房价高涨、城市内涝、基本公共服务资源配置不均等问题制约着北京可持续健康发展。在这种背景下，京津冀协同发展的出发点和落脚点，是在更大区域范围疏解北京的非首都功能，解决北京"大城市病"，即立足北京"四个中心"功能定位，不断优化提升首都核心功能，积极稳妥有序疏解北京非首都功能。

（3）推动跨行政区域协调发展。受行政区划分割和地方利益争夺影响，长期以来京津冀之间跨行政区之间的合作存在各种体制机制性障碍，影响市场配置资源的决定性作用发挥和区域整体发展质量效益的提升。新形势下京津冀协同发展，立足于三省市比较优势和现代产业分工要求，坚持区域优势互补原则和合作共赢理念，以优化区域分工和产业布局为重点，以资源要素空间统筹规划利用为主线，着眼于探索区域协调发展新路径、新机制，为全国统一大市场建设、全国其他区域合作提供了经验示范。

（4）着力培育全国高质量发展引擎。京津冀协同发展伊始，北京集聚了过多非首都功能，天津带动作用不强，河北产业结构偏"重"，且三地水资源严重短缺，环境污染问题突出，已成为东部地区人与自然关系最为紧张、资源环境超载矛盾最为严重的区域，京津冀面临的问题，同样是困扰全国诸多城市群的一个缩影。新形势下推动京津冀协同发展，即着眼于全国转变经济发展方式的总体需要，以促进三地进一步优化资源要素配置为目标导向，在发挥各自优势的基础上提升区域发展整体效能，形成引领和带动全国高质量发展的示范区。

三、重点任务

落实新时代推动京津冀协同发展的总体要求，要积极稳妥有序疏解北京非首都功能，高标准高质量推进雄安新区和北京城市副中心规划建设，同时要向改革创新要动力，发挥引领高质量发展的重要动力源作用，强化生态环境联建联防联治，促进基本公共服务共建共享。

（一）牢牢牵住疏解北京非首都功能这个"牛鼻子"，推动北京"新两翼"建设

积极稳妥有序疏解北京非首都功能，需坚持严控增量和疏解存量相结合，内部功能重组和向外疏解转移双向发力，着力抓好标志性项目向外疏解，继续完善疏解激励约束政策体系，充分发挥市场机制作用，通过市场化、法治化手段增强向外疏解的内生动力，进一步从源头上严控北京非首都功能增量。处理好北京城市副中心建设同雄安新区的关系，落实党中央、国务院决策部署，以北京非首都功能疏解为牵引推动"两翼"协同发力。2019年，中共中央、国务院发布《关于支持河北雄安新区全面深化改革和扩大开放的指导意见》，明确赋予雄安新区更大的改革自主权，着力在创新发展、城市治理、公共服务等方面先行先试、率先突破，构建有利于增强对北京优质非首都功能的吸引力、符合高质量发展要求和未来发展方向的制度体系。

中共中央、国务院批复同意《北京城市副中心控制性详细规划（街区层面）（2016—2035年）》，提出城市副中心建设不是简单的造一个新城，而是要打造一个不一样的和谐宜居之城，要切实把高质量发展贯穿到城市规划、建设、管理和经济发展的方方面面和全过程，努力创造经得起历史检验的"城市副中心质量"。坚持积极稳妥、稳中求进，控增量和疏存量相结合，内部功能重组和向外疏解转移两手抓，有力有序有效推进疏解工作。

（二）全面深化改革扩大开放，持续增强协同发展的内生动力

破除限制资本、技术、产权、人才、劳动力等生产要素自由流动和优化配置的体制机制障碍，探索建立区域统一的财税金融、创业就业政策，完善共建共享、协作配套、统筹互助机制，推动各种要素在区域内自由流动和优化配置。强化协同创新和产业协作，在实现高水平科技自立自强中发挥示范带动作用，着力打造自主创新的重要源头和原始创新的主要策源地。构建产学研协作新模式，提升科技成果区域内转化效率和比重。巩固壮大实体经济根基，把集成电路、网络安全等战略性新兴产业发展作为重中之重，着力打造世界级先进制造业集群。

（三）实现交通、生态、产业、民生等各主要领域的全面拓展

交通方面，构建以轨道交通为骨干的多节点、网格状、全覆盖的交通网络，完善便捷通畅公路交通网，加快构建现代化的津冀港口群，打造国际一流的航空枢纽，加快北京新机场建设，大力发展公交优先的城市交通，提升交通智能化管理水平，提升区域一体化运输服务水平，发展安全绿色可持续交通。生态方面，联防联控环境污染，建立一体化的环境准入和退出机制，实施清洁水行动，大力发展循环经济，推进生态保护与建设，持续抓好北方防沙带等生态保护和修复重点工程建设，持续推进绿色生态屏障建设等重大生态工程。产业方面，明确产业定位和方向，加强产业发展规划衔接，推动产业转移对接，加快津冀承接平台建设，加强京津冀产业协作。民生方面，加快推进公共服务共建共享，推动京津优质中小学基础教育资源同河北共享，深化区域内高校师资队伍、学科建设、成果转化等方面合作，推进医联体建设。

四、主要成效

京津冀协同发展战略实施以来，三地坚持优势互补、互利共赢，以产业升级转移、交通一体化、生态环境保护等重点领域率先突破为先导，各项工作全面推进，效果明显。

（一）北京空间布局和经济结构逐步实现优化提升牵住"牛鼻子"

北京在全国率先提出减量发展，深入实施疏解整治促提升专项行动，非首都功能增量得到严控，严格执行《北京市新增产业的禁止和限制目录》，截至2021年，累计不予办理新设立或变更登记业务超过2.3万件，推动20多所北京市属学校、医院向京郊转移，疏解一般制造业企业累计近3000家，疏解提升区域性批发市场和物流中心累计约1000个。户籍、教育、医疗卫生、社会保障、中央预算内投资、住房保障等政策陆续出台，疏解激励约束政策体系基本形成。疏解为首都"高精尖"经济发展创造了空间，科技、信息、文化等领域"高精尖"产业新设市场主体占比从2013年的40%上升至2020年的60%。北京市常住人口规模自2017年以来持续下降，2020年北京市常住人口控制目标顺利完成。

（二）雄安新区建设取得重大阶段性成果

雄安新区设立以来，坚持高起点规划、高标准建设、高质量发展，一座高水平现代化新城雏形全面显现。白洋淀生态环境治理成绩斐然，淀区水质从劣V类转为Ⅲ类，水域面积保持在275平方公里左右；新增绿化造林超过46万亩，新区森林覆盖率由最初的11%提高到34%；"无煤区"基本建成，"无废城市"建设试点成效显著。京雄城际铁路、雄安高铁站等一批重大项目建成，"四纵两横"的高速铁路网络正在逐渐成形，新区环城市外围道路框架、内部骨干路网、生态廊道、水系构成的城市建设"四大体系"基本形成，积极引入优质教育、文化、医疗资源，一批交钥匙项目建成移交。持续通过深化改革优化创新生态，制定了"1+10"疏解配套政策，一批标志性疏解项目加快落地，中国星网等3家央企总部开工建设，中国矿产资源集团、中国地质大学（北京）等4所高校选址落位，央企设立各类分支机构140多家，首个央企产业集群中国中铁入驻。以金融领域为重点，持续推进服务业扩大开放，实施了合格境外有限合伙人（QFLP）、法定数字人民币等一批创新试点。

（三）北京城市副中心等重点地区发展成效显著

北京通州区与北三县加速一体化发展，京唐城际铁路开通运营，京滨城际铁路宝坻至北辰段同步开通运营；连续四年举办北京通州与廊坊北三县项目推介洽谈会，累计投资金额超千亿元；持续提升"区域通办"服务能力，北三县超过300项政务服务事项可在通州区窗口办理。张家口首都水源涵养功能区和生态环境支撑区加快建设，可再生能源装机容量超过1800万千瓦，首都生态屏障功能更加突出。

（四）交通、生态、产业、民生等重点领域协同发展不断取得新突破

交通一体化正从蓝图变成现实，京津冀核心区1小时交通圈、相邻城市间1.5小时交通圈基本形成，"轨道上的京津冀"主骨架形成。截至2022年末，区域营运性铁路总里程较2014年末增长38.3%，高速公路总里程较2014年末增长32.6%。生态环境持续改善，2022年三地PM2.5平均浓度与2013年相比降幅均在60%以上，国家地表水考核断面水质优良（Ⅰ—Ⅲ类）比例均动态达到国家"十四五"目标要求，全面消除劣Ⅴ类断面，生态系统质量和稳定性持续提高。产业要素有序流动，2017年以来天津吸引京、冀投资额累计8731.9亿元，2014年以来河北承接京、津转入基本单位累计4.39万个，其中近八成为北京转入。

（五）民生领域短板弱项得到增强

区域内5000余家三级和二级定点医疗机构纳入互认范围，医疗机构实现跨省异地就医普通门诊费用直接结算，京津冀异地就医实现"同城化"。先后推出四批事项名称、办理标准、申请材料、办理时间相统一的"同事同标"事项，实现"无差别受理、同标准办理"。通过学校联盟、结对帮扶等多种方

式开展跨区域教育合作，北京景山学校、北京潞河中学、北京八中等学校在津冀多地建设分校。

第二节　长江经济带发展

长江经济带横跨东中西三大区域板块，是全国重要的经济轴带，发展基础良好。长江经济带发展战略是国家实施的第一个以流域为基础的区域重大战略，核心是共抓大保护，不搞大开发，促进长江流域高质量发展。

一、背景基础

长江经济带覆盖上海、江苏、浙江、安徽、江西、湖北、湖南、重庆、四川、云南、贵州等11省市，面积约205万平方公里，占全国的21%，战略启动的2016年地区生产总值为33.3万亿元，常住人口5.98亿人，生态地位重要、综合实力较强、发展潜力巨大。

新中国成立后，国家加强了对长江的统一管理和系统规划。1950年2月，长江水利委员会在武汉正式成立。1954年长江洪水发生后，中央确定加速长江治理开发，并组织制定长江流域规划。次年，规划编制工作全面展开，长江水利委员会亦改建为长江流域规划办公室。1958年，中共中央印发《关于三峡水利枢纽和长江流域规划的意见》，这是有史以来第一份长江宏图，指导了一批重大防洪工程和大型水利枢纽工程建设。这一时期，流域各省先后开展了不同形式的水土保持工作，取得一定成效，但人多地少矛盾仍很突出，造成了较严重的生态破坏和环境污染问题。

改革开放后，长江流域在继续抓好防洪设施建设的同时，开始积极谋划经济带建设。20世纪80年代后期开始，沿江和沿海开发在全国国土空间开发格局中一直占有重要地位。1987年完成的《全国国土总体规划纲要（草案）》明确以东部沿海地带和横贯东西的长江沿岸相结合的"T"型结构为主发展轴线。1990年,《全国国土总体规划纲要》进一步表述为"2000年前后,我国生产力布局以沿海、沿长江、沿黄河为主发展轴线"。《全国国土规划纲要(2021—2035年)》的编制过程中,同样明确提出,到2020年形成以陇海、沿江和沿海、京哈—京广、包昆为主体的"两横三纵"格局。这一时期,长江流域加快推进生态工程、自然保护区建设和生态经济区建设,取得一定成效,但生态环境状况严峻、区域发展不平衡、区域合作机制不健全等问题仍亟待推出国家战略予以解决。2014年,国务院印发《关于依托黄金水道推动长江经济带发展的指导意见》,明确将长江经济带建设成为具有全球影响力的内河经济带、东中西互动合作的协调发展带、沿海沿江沿边全面推进的对内对外开放带和生态文明建设的先行示范带。

二、战略提出

2016年3月,中共中央、国务院印发《长江经济带发展规划纲要》,进一步明确长江通道在区域发展总体格局中具有重要战略地位,要求建设长江经济带要坚持"一盘棋"思想,理顺体制机制,加强统筹协调,以生态优先、绿色发展为统领,把保护和修复长江生态环境摆在首要位置,在保护生态的条件下推进发展,描绘了长江经济带发展的宏伟蓝图,成为推动长江经济带发展重大国家战略的纲领性文件,也标志着长江经济带发展战略正式付诸实施。

(一)坚持共抓大保护、不搞大开发的战略导向

长江经济带发展涉及水、路、港、岸、产、城和生物、湿地、环境等多个方面,但生态环境是第一位的。长期以来,传统粗放型经济发展模式使长江生态环境严重透支,生态优先、绿色发展道路已逐渐成为长江经济带各省市的共识。规划纲要进一步明确,建立健全最严格的生态环境保护和水资源管理制度,强化长江全流域生态修复,尊重自然规律及河流演变规律,协调处理好江河湖泊、上中下游、干流支流等关系,保护和改善流域生态服务功能,这有利于实现经济发展与资源环境相适应,走出一条绿色低碳循环发展

的道路。

（二）正确把握长江经济带发展的五大关系

正确把握生态环境保护和经济发展的关系。聚焦"绿水青山"和"金山银山"的关系，摒弃以牺牲环境为代价换取一时经济发展的做法，坚持在发展中保护、在保护中发展，实现经济社会发展与人口、资源、环境相协调，推动绿水青山产生生态效益、经济效益、社会效益。正确把握破除旧动能和培育新动能的关系。紧盯经济发展新阶段、科技发展新前沿，把培育发展新动能作为打造竞争新优势的重要抓手，坚定不移把破除旧动能作为厚植整体实力的重要内容，采取提高环保标准、加大执法力度等多种手段倒逼产业转型升级和高质量发展，打造新的经济增长极。正确把握自身发展和协同发展的关系。从整体出发，树立"一盘棋"思想，把长江经济带各地区发展放到全流域协同发展的大局之中，推动错位发展、协调发展，致力于把长江经济带打造成为有机融合的高效经济体。正确把握整体推进和重点突破的关系。把修复长江生态环境摆在压倒性位置，从生态系统整体性和长江流域系统性着眼，实施好生态修复和环境保护工程，并在整体推进基础上采取有针对性的具体措施，做到全局和局部相配套、治本和治标相结合、渐进和突破相衔接。正确把握总体谋划和久久为功的关系。推动长江经济带发展是一项系统工程，要有"功成不必在我"的境界和"功成必定有我"的担当，一张蓝图干到底，以钉钉子精神，脚踏实地抓成效，积小胜为大胜，并对实现既定目标制定了明确的时间表、路线图。

（三）着力探寻务实有效的发展途径

支持各地区把握国家战略的总体要求和基本原则，从自身实际出发探索创新，找到最适合和最有利于自身发展的捷径。同时，长江经济带存在的区域发展不平衡问题、上中下游产业同质同构现象突出问题、生态环境保护修复问题，都需要依赖区域联动才能有效解决。合作联动是长江经济带实现高质量发展、加快推进现代化建设的关键举措。此外，还要强化对革命老区、生态脆弱地区、资源枯竭地区政策支持，不断完善帮扶机制，同时推动建立水资源、矿产资源、重要农产品等的市场化利益平衡机制，推动其实现跨越式发展。

三、重点任务

长江经济带发展涉及多个领域，主要任务是：

（一）加强长江生态环境保护

加强环境污染联防联控，推动建立地区间、上下游生态补偿机制，加快形成生态环境联防联治、流域管理统筹协调的区域协调发展新机制。

1. 建立负面清单管理制度

按照全国主体功能区规划要求，建立生态环境硬约束机制，明确各地区环境容量，制定负面清单，强化日常监测和监管，严格落实党政领导干部生态环境损害责任追究问责制度。对不符合要求占用的岸线、河段、土地和布局的产业，必须无条件退出。

2. 加强环境污染联防联控

完善长江环境污染联防联控机制和预警应急体系，推行环境信息共享，建立健全跨部门、跨区域、跨流域突发环境事件应急响应机制。建立环评会商、联合执法、信息共享、预警应急的区域联动机制，研究建立生态修复、环境保护、绿色发展的指标体系。

3. 建立长江生态保护补偿机制

通过生态补偿机制等方式，激发沿江省市保护生态环境的内在动力。依托重点生态功能区开展生态补偿示范区建设，实行分类分级的补偿政策。按照"谁受益谁补偿"的原则，探索上中下游开发地区、受益地区与生态保护地区进行横向生态补偿。

4. 开展生态文明先行示范区建设

全面贯彻大力推进生态文明建设要求，以制度建设为核心任务、以可复制可推广为基本要求，全面推动资源节约、环境保护和生态治理工作，探索人与自然和谐发展有效模式。

（二）加快交通基础设施互联互通

着力推进长江水脉畅通，把长江全流域打造成黄金水道，统筹铁路、公路、航空、管道建设，率先建成网络化、标准化、智能化的综合立体交通走廊，进一步提高质量和效益，增强对长江经济带发展的战略支撑力。

1. 提升黄金水道功能

全面推进干线航道系统化治理，重点解决下游"卡脖子"、中游"梗阻"、上游"瓶颈"问题，进一步提升干线航道通航能力。统筹推进支线航道建设，围绕解决支流"不畅"问题，有序推进航道整治和梯级渠化，形成与长江干线有机衔接的支线网络。加快推进船型标准化，加大相关资金投入力度，拓宽融资渠道，加快长江船型标准化步伐。

2. 促进港口合理布局

强化港口分工协作，统筹港口规划布局，优先发展枢纽港口，积极发展重点港口，适度发展一般港口，严格控制港口码头无序建设。发展现代航运服务，加快上海国际航运中心、武汉长江中游航运中心、重庆长江上游航运中心和南京区域性航运物流中心建设，积极培育高端航运服务业态，大力发展江海联运服务。加强集疏运体系建设，以航运中心和主要港口为重点，加快铁路、高等级公路等与重要港区的连接线建设，提升货物中转能力和效率，有效解决"最后一公里"问题，实现枢纽港与铁路、公路运输衔接互通。

3. 完善综合交通网络

围绕建设长江大动脉，加快铁路建设步伐，优先实施消除铁路"卡脖子"工程，形成与黄金水道功能互补、衔接顺畅的快速大能力铁路通道。加快建设高等级广覆盖公路网，有效延伸黄金水道辐射范围。优化航线网络，提高主要城市间航班密度，培育和拓展国际运输航线，积极发展航空快递。

4. 大力发展联程联运

按照"零距离换乘、无缝化衔接"要求，加快建设全国性综合交通枢纽，有序发展区域性综合交通枢纽，提高综合交通运输体系的运行效率，增强对产业布局的引导和城镇发展的支撑作用。加快发展铁水、公水、空铁等多式联运，增加集装箱和大宗散货铁水联运比重，提高公水、空铁联运效率，提升运输服务一体化水平。

（三）大力实施创新驱动发展战略

牢牢把握全球新一轮科技革命和产业变革机遇，着力加强供给侧结构性改革，在改革创新和发展新动能上做"加法"、在淘汰落后过剩产能上做"减法"，加快推进产业转型升级，形成集聚度高、国际竞争力强的现代产业走廊。

1. 增强自主创新能力

支持上海加快建设具有全球影响力的科技创新中心，推进全面创新改革试验，形成一批可复制、可推广的改革举措和重大政策。深入实施技术创新工程，整合优势创新资源，打造重点领域产业技术创新联盟，构建服务于区域特色优势产业发展的高水平创新链，开展重大产业关键共性技术、装备和标准的研发攻关。

2. 推进产业转型升级

推动传统产业整合升级，依托产业基础和龙头企业，整合各类开发区、产业园区，引导生产要素向更具竞争力的地区集聚。积极推动钢铁、石化、有色金属、建材、船舶等产业改造升级，联合打造电子信息、高端装备、汽车、家电、纺织服装等世界级制造业集群。优先发展生产性服务业，提升研发设计、金融保险、节能环保、检验检测、电子商务、融资租赁、服务外包、商务咨询、售后服务、人力资源等服务业质量和水平。

3. 打造核心竞争优势

构建制造业创新体系，提升关键系统及装备研制能力，加快发展高端装备制造、新一代信息技术、节能环保、生物技术、新材料、新能源等战略性新兴产业。优化战略性新兴产业布局，加快区域特色产业基地建设。推进新一代信息基础设施建设，促进信息化与产业融合发展，实施"互联网+"行动计划，构建先进高端制造业体系，推进智慧城市建设，开展电子商务进农村综合示范试点。

4.引导产业有序转移

突出产业转移重点，下游地区积极引导资源加工型、劳动密集型产业和以内需为主的资金、技术密集型产业加快向中上游地区转移。严格禁止污染型产业、企业向中上游地区转移。推进国家级承接产业转移示范区建设，促进产业集中布局、集聚发展。积极利用扶贫帮扶和对口支援等区域合作机制，建立产业转移合作平台。鼓励社会资本积极参与承接产业转移园区建设和管理。

四、主要成效

长江经济带发展战略实施以来，中共中央直接推动，上下齐心协力，长江经济带生态修复和环境保护发生了转折性变化，经济社会发展取得了积极成效。

（一）生态环境质量明显改善

沿江非法码头和非法采砂整治取得积极进展。长江干线1361座非法码头全部完成整改，其中拆除1254座腾退出相应岸线并全部复绿，规范提升107座，两岸绿色生态廊道逐步形成。2021年1月1日起，长江流域重点水域10年禁渔全面启动，11.1万艘渔船、23.1万渔民已退捕上岸。随着全面禁捕的推进落实，长江常见鱼类资源有恢复趋势，长江生态环境尚存的小型受威胁鱼类种群有恢复迹象，生物多样性退化趋势初步得到遏制。长江经济带11省市绿色发展示范和生态产品价值实现机制试点深入实施，初步形成一批可复制、可推广的经验做法。

（二）经济保持持续健康发展

在长江经济带生态环保发生转折性变化的同时，沿线经济社会发展也取得历史性成就。在2022年全国地区生产总值排名前十的城市中，上海、重庆、苏州、成都、杭州、武汉和南京7个城市来自长江经济带沿线，以上海为龙头的长江经济带"群龙共舞"的发展格局已初步形成。新兴产业集群带动作用明显，电子信息、装备制造等产业规模占全国比重均超过50%。沿江省市不断增强自主创新能力,通过发挥国家自主创新示范区、国家高新区的辐射带动作用,创新区域产业合作模式,不断提升区域创新发展能力,打造了多个创新示范高地、创新基础平台,对于提升企业创新能力发挥了重要作用。

(三)综合运输大通道加速形成

长江干支线高等级航道里程达上万公里,一批枢纽机场项目加快实施。沪昆、南昆、郑徐、武九、汉十、郑万、昌赣、西成、杭黄、盐通、成贵、成渝、商合杭等高速铁路和浩吉、怀邵衡、九景衢、渝贵、庐铜、渝怀扩能等普速铁路建成投产,快速大能力铁路通道初步形成,铁路网规模进一步扩大,质量进一步提高。长江黄金水道功能进一步提升,连续多年成为全球内河运输最繁忙、运量最大的黄金水道。

(四)城市群人口和经济集聚能力进一步增强

"十三五"时期,长江经济带城市群发展迅速,长三角、长江中游、成渝城市群加快发展,黔中、滇中城市群稳步提升,成为省内及周边地区人口集聚、产业发展的重要地区。特别是长三角、长江中游、成渝城市群三大城市群,涵盖74个地级以上行政单元,总面积约81.4万平方公里,2022年国土面积、地区生产总值、常住总人口分别约占全国的8.5%、36.8%、28.6%。

第三节 粤港澳大湾区建设

湾区是由若干个优良海湾、港口和岛屿相连而成的具有开放特质的区域,其不仅是一个地理概念,也是一个经济聚集区概念。全球范围内有多个湾区,其中以纽约、旧金山、东京湾区最为典型,与这些湾区相比,粤港澳大湾区面积最大、人口最多、经济增长也最快。建设粤港澳大湾区,核心是探索粤港澳三地协调发展新模式,促进港澳深度融入国家发展大局,保持港澳长期繁荣稳定,其既是新时代推动形成全面开放新格局的新尝试,也是推动"一国两制"发展的新实践。

一、背景基础

粤港澳大湾区包括香港、澳门和广州、深圳、珠海、佛山、惠州、东莞、中山、江门、肇庆等珠三角九市，总面积5.6万平方公里，战略启动的2019年地区生产总值为11.6万亿元，总人口7264万人，地貌特征为"三面环山，三江汇聚"，有漫长的海岸线、良好的港口群、广阔的海域，地理条件非常优越。

改革开放以来，珠三角九市与港澳形成了广泛、密切的经贸合作关系。很长一段时间，珠三角充当了港澳经济腹地的角色，以"前店后厂"模式与港澳展开经济合作，并借由这两个经济自由度较高的地区，成为全国开放先行地区，率先融入全球经济，为新的历史时期粤港澳在更高层次上协同发展奠定了基础。1985年，中共中央确定建设珠江三角洲经济开放区，以突破行政区划的经济格局协同推进区域间经济合作，初定范围包括4市13县，并于1987年扩大为7市21县。

1997年和1999年，我国先后恢复了对香港和澳门的主权，为统筹发挥三地比较优势扫清了政治障碍。2001年，中国正式加入世界贸易组织（WTO），进一步为三地经济深度融合发展创造了历史性契机。这一时期，大珠三角经济圈加速形成，三地经济合作步伐全面提速，逐渐形成了基于各自比较优势的功能分工。

2008年，国务院颁布实施《珠江三角洲地区改革发展规划纲要（2008—2020年）》，首次正式将与港澳紧密合作的相关内容纳入珠三角长期规划中，提出了探索和推进粤港澳地区合作，将湾区建设与大珠三角区域一体化上升为珠三角地区的整体发展战略。此后由中央政府牵头，广东与香港在CEPA框架下签署了《粤港合作框架协议》，这是全国首份省级行政区和特别行政区之间的合作协议，明确提出粤港两地金融合作以香港为龙头，成为当时粤港合作的一大突破。2011年，广东又与澳门签署了《粤澳合作框架协议》，三地合作进程进一步提速。

2016年，国家"十三五"规划纲要明确提出，支持港澳在泛珠三角区域合作中发挥重要作用，推动粤港澳大湾区和跨省区重大合作平台建设。同年，国务院印发《关于深化泛珠三角区域合作的指导意见》，明确要求广州、深圳携手港澳，共同打造粤港澳大湾区，建设世界级城市群。自此，粤港澳大湾区建设雏形初现。

二、战略提出

2019年2月，中共中央、国务院印发《粤港澳大湾区发展规划纲要》，开启了全面推进粤港澳大湾区建设的新篇章。规划纲要作为全面指导粤港澳大湾区合作发展的纲领性文件，全面准确贯彻"一国两制"方针，全面推进内地与香港、澳门互利合作，支持香港、澳门融入国家发展大局，着力把粤港澳大湾区建设成为扎实推进高质量发展的示范、国际一流湾区和世界级城市群。

（一）支持港澳更好融入国家发展大局

一方面，历经改革开放40多年快速发展，尤其是香港、澳门回归祖国后，粤港澳合作不断扩大深化，使这一区域累积了雄厚经济实力，创新要素集聚、国际化水平领先，具备建成国际一流湾区和世界级城市群的基础条件。另一方面，香港、澳门融入国家发展大局，是"一国两制"的应有之义，也是港澳探索发展新路向、开拓发展新空间、增添发展新动力的客观要求。建设粤港澳大湾区要更好发挥港澳所长，有利于为港澳经济社会发展和港澳同胞到内地发展提供更多机会。

（二）提升粤港澳三地整体创新能力

改革开放以来，珠三角地区通过学习港澳地区的先进管理经验和技术，承接港澳地区的适宜产业转移，加强与港澳地区的经贸合作交流，大幅提升了经济发展质量，进而提升了区域的国际竞争力。当前，香港面临着地域狭小和服务业对象不足的问题，一些产业特别是服务业需要向珠三角地区拓

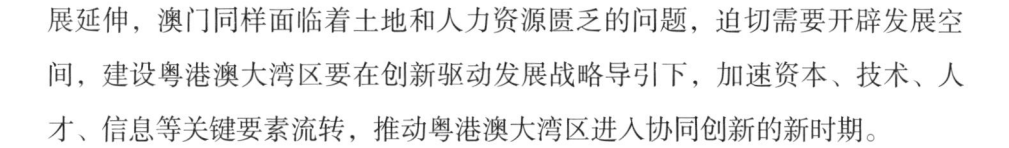

展延伸，澳门同样面临着土地和人力资源匮乏的问题，迫切需要开辟发展空间，建设粤港澳大湾区要在创新驱动发展战略导引下，加速资本、技术、人才、信息等关键要素流转，推动粤港澳大湾区进入协同创新的新时期。

三、重点任务

《粤港澳大湾区发展规划纲要》立足全局，提出了五大战略定位，分别是充满活力的世界级城市群、具有全球影响力的国际科技创新中心、"一带一路"建设的重要支撑、内地与港澳深度合作示范区、宜居宜业宜游的优质生活圈。围绕此战略定位，建设粤港澳大湾区确定了多方面重点任务。

（一）建设国际科技创新中心，建设全球科技创新高地和新兴产业重要策源地

充分发挥粤港澳科技和产业优势，积极吸引和对接全球创新资源，建设开放互通、布局合理的区域创新体系。推进"广州—深圳—香港—澳门"科技创新走廊建设，探索有利于人才、资本、信息、技术等创新要素跨境流动和区域融通的政策举措，共建粤港澳大湾区大数据中心和国际化创新平台。支持重大科技基础设施、重要科研机构和重大创新平台在大湾区布局建设。支持粤港澳在创业孵化、科技金融、成果转化、国际技术转让、科技服务业等领域开展深度合作，共建国家级科技成果孵化基地和粤港澳青年创业就业基地等成果转化平台。

（二）加强基础设施建设，畅通对外联系通道，提升内部联通水平

巩固提升香港国际航运中心地位，增强广州、深圳国际航运综合服务功能，与香港形成优势互补、互惠共赢的港口、航运、物流和配套服务体系。建设世界级机场群。巩固提升香港国际航空枢纽地位，提升广州和深圳机场国际枢纽竞争力，增强澳门、珠海等机场功能，推进大湾区机场错位发展和良性互动。完善大湾区经粤东西北至周边省区的综合运输通道。加快构建以广州、深圳为枢纽，高速公路、高速铁路和快速铁路等广东出省通道为骨干，连接泛珠三角区域和东盟国家的陆路国际大通道。推进粤港澳网间互联

宽带扩容，全面布局基于互联网协议第六版（IPv6）的下一代互联网，推进骨干网、城域网、接入网、互联网数据中心和支撑系统的IPv6升级改造。优化粤港澳大湾区能源结构和布局，建设清洁、低碳、安全、高效的能源供给体系。加快制定珠江水量调度条例，严格珠江水资源统一调度管理。

（三）在经济、社会、文化、生态等方面全面加强合作

在产业合作上，强调要深化供给侧结构性改革，着力培育发展新产业、新业态、新模式，支持传统产业改造升级，加快发展先进制造业和现代服务业，瞄准国际先进标准提高产业发展水平，促进产业优势互补、紧密协作、联动发展，培育若干世界级产业集群。在生态合作上，强调要坚持节约优先、保护优先、自然恢复为主的方针，以建设美丽湾区为引领，着力提升生态环境质量，形成节约资源和保护环境的空间格局、产业结构、生产方式、生活方式，实现绿色低碳循环发展，使大湾区天更蓝、山更绿、水更清、环境更优美。在人文合作上，强调要积极拓展粤港澳大湾区在教育、文化、旅游、社会保障等领域的合作，共同打造公共服务优质、宜居宜业宜游的优质生活圈。在开放合作上，强调要深化粤港澳合作，进一步优化珠三角九市投资和营商环境，提升大湾区市场一体化水平，全面对接国际高标准市场规则体系，加快构建开放型经济新体制，形成全方位开放格局，共创国际经济贸易合作新优势。

（四）共建粤港澳合作发展重大平台

加快推进深圳前海、广州南沙、珠海横琴等重大平台开发建设，充分发挥其在进一步深化改革、扩大开放、促进合作中的试验示范作用，拓展港澳发展空间，推动公共服务合作共享，引领带动粤港澳全面合作。优化提升深圳前海深港现代服务业合作区功能，建设国际化城市新中心。打造广州南沙粤港澳全面合作示范区，充分发挥国家级新区和自贸试验区优势，加强与港澳全面合作，加快建设大湾区国际航运、金融和科技创新功能的承载区，成为高水平对外开放门户。推进珠海横琴粤港澳深度合作示范，配合澳门建设世界旅游休闲中心，高水平建设珠海横琴国际休闲旅游岛。

四、主要成效

粤港澳大湾区发展战略实施以来，三地坚持创新引领，加强设施硬联通和机制软联通，深化民生领域合作，推进重大合作平台建设，深入促进粤港澳融合发展，一些关键领域取得了显著进展。

（一）创新领域合作持续加强，科技实力和产业竞争力不断提升

推进科技创新，加强基础研究、强化战略科技力量，搭建"两廊"（广深港科技创新走廊、广珠澳科技创新走廊）、"两点"（深港河套创新极点、粤澳横琴创新极点）的框架体系，启动建设大湾区综合性国家科学中心先行启动区，集中谋划布局一批重大科技基础设施和科研平台。港澳科研机构和人员可共享使用内地重大科技基础设施和大型科研仪器，国家超算广州中心开通与港澳间的网络连线。港澳科研设备过关免办强制性产品认证，大型科研设备实施 24 小时预约。大湾区个人所得税优惠政策全面落地实施，境外高端人才和紧缺人才税负大幅降低。

（二）设施硬联通和机制软联通不断加强，市场一体化水平逐步提升

地面交通方面，港珠澳大桥、南沙大桥开通运行，深中通道建设有序推进，珠江口东西两岸联系更加紧密。广深港高铁香港段正式通车，香港融入全国高铁网络。赣深、广汕高铁等一批重大项目开工建设，大湾区轨道网进一步完善。空港方面，香港机场第三跑道建设有序推进，深圳机场三跑道扩建、广州白云国际机场三期扩建、珠海机场改扩建工程开工建设，澳门机场改扩建前期工作加快推进，大湾区世界级机场群地位更加巩固。口岸设施方面，莲塘/香园围口岸货检通道、横琴口岸旅检通道正式开通，香港西九龙站实行"一地两检"查验模式，通关便利化水平不断提高。货物流动方面，内地与香港"跨境一锁"在大湾区内地全面实施，与澳门"跨境一锁"业务模式启动实施，口岸清关手续进一步简化。

（三）民生领域合作持续深化，宜居宜业优质生活圈建设加速

专业资格认可方面，大湾区内地已在建筑工程、医疗、教育、律师、会

计、旅游等 8 个重点领域实现对港澳职业资格的认可或作出便利安排。金融等服务业开放方面，本外币合一的跨境资金池业务落地实施，跨境理财通试点加快推进。创业方面，取消港澳居民在内地就业许可审批。港澳创业者纳入当地创业补贴政策范围。便利港澳居民在大湾区内地购房政策落地实施，豁免提供相关证明，且可按规定使用港澳银行跨境按揭购房。港澳居民及随迁子女在大湾区内地享受学前教育、义务教育、高中阶段教育以及参加中高考的政策落地实施，港澳高校在内地合作办学项目有序推进。港澳在大湾区内地办医审批流程不断优化。港澳药品和医疗器械准入限制进一步放宽，大湾区内地符合条件的医疗机构可按规定使用已在港澳上市的药品和医疗器械。

（四）重大合作平台建设加速推进，粤港澳融合发展程度加深

出台《横琴粤澳深度合作区发展促进条例》，制定《横琴粤澳深度合作区建设总体方案》。澳门大学、澳门科技大学产学研示范基地落户横琴，澳门单牌车便利入出横琴政策实施。制定《全面深化前海深港现代服务业合作区改革开放方案》，前海在投资便利化、贸易便利化、金融开放创新等领域先行先试，一批创新成果在深圳、粤港澳大湾区及全国范围得到复制推广。印发《广州南沙深化面向世界的粤港澳全面合作总体方案》，着力打造成为立足湾区、协同港澳、面向世界的重大战略性平台，在粤港澳大湾区建设中更好发挥引领带动作用。河套深港科技创新合作区规划建设稳步推进，深圳园区皇岗口岸重建、福田保税区一号通道升级改造等工程加快推进。

第四节　长三角一体化发展

长三角地区经济发展最为活跃、开放程度最高，在全国经济社会发展中占据重要的位置，一体化发展的基础十分广阔。在过去数十年持续进行政策赋能的基础上，中央进一步实施了长三角一体化发展战略，引领长三角区域发展迈上了新台阶。

一、背景基础

长三角位于长江下游地区，传统意义上包括上海、江苏、浙江，濒临黄海与东海，河川纵横，湖荡棋布，江海交汇，人口稠密。长三角自古就是重要的粮食生产基地，又逐步形成了南京、杭州、苏州等商业文明发达的中心城市，1843年上海开埠以来迅速发展成为国际化大都市，自此长三角地区就始终是全国经济发展最活跃、开放程度最高的地区之一。

1982年，国务院印发《关于成立上海经济区和山西能源基地规划办公室的通知》，提出由上海、浙江、江苏以及国家相关部委共同组建上海经济区规划办公室，牵头开展长三角区域合作，编制了经济区产业、交通、城市等各项发展规划，协调地区和部门间关系。经济区最初由苏州、无锡、常州、南通、杭州、嘉兴、湖州、宁波、绍兴9个城市组成，1984年扩大至上海、江苏、浙江、安徽、江西四省一市，这为后续长三角各城市合作提供了良好的基础和经验。

1992年，长江三角洲及长江沿江地区经济规划座谈会召开，提出发展"长江三角洲及长江沿江地区经济"的战略构想，将上海、无锡、宁波、舟山、苏州、扬州、杭州、绍兴、南京、南通、常州、湖州、嘉兴、镇江14个城市列入长江三角洲城市群。同年，14个城市召开长三角城市经济协作办主任联席会议，这标志着长江三角洲政府协商机制开始全面启动。1997年，长江三角洲城市经济协作办主任联席会议升级为长江三角洲城市经济协调会市长联席会议。第一次会议通过了《长江三角洲城市经济协调会章程》，构建了长三角城市合作的基本框架。

随着中国加入世界贸易组织，全球产业尤其是加工制造业加速向长三角地区转移，对长三角区域经济合作提出了新要求。这一时期，国家针对长三角发布了一系列区域整体规划，并将"坚持一体化发展"作为主要原则之一，沪苏浙之间由城市合作升级为省级层面的合作。2008年，国务院印发《关于进一步推进长江三角洲地区改革开放和经济社会发展的指导意见》，提出坚持一体化发展，统筹区域内基础设施建设，形成统一开放的市场体系，促进生产要素合理流动和优化配置。2010年，国家发展改革委发布《长江三角洲地区区域规划》，提出统筹两省一市发展，辐射泛长三角地区和建设以上海为发展核心的"一核九带"。这一时期，长三角一体化发展的路径、机制开始清晰，沪苏浙平台合作、资源共享等得到实质性推进。

二、战略提出

2019年，中共中央、国务院印发《长江三角洲区域一体化发展规划纲要》，将安徽纳入其中，规划范围包括上海、江苏、浙江、安徽全域，面积35.8万平方公里，战略启动的2019年地区生产总值为23.6万亿元，总人口为2.3亿人，并以上海，江苏南京、无锡、常州、苏州、南通、扬州、镇江、盐城、泰州，浙江杭州、宁波、温州、湖州、嘉兴、绍兴、金华、舟山、台州，安徽合肥、芜湖、马鞍山、铜陵、安庆、滁州、池州、宣城27个城市为中心区。规划纲要赋予了长三角全国发展强劲活跃增长极、全国高质量发展样板区、率先基本实现现代化引领区、区域一体化发展示范区、新时代改革开放新高地的五大战略定位，并对推动长三角一体化发展作出了具体的安排部署。

（一）紧扣"一体化"和"高质量"两个关键

对于长三角区域，一体化发展和高质量发展是一个硬币的两面。一体化比协同的要求更高，既是长三角发展的重点，也是难点。推动高质量发展是长三角地区确定发展思路、制定经济政策、实施宏观调控的根本要求，长三角地区是最有条件率先实现高质量发展的区域之一。因此，长三角一体化发展要率先实现质量变革、效率变革和动力变革，通过深入推进区域一体化推动高质量发展、通过高质量发展促进更深层次一体化，努力形成高质量发展的区域集群，在全国发展版图上不断增添高质量发展板块。

（二）明确"分区域"和"分领域"推进路径

分区域看，长三角一体化发展要按照以点带面、依次推进的原则和由小到大的范围，以新片区拓展功能、示范区先行探索、中心区率先复制、全域集成推进作为一体化发展的空间布局，更加有效地推进一体化发展。分领域看，长三角一体化发展要按照分类指导的原则，对跨省重大基础设施建设、环境保护、区域协同创新等已经具备条件的领域，明确提出加快一体化发展的要求；对营商环境创建、市场联动监管、公共服务等一定程度上具备条件的领域，重点是建立健全相关体制机制，逐步提高一体化发展水平；对尚不具备条件的领域，强调融合、联动、协调，提出了一体化发展方向。

（三）突出"示范区"和"新片区"引领带动

长三角生态绿色一体化发展示范区率先探索将生态优势转化为经济社会发展优势、从项目协同走向区域一体化制度创新，示范引领长三角一体化发展。上海自由贸易试验区临港新片区以投资自由、贸易自由、资金自由、运输自由、人员从业自由等为重点，打造与国际通行规则相衔接、更具国际市场影响力和竞争力的特殊经济功能区，引领长三角新一轮改革开放。

三、重点任务

《长江三角洲区域一体化发展规划纲要》基于现有的发展基础以及所面临的机遇挑战，按照2025年和2035年两个时间节点设置了分阶段目标，部署了九个方面的建设任务。

（一）推动形成区域协调发展新格局

强化区域联动发展，提升上海服务功能，发挥苏浙皖比较优势，加强区域合作联动。加快都市圈一体化发展，推动都市圈同城化，推进都市圈协调联动。促进城乡融合发展，提高城乡基础设施联通水平，推动城乡公共服务一体化，全面推进人的城镇化，提升乡村发展品质。推进跨界区域共建共享，推动省际毗邻区域协同发展。

（二）加强协同创新产业体系建设

构建区域创新共同体，联合提升原始创新能力，协同推进科技成果转移转化，共建产业创新大平台，强化协同创新政策支撑。加强产业分工协作，共同推动制造业高质量发展，合力发展高端服务经济，引导产业合理布局。推动产业与创新深度融合，加强创新链与产业链跨区域协同，共同培育新技术新业态新模式。

（三）提升基础设施互联互通水平

协同建设一体化综合交通体系，共建轨道上的长三角，提升省际公路通达能力，合力打造世界级机场群，协同推进港口航道建设。共同打造数字长三角，协同建设新一代信息基础设施，共同推动重点领域智慧应用，合力建设长三角工业互联网。协同推进跨区域能源基础设施建设，统筹建设油气基础设施，加快区域电网建设，协同推动新能源设施建设。加强省际重大水利工程建设。

（四）强化生态环境共保联治

共同加强生态保护，合力保护重要生态空间，共同保护重要生态系统。推进环境协同防治，推动跨界水体环境治理，联合开展大气污染综合防治，加强固废危废污染联防联治。推动生态环境协同监管，完善跨流域跨区域生态补偿机制，健全区域环境治理联动机制。

（五）加快公共服务便利共享

推进公共服务标准化便利化，建立基本公共服务标准体系，提升公共服务便利化水平。共享高品质教育医疗资源，推动教育合作发展，打造健康长三角。推动文化旅游合作发展，共筑文化发展高地，共建世界知名旅游目的地。共建公平包容的社会环境，推进社会治理共建共治共享，合力营造良好就业创业环境，打造诚信长三角。

（六）推进更高水平协同开放

共建高水平开放平台，协力办好中国国际进口博览会，打造虹桥国际开放枢纽，共同构建数字化贸易平台，加强国际合作园区建设。协同推进开放合作，推动重点领域开放合作，共同提升对外投资合作水平，深化国际人文合作。合力打造国际一流营商环境，加快大通关一体化，共同打造国际一流市场环境，完善国际人才引进政策。

（七）创新一体化发展体制机制

建立规则统一的制度体系，健全政策制定协同机制，建立标准统一管理制度。促进要素市场一体化，共建统一开放人力资源市场，加强各类资本市场分工协作，建立城乡统一的土地市场，完善跨区域产权交易市场。完善多层次多领域合作机制，建立健全重点领域合作机制，建立各类市场主体协同联动机制，建立区域间成本共担利益共享机制。

（八）高水平建设长三角生态绿色一体化发展示范区

打造生态友好型一体化发展样板，探索生态友好型高质量发展模式，推动改革创新示范。创新重点领域一体化发展制度，统一规划管理，统筹土地管理，建立要素自由流动制度，创新财税分享机制，协同公共服务政策。加强改革举措集成创新，系统集成重大改革举措，全面强化制度政策保障。

（九）高标准建设上海自由贸易试验区新片区

打造更高水平自由贸易试验区，强化开放型经济集聚功能，实施特殊开放政策。推进投资贸易自由化便利化，实行投资自由，实行贸易自由，实行资金自由，实行国际运输自由，实行人员从业自由，提升网络信息服务能力。完善配套制度和监管体系，创新税制安排，建立健全风险安全监管体系。

四、主要成效

长三角一体化战略实施以来，三省一市不断增强政策协同、深化分工合作、凝聚强大合力，在服务构建新发展格局、推进现代化建设中勇挑重担、走在前列。

（一）协同创新产业体系不断完善

上海国际科技创新中心加快建设，南京、苏州、杭州、合肥等城市创新引领作用日益凸显,协同创新机制不断健全,G60科创走廊、沿沪宁产业创新带综合实力稳步提升,一"廊"一"带"多中心协同发力的空间布局初步形成。产业链补链固链强链工作协同推进,集成电路、生物医药、人工智能、新能源汽车等产业链联盟成立。

(二)基础设施互联互通水平明显提高

"轨道上的长三角"建设有序推进,高速铁路覆盖95%的设区市。"水上长三角"格局持续优化,港航资源整合稳步推进,公路联通能力加速提升,民航协同发展格局日益优化,以上海为中心,南京、杭州、合肥等机场为重点的长三角机场群初具规模。"数字长三角"建设按下快进键,5G基站数量占全国比重约四分之一。

(三)生态环境共保联治成效显著

环保合作机制逐步完善,四省(市)生态环境保护协作小组正式成立。大气污染协同防治成效显著,细颗粒物(PM2.5)浓度连续两年达到国家二级标准。河湖综合治理和流域上下游联动、供排水治理、防汛抗洪合作不断加强。

(四)公共服务便利共享惠及人民群众

浙江高质量发展建设共同富裕示范区迈出坚实步伐,共同富裕工作体系、政策体系和评价体系不断完善。政务服务"一网通办"改革持续走在全国前列。以社会保障卡为载体的居民服务"一卡通"应用场景持续拓展,四省(市)协同立法落地实施,多卡集成、多码融合、一卡通用逐步实现。

(五)重点区域建设亮点纷呈

上海自贸试验区临港新片区投资贸易自由化便利化水平明显提升,财税、金融等领域专门措施落地生效与国际通行规则相衔接、更具国际市场影响力和竞争力的特殊经济功能区加快建设。浦东新区立法授权等一系列支持措施相继落地,打造社会主义现代化建设引领区实现良好开局。虹桥国际开放枢纽"一核两带"发展格局逐步形成。

第五节　黄河流域生态保护和高质量发展

黄河流域是中华民族文化的摇篮，黄河安澜是中华儿女的千年期盼。黄河流域生态保护和高质量发展战略的提出和实施，核心是处理好保护和发展的关系，推动走流域治理和高质量发展的新路子，使母亲河及相连区域焕发出更大的生机活力。

一、背景基础

黄河发源于青藏高原巴颜喀拉山北麓，呈"几"字形流经青海、四川、甘肃、宁夏、内蒙古、山西、陕西、河南、山东9省区，全长5464公里，上中游的分界点是内蒙古托克托县河口，中下游的分界点是河南郑州桃花峪。黄河流域开发历史悠久，6000多年前该区域就开始出现农事活动，是中国农耕文化重要发源地之一。

黄河是全世界泥沙含量最高、治理难度最大、水害严重的河流之一，历史上曾"三年两决口、百年一改道"，洪涝灾害波及范围北达天津、南抵江淮。黄河"善淤、善决、善徙"，在塑造形成沃野千里的华北大平原的同时，也给沿岸人民带来深重灾难。从大禹治水到潘季驯"束水攻沙"，从汉武帝时期"瓠子堵口"到清康熙帝把"河务、漕运"刻在宫廷的柱子上，中华民族始终在同黄河水旱灾害作斗争。但受生产力水平和社会制度制约，黄河"屡治屡决"的局面始终没有根本改观。

在"三大地带"区域发展战略中，黄河流域下游的山东被归入东部沿海地带，中游的河南和山西归入中部地带，中上游的陕西、内蒙古、宁夏、甘肃、青海归入西部地带。而在"四大板块"区域总体战略中，黄河流域各省区依据地理区位，中上游五省区被纳入西部大开发、河南和山西被纳入中部崛起、山东被纳入东部率先发展中。可以看出，在以往的国家区域发展战略中,黄河流域始终没有被作为一个独立的战略区域。

二、战略提出

新中国成立前,治理黄河实际上只局限于黄河下游,而且主要是被动地防御洪灾。新中国成立后,中国共产党领导人民治理黄河,治黄史册展开了新的篇章。毛泽东同志多次强调,要把黄河的事情办好。1950年,中央人民政府决定黄河水利委员会为流域性机构,统一领导和管理黄河的治理与开发。1955年,第一届全国人民代表大会第二次会议通过了《关于根治黄河水害和开发黄河水利的综合规划的决议》,批准了黄河综合利用规划的原则和基本内容。1984年,经国务院批准,国家计委下达了《关于黄河治理开发规划修订任务书》。此后,黄河水利委员会会同国务院有关部门和流域内各省区相继开展了规划研究工作,《黄河治理开发规划纲要》于1997年经国家计委和水利部审查上报国务院。此外,重大治黄建设纳入国家经济和社会发展规划(计划),有力地推进了治黄事业的发展。

党的十八大以来,中共中央着眼于生态文明建设全局,明确了"节水优先、空间均衡、系统治理、两手发力"的治水思路,黄河治理进入了新的阶段。2021年,中共中央、国务院印发《黄河流域生态保护和高质量发展规划纲要》,规划范围为黄河干支流流经的青海、四川、甘肃、宁夏、内蒙古、山西、陕西、河南、山东9省区相关县级行政区,国土面积约130万平方公里,战略启动的2019年总人口约1.6亿。规划纲要提出统筹推进山水林田湖草沙综合治理、系统治理、源头治理,着力保障黄河长治久安,着力改善黄河流域生态环境,着力优化水资源配置,着力促进全流域高质量发展,让黄河成为造福人民的幸福河。

(一)以水资源调控为主体优化生产活动和安全防护

水是黄河流域的主要矛盾。一方面,水资源十分短缺、水土流失严重;另一方面,水沙关系失调,河道摆动、"地上悬河"等带来洪水威胁。黄河流域生态保护和高质量发展核心是围绕"水"下功夫,把兴水之利与防水之害有机结合起来，既以水为刚性约束，优化资源要素配置和生产经营活动，推动各地区人、产、城等与水的协调发展；又以有效约束水为目的，完善水沙调控体系，推进防洪治理工程建设，构筑起保障沿线人民生命财产安全的坚固防线。

（二）以绿色为底线统筹经济社会发展

黄河流域生态脆弱区域众多，环境污染沉疴深重，保护与治理难度很大。黄河流域生态保护和高质量发展不简单以经济增长论英雄，鼓励以产业绿色转型为主线带动各领域全面实现绿色发展，通过采用高新科技改造能耗大、污染重的产业，难以改造的一律关闭淘汰，与此同时大力培育各种具有绿色特质的新兴产业。

（三）以分工为基础推进地区间的协同联动

黄河流域以黄河水道为纽带与支撑形成一个有机的整体，流域各地区推动生态保护和高质量发展必须统筹谋划、协同联动。但鉴于黄河流域各地区诸多方面存在的显著差别，黄河流域生态保护和高质量发展要坚持分类指导、因地制宜的原则：一方面，充分考虑上中下游不同地区的资源禀赋、发展潜能等情况，以最有利于克服突出矛盾和做强比较优势为指向，形成地区间的合理分工；另一方面，在实行合理分工、特色发展的基础上，视不同事项开展不同层次、不同形式的协同联动，在发展内容和操作模式上不搞整齐划一或一刀切、一律化。

（四）以强化重点地区发展为抓手推动流域整体提升

城市作为资源要素的主要集聚地，既是经济发展和创新驱动的高地，也是辐射区域和引领周边的动力源。黄河流域生态保护和高质量发展强调充分激发城市特别是中心城市的"引擎"功能和引领作用。一方面，革除体制障碍，强化城乡联动，推动人口和产业向城市集聚，完善黄河流域城市结构，增强沿黄城市群特别是上游城市群的经济社会承载能力，使之成为沿线高质量发展的先行区；另一方面，推动城市间、城乡间的基础设施互联互通、资源要素的平等交换、非核心功能的适度转移和公共服务的积极传递，一体提升发展水平。

三、重点任务

（一）始终确保黄河安澜

立足防大汛、抗大灾，以干支流流域为单元，提升极端天气和自然灾害预测预报预警能力，完善应急响应体系，增强灾害防范意识。加强干流主要水库群集中调度，持续提升水沙调控体系整体合力。着力补齐中小河流防洪短板，结合河湖"四乱"整治工作开展防洪隐患排查，大力推进病险水库除险加固，因地制宜推进堤防建设，全力防范洪涝及次生灾害。优化城市发展布局，在新型城镇化和城市更新建设中重点提升防洪减灾、排水防涝等能力，增强大中城市抵御灾害能力。

（二）以更大力度推进节约用水

全面落实"四水四定"原则，不断拓展节水空间，走好水安全有效保障、水资源高效利用、水生态明显改善的集约节约发展之路。把农业节水增效和工业节水降耗作为实施深度节水控水行动的重点，削减高耗水作物种植面积，加快灌区现代化节水改造，大力推进高标准农田建设；严把取用水关，严控高耗水产能发展，提高工业用水循环化利用水平。创新水权、排污权等交易措施，用好财税杠杆，发挥价格机制作用，倒逼提升节水效果，提高水资源循环利用水平。优化流域水资源配置格局，坚决刹住浪费水的歪风。

（三）提高生态环境保护成效

坚持自然恢复为主、人工修复为辅，提高生态保护效能。加强冰川和退化草原等封禁保护，实施湿地保护恢复工程，提升水源涵养能力。推进上中游黄土高原丘陵沟壑区水土流失综合治理，科学推进种草栽树，改善局部小气候。严格保护河口三角洲天然湿地，提高生物多样性，打造良好生态样板。实施农业面源、工业、城镇生活和尾矿库污染综合治理工程，加快入河排污口排查，大力整治污染物直排、偷排。

（四）不断提升绿色发展水平

深入推进能源革命，实施"能源流域"再造，调整能源生产结构，发挥光热气候优势，在上游具备条件的沙漠、戈壁、荒漠地区推进大型风电光伏基地和电力外送通道建设。坚决避免"运动式"减碳，合理控制煤炭开发强度和节奏，加快淘汰落后煤矿煤电产能，发展新型储能，保障电力供应稳定和经济社会运行。坚持创新创造优先地位，形成若干带动转型发展的区域增长极，加快构建新发展格局。

四、主要成效

黄河流域生态保护和高质量发展战略实施时间不长，但各地高度重视、真抓实干，流域生态环境和经济社会发展开始出现新的气象。

（一）共抓大保护取得积极成效

黄河生态廊道建设有序推进，山东以黄河滩区、东平湖、南四湖、黄河三角洲等区域及黄河沿线为重点，大力实施生态保护修复、生态补水、生态廊道建设等工程，黄河下游河畅堤固、岸绿景美的景象更为普遍。流域横向生态补偿机制逐步建立，财政部等部门印发《支持引导黄河全流域建立横向生态补偿机制试点实施方案》，明确了试点范围期限、主要措施和组织保障，河南省与山东省、甘肃省与四川省分别签订了省际的横向生态补偿协议。《中华人民共和国黄河保护法》颁布实施，黄河禁渔期制度实施顺利，黄河渔业资源出现好转迹象。

（二）协同大治理取得初步进展

一体推进水沙关系调节和水土保持治理，水土流失明显好转，黄河泥沙量大幅减少。陕西加快淤地坝建设，有效调节水沙关系，年入黄泥沙量大幅减少。甘肃完成防沙治沙综合治理588万亩，470余处风沙口得到巩固治理。宁夏全区水土流失实现了总体逆转。山西编制完成《山西省黄河流域淤地坝和坡耕地水土流失综合治理"十四五"实施方案》，初步确定在黄河多沙粗沙区 28 个县新建淤地坝，在 34 个县实施坡耕地水土流失综合治理。各地区加强干支流污染治理，黄河水质明显好转。

（三）水资源节约集约利用有所提升

坚持"以水定城、以水定地、以水定人、以水定产"，强化农业节水，推进非常规水利用，水资源节约集约利用取得新提升。强化工业节水减排，促进工业企业实行节水技术改造，建立高耗水产业市场准入机制，严控高耗水行业用水增量，内蒙古自治区自 2018 年以来，集中整治工业违规用水问题，加大非常规水源利用，再生水、疏干水等非常规水源使用量占了近 1/3，为黄河流域地下水生态保护起到了重要作用。

（四）绿色高质量发展理念得到强化

沿黄省（区）统筹传统产业转型升级和新兴产业培育，积极探索以点带面的区域高质量发展方式。2021 年，沿黄多地遭遇极端天气，九省（区）粮食仍实现增产，总产量突破 2.38 亿吨，占全国的 35.0%，占全国比重比 2012 年提高 0.9 个百分点。沿黄省区积极推进"北煤南运""西电东送""西气东输"，推动"一煤独大"向新材料、高端化工等多元产业延伸。围绕数字经济，内蒙古、甘肃、宁夏等省（区）加快实施"东数西算"，山东、河南大力发展数字经济重要载体产品。

（五）幸福黄河建设取得新收获

沿黄省（区）积极打造造福人民的幸福河，把系统治理综合治理和居民增收致富结合起来，在保护生态、治沙防洪的同时持续改善生产生活条件，不断巩固拓展脱贫攻坚成果，使生态脆弱地区的群众摆脱了贫困。山西、陕西等省份实施坡耕地退耕还林还草，取得治沙保水与增收的多赢。河南、山东使百万迁建群众搬离黄河滩，改变了居住条件，提升了滩区生态，推动了产业发展和群众增收。

第六节　成渝地区双城经济圈建设

成渝地区双城经济圈是中西部内陆地区城镇人口最为密集、城乡融合发展基础较好的区域，建设成渝地区双城经济圈，探索以人为核心的新型城镇化和城乡融合发展的有效途径，是新形势下促进区域协调发展的重大举措。

一、背景基础

成渝地区双城经济圈包括重庆中心城区及万州、涪陵、綦江、大足、黔江、长寿、江津、合川、永川、南川、璧山、铜梁、潼南、荣昌、梁平、丰都、垫江、忠县等27个区（县）以及开州、云阳的部分地区，四川成都、自贡、泸州、德阳、绵阳（除平武、北川县）、遂宁、内江、乐山、南充、眉山、宜宾、广安、达州（除万源市）、雅安（除天全、宝兴县）、资阳等15个市，总面积18.5万平方公里，战略启动的2019年地区生产总值为6.3万亿元，常住人口9600万人。经济圈位于"一带一路"和长江经济带交汇处，是西部陆海新通道的起点，生态禀赋优良、能源矿产丰富、城镇密布、风物多样，在国家发展大局中具有独特而重要的战略地位。

成渝地区双城经济圈具有一个显著特点，即成都和重庆两个超大城市的辐射区包含广袤的农村，城乡差距较大，城市二元结构矛盾突出。中共中央、国务院一直高度重视成渝地区的发展，20世纪80年代，成渝地区曾是中国农村改革的重要先行者，进入21世纪以后，依托成渝两大城市的辐射带动，两地又同步启动统筹城乡发展综合配套改革试验区，进行了不少富有成效的改革探索。

2011年，经国务院批复同意，国家发展改革委印发《成渝城市群发展规划》，明确把成渝经济区建设成为西部地区重要的经济中心、全国重要的现代产业基地、深化内陆开放的试验区、统筹城乡发展的示范区和长江上游生态安全的保障区，在带动西部地区发展和促进全国区域协调发展中发挥更重要的作用。

2014年，中共中央、国务院印发《国家新型城镇化规划（2014—2020年）》，明确提出加快培育成渝等城市群，使之成为推动国土空间均衡开发、引领区域经济发展的重要增长极，在严格保护生态环境的基础上，引导有市场、有效益的劳动密集型产业优先向中西部转移，吸纳东部返乡和就近转移的农民工，加快产业集群发展和人口集聚。

2016年，经国务院批复同意，国家发展改革委、住房和城乡建设部联合印发《成渝城市群发展规划》，明确发挥成渝城市群沟通西南西北、连接国内国外的独特优势，推动"一带一路"和长江经济带战略契合互动，加快中西部地区发展、拓展全国经济增长新空间，保障国土安全、优化国土布局。此后，成渝城市群建设成为优化国家城镇化空间布局和深入推进西部大开发的重要内容，在中共中央、国务院的政策文件中被反复提及。

二、战略提出

2020年，第十九届中央财经委员会第六次会议提出，推动成渝地区双城经济圈建设，在西部形成高质量发展的重要增长极，强调要尊重客观规律，发挥比较优势，推进成渝地区统筹发展，促进产业、人口及各类生产要素合理流动和高效集聚，强化重庆和成都的中心城市带动作用，使成渝地区成为具有全国影响力的重要经济中心、科技创新中心、改革开放新高地、高品质生活宜居地，助推高质量发展。

2021年，中共中央、国务院印发《成渝地区双城经济圈建设规划纲要》，提出强化重庆和成都中心城市带动作用，加快塑造创新发展新优势，推动成渝地区形成有实力、有特色的双城经济圈，打造带动全国高质量发展的重要增长极和新的动力源。成渝地区双城经济圈建设战略正式落地实施，成渝地区迈上了加快推动高质量发展的新征程。

深入分析，成渝地区双城经济圈纳入国家战略推动建设，既是空间结构演进规律的客观要求，又是成渝地区独特的区情与地位所赐。从空间结构演进规律看，农村要素向城镇转化，进而经济、人口等进一步向大城市集聚是一种客观必然。由此带来了过去一些年我国经济发展空间结构的一个重要变化，即中心城市和城市群正在成为承载发展要素的主要空间形式。由于资源要素的高度集聚，中心城市与城市群不仅发展环境优越，而且创新创造能力强大，因而成为促进经济社会发展的主要动力源。这也就是说，产业和人口等向优势区域集中，形成以中心城市和城市群为主要形态的增长动力源，进而带动经济整体发展与效率提升，是经济规律运动的一种必然。应当顺应这一规律要求并聚焦新形势新使命谋划区域发展新棋局。成渝地区拥有两个国家中心城市，是长江上游的重要城市群，理所当然应是规划建设的重点。

从立足成渝地区的特殊地位和担负的特殊职责看，成渝地区北接陕甘、南连云贵、西通青藏、东临湘鄂，不仅是引领、辐射乃至一定程度上扼控西部地区特别是西南地区的中枢，也是联通中部地区的纽带。而作为长江的上游地区，又是实现东中西地区互动的重要支撑。成渝还处于全国"两横三纵"城镇化战略格局，沿长江通道横轴和包昆通道纵轴的交汇地带，具有承东启西、连南接北的区位优势。经过这些年的持续努力，成渝经济社会发展取得了显著进步。现代产业体系加快建立，电子信息、装备制造、现代金融等的发展走在全国前列。新型城镇化建设快速推进，常住人口城镇化率已达到60.1%。拥有两个特大城市、6个大城市和众多的中小城镇，是西部地区城镇分布最密集的区域。成都、重庆两市核心引领作用不断增强，中小城市特色发展势头日益明显。基础设施特别是交通基础设施不断强化，基本形成了铁路、公路、内河、民航、管道运输等相互衔接、高效便捷的综合交通运输体系，且智能化水平不断提升。城乡融合进展突出，一体发展的制度体系初步建立，以城带乡、以工促农呈现新格局。此外，成渝地区科技条件良好，人力资源丰富，在维护国家生态安全、国土安全等方面也具有特殊的功能。总体上看，成渝地区已是西部地区经济基础最好、经济实力最强的区域。

无论是基于区位还是能力，成渝地区在区域和国家发展方面都能发挥重大的作用。而推动成渝地区双城经济圈建设就是为了进一步激发这种作用。具体而言，推动成渝地区双城经济圈建设具有多方面的价值或意义。一是推动区域协调发展的需要，有利于强化区域引领带动和支撑保障作用，推动新时代西部大开发形成新格局，促进东中西协调互动。二是优化提升中心城市和城市群功能的需要，有利于促进资源要素的空间集聚和优化配置，壮大经济发展的动力源，为国家经济平稳运行与持续增长提供强有力的支撑。三是推动城乡融合发展的需要，有利于探索形成统筹城乡发展的制度体系，建立城乡功能互补、一体发展的运行机制，为全面消除城乡二元结构提供有益示范。四是深化对内对外开放的需要，有利于改善内陆开放环境，打造内陆开放战略高地，促进内外联动，推动形成以国内大循环为主体、国内国际双循环促进的新发展格局。五是促进人与自然和谐发展的需要，有利于处理好城镇化建设、经济发展和生态保护的关系，筑牢长江、黄河上游生态屏障，推动建设高品质生活宜居之地。

三、重点任务

（一）构建双城经济圈发展新格局

以发挥优势、彰显特色、协同发展为导向，突出双城引领，强化双圈互动，促进两翼协同，统筹大中小城市和小城镇发展，促进形成疏密有致、集约高效的空间格局。

（二）合力建设现代基础设施网络

以提升内联外通水平为导向，强化门户枢纽功能，加快完善传统和新型基础设施，构建互联互通、管理协同、安全高效的基础设施网络。

（三）协同建设现代产业体系

以全球新一轮科技革命和产业链重塑为契机，坚持市场主导、政府引导，强化机制创新，优化、稳定、提升产业链供应链，加快构建高效分工、错位发展、有序竞争、相互融合的现代产业体系。

（四）共建具有全国影响力的科技创新中心

坚定实施创新驱动发展战略，瞄准突破共性关键技术尤其是"卡脖子"技术，增强协同创新发展能力，合力打造科技创新高地，为构建现代产业体系提供科技支撑。

（五）打造富有巴蜀特色的国际消费目的地

以高质量供给引领和创造市场新需求，坚持高端化与大众化并重、快节奏与慢生活兼具，激发市场消费活力，不断增强巴蜀消费知名度、美誉度、影响力。

（六）共筑长江上游生态屏障

坚持共抓大保护、不搞大开发，把修复长江生态环境摆在压倒性位置，深入践行绿水青山就是金山银山理念，全面加快生态文明建设，建立健全国土空间规划体系，形成人与自然和谐共生的格局。

（七）联手打造内陆改革开放高地

以共建"一带一路"为引领，打造陆海互济、四向拓展、综合立体的国际大通道，加快建设内陆开放枢纽，深入推进制度型开放，聚焦要素市场化配置等关键领域，深化综合配套改革试验，全面提升市场活力，在西部改革开放中发挥示范带动作用。

（八）共同推动城乡融合发展

以缩小城乡区域发展差距为目标，推动要素市场化配置，破除体制机制弊端，加快建设国家城乡融合发展试验区，形成工农互促、城乡互补、协调发展、共同繁荣的新型工农城乡关系。

（九）强化公共服务共建共享

以更好满足人民群众美好生活需要为目标，扩大民生保障覆盖面，提升公共服务质量和水平，不断增强人民群众获得感、幸福感、安全感。

四、主要成效

成渝地区双城经济圈建设战略实施时间不长，各地围绕交通物流、产业体系、协同创新、生态环保、体制机制、对外开放、公共服务等领域重点任务合力攻坚，取得了初步成效。

（一）"1+N"规划体系全面实施

实施成都都市圈、重庆都市圈发展规划，更好辐射带动周边市县共同发展，开展经济区与行政区适度分离改革试验，促进了毗邻地区协同发展。实施综合交通运输规划和多层次轨道交通规划，西部陆海新通道建设加快。实施共建西部金融中心规划和建设具有全国影响力的科技创新中心方案，提升了科技创新能力和金融服务实体经济水平。

（二）特色优势产业高位发展

电子信息、汽车制造、重大装备、航空航天、生物医药等先进制造业发展壮大，数字产业加速成长，文体旅游、现代物流、商业贸易、金融服务等现代服务业集聚发展。初步形成"整机+配套"以及"生产+检测+供应链服务"智能终端产业体系，构建"品牌多元、代工多家、配套多样"的智能终端产业集群。

（三）内陆对外开放加速推进

中欧班列（成都）开行量居全国前列，国际空港、铁路港的"双枢纽"格局加速形成。重庆加快拓展出海出境大通道，已基本形成东西南北四向联通、铁公水空四式联动的国际性综合交通枢纽。

（四）生态建设成效明显

沿龙门山、龙泉山、岷江、沱江等生态屏障进一步筑牢，便利共享的公共服务体系逐步完善，"天府之国·安逸生活"吸引力不断提升。成渝双城同城化发展起势见效，在生态规划统筹、生态设施对接、生态产业协作、生态环境共治等方面形成良好局面。

第七章
重要功能区的建设和成效

通过建设功能区推进区域协调发展,是我国区域政策的一个创新。改革开放以来,国家批准设立了一系列功能区,包括国家级新区、自贸试验区、经济特区、经济开发区等,这些功能区是国家区域战略的重要组成部分。功能区最显著的特点是先行先试、改革创新,在推动区域开放合作和增强区域辐射带动中发挥了重要作用,为建立更有效的区域协调发展机制提供了试验田。

第一节 国家级新区

国家级新区是经国务院批准设立,承担国家重大发展和改革任务的国家级综合功能区。自20世纪90年代初首个国家级新区浦东新区设立以来,经过30多年建设发展,国家级新区数量逐步增加、规模不断壮大,创造了新区速度,激发了新区活力,塑造了新区形象,取得了显著成效。

一、背景基础

国家级新区的设立,始于国家开发开放浦东。1984年,国务院调研组和上海市政府联合制订《关于上海经济发展战略汇报提纲》,首次正式提出开发浦东的问题。1986年,国务院《关于上海市城市总体规划方案的批复》指出,"当前,特别要注意有计划地建设和改造浦东地区。"

20世纪90年代,浦东开发开放开始加速。1990年,中共中央政治局会议原则通过了浦东开发方案。同年,中共中央、国务院印发《关于开发和开放浦东问题的批复》,原则批准在浦东实行经济技术开发区和某些经济特区的政策。经过两年的探索,1992年国务院同意设立浦东新区,产生了首个国家级新区。浦东新区作为经济特区的延伸,是这一时期国家实施区域发展战略和进行经济体制改革的重要载体,在开发建设、产业发展和体制创新等方面肩负着先行先试的重要使命。国家希望浦东新区通过着力提升经济发展质量和规模,将其打造成为全方位扩大对外开放的重要窗口、创新体制机制的重要平台、辐射带动区域发展的重要增长极。但严格地说,真正把浦东新区作为有着特定内涵的国家级新区对待,是从2005年国务院批准其进行综合配套改革试点开始。

二、新区设立

浦东新区设立后的十余年间,国家未设立新的国家级新区。中共十六届五中全会把天津滨海新区开发开放纳入国家区域协调发展战略。2006年,国务院印发《关于推进天津滨海新区开发开放有关问题的意见》,2009年,国务院同意天津调整部分行政区划,正式设立滨海新区。此后,国家设立新区的速度明显加快。从2010年至2012年,国家陆续设立了两江新区、舟山群岛新区、兰州新区、南沙新区4个新区,国家级新区的设立与建设也进入到以培育区域增长极为重点的发展阶段。

随着中国经济发展进入新常态,面对经济增速换挡期、经济结构调整阵痛期、前期刺激政策消化期三期叠加的新阶段,为创新体制机制、拓展空间格局,国务院于2014年设立了西咸新区、贵安新区、西海岸新区、金普新区、天府新区等5个国家级新区,于2015年设立了湘江新区、江北新区、福州新区、滇中新区、哈尔滨新区等5个国家级新区,又在2016年设立了长春新区、赣江新区等2个国家级新区，新区空间分布更为均衡。

2017年，中共中央作出设立雄安新区的重大历史性战略选择，明确了"世界眼光、国际标准、中国特色、高点定位"的要求，提出要建设标杆工程，打造城市建设的典范，将雄安新区打造成贯彻新发展理念的创新发展示范区。至此，国家级新区数量达到19个，其中，东部地区8个，中部地区2个，西部地区6个，东北地区3个。总体来看，党和国家对国家级新区建设发展提出以下定位要求。

（一）改革先行先试的试验示范区

国家级新区首先是承担国家重大发展和改革开放战略任务的综合功能区，在引领改革发展和创新体制机制等方面发挥先行先试作用。各新区除抓好行政管理体制改革、构建一流营商环境等共性改革任务外，还必须着眼于服务全国改革开放大局，结合各自特点和优势，围绕重点问题开展体制机制创新探索，力争形成可复制、可推广经验，为其他地区提供引领示范。

（二）高质量发展的创新引领区

我国经济已由高速增长阶段转向高质量发展阶段，推动高质量发展是当前和今后一个时期确定发展思路、制定经济政策、实施宏观调控的根本要求。大部分新区已经在经济总量和人均收入水平上有了大幅提升，在工业化、城镇化进程中也取得了突破性进展，完全有能力、有条件在高质量发展上先行一步。各新区要积极探索新一轮科技产业革命带来的新技术、新产业、新业态、新模式，提升供给体系的水平与效益，发展新经济、培育新动能，加快构建现代化经济体系。

（三）区域协调发展的重要引擎

区域重大战略和区域协调发展战略需要统筹谋划，全面推进，需要有条件的地区平台在重点领域、关键环节先行先试，形成引领示范，需要重点地区率先突破，形成支撑。各新区要牢牢把握区域重大战略实施带来的新机遇，积极打造示范平台，不断提高对所在地区经济发展的贡献度，与周边地区形成产业、资源等良性互动，成为完善区域经济发展新格局的重要支撑和引领转型发展的关键节点。

（四）全方位扩大开放的重要窗口

我国加快实施共建"一带一路"倡议，加快构建开放型经济新体制，倡导发展开放型世界经济。各新区要发挥在沿海、沿江、沿边开放中的区位优势，以"一带一路"建设为统领，提升商贸流通、产业投资、服务外包、跨境电商、合作研发等领域的开放合作水平。有条件的新区要积极探索建设中国特色自由贸易港，打造开放层次更高、营商环境更优、辐射作用更强的开放新高地。

三、重点任务

各新区所面临的共同任务是：

（一）着力提升关键领域科技创新能力

打造若干竞争力强的创新平台。鼓励高校、科研院所优先在新区设立科研中心、研发机构等，国家重大战略项目优先在有条件的新区布局，建设国家大科学装置和国家科技创新基地。

完善创新激励和成果保护机制。健全科技成果转化激励机制和运行机制，支持新区科研机构开展赋予科研人员职务科技成果所有权或长期使用权试点，落实以增加知识价值为导向的分配政策，自主开展人才引进和职称评审。

积极吸纳和集聚创新要素。支持新区探索更加开放便利的海外科技人才引进和服务管理机制，建设海外人才离岸创新创业基地。允许高校、科研院所和国有企业的科技人才按规定在新区兼职兼薪、按劳取酬。支持有条件的新区开展优化非标准就业形式下劳动用工服务试点。

（二）加快推动实体经济高质量发展

做精做强主导产业。引导新区大力改造提升传统产业，培育壮大优质企业，加快引进先进制造业企业和产业链龙头企业。加速向智能、绿色、服务型制造转型升级，推动制造业迈向中高端。

培育新产业新业态新模式。支持新区加快发展战略性新兴产业，培育发展一批特色产业集群，提高专业化和创新发展水平，培育一批具有全球竞争力的"瞪羚"企业、新领军者企业、专精特新"小巨人"企业和细分领域"单项冠军"企业。

精准引进建设一批重大产业项目。有针对性地引导外资项目和国家重大产业项目优先在新区布局。推动中西部和东北地区新区与东部地区建立精准承接制造业产业转移长效机制，探索完善地区间投入共担、利益共享、经济统计分成等跨区域合作机制，采取共建园区等形式深化产业合作。

（三）持续增创体制机制新优势

优化管理运营机制。健全法治化管理机制，理顺与所在行政区域以及区域内各类园区、功能区的关系。推动有条件的新区按程序开展行政区划调整，促进功能区与行政区协调发展、融合发展。创新完善新区管理机构选人用人和绩效激励机制。

打造一流营商环境。持续深化商事制度改革，健全制度化监管规则，实施以"双随机、一公开"监管为基本手段、以重点监管为补充、以信用监管为基础的新型监管机制，完善与创新创业相适应的包容审慎监管方式。

（四）推动全方位高水平对外开放

进一步增强国际竞争力。引导新区企业对接国际通行经贸规则、高端标准和品质要求，积极引进跨国公司地区总部和研发、财务、采购、结算等功能性机构。支持有条件的新区开展资本项目收入结汇支付便利化试点。

提升投资贸易便利化水平。鼓励新区在政府职能转变、投资贸易便利化等重点领域加大改革力度，充分发挥引领示范作用。支持在确有发展需要、符合条件的新区设立综合保税区，建设外贸转型升级基地和外贸公共服务平台。

（五）高标准推进建设管理

加强规划统领与约束。严控开发强度，实施建设用地总量和强度双控，注重规划留白留绿。建立新区各类规划统筹协调机制，强化规划实施相关保障措施，实现"多规合一"，实行网格化、信息化和精细化管理，确保规划严肃性、权威性，一张蓝图干到底。

探索高品质城市治理方式。优化主城区与新区功能布局，推动新区有序承接主城区部分功能。提高新区基础设施和公共服务设施建设水平，增强教育、医疗、文化等配套功能。

创新土地集约利用方式。建立"人地挂钩""增存挂钩"机制，鼓励探索土地利用全生命周期管理制度。创新"标准地"出让、弹性出让、先租后让等工业用地配置方式。因城施策调整用地功能分区，适度增加混合用地供给。

四、主要成效

从 1992 年上海浦东新区成立，到 2017 年雄安新区横空出世，国家级新区 30 多年发展，为中国改革开放增添了动力，成为中国发展的重要引擎。

（一）开展了一系列体制机制创新

国家级新区重点在"新"，"改革创新、先行先试"是新区发展的基本原则之一。各新区主动激发体制机制创新活力，积极保持其盘活全国经济的关键棋子的发展优势。如上海浦东新区围绕深化自由贸易试验区制度创新，在金融、贸易、航运等方面加快构建开放型经济新体制，又如重庆两江新区围绕打造丝绸之路经济带和长江经济带重要交汇点，推动建立内陆通关和口岸监管新模式，再如四川天府新区围绕深化土地管理制度改革，构建有利于产业集聚发展和城乡一体化发展的体制机制。

（二）形成了经济高质量发展高地

2022 年，新区以全国约 0.2% 的面积，创造了全国 4.8% 的国内生产总值，构建了一批有影响力的产业高地，塑造了一系列亮眼名片，有力带动所在地区及至全国经济发展，发挥了"火车头""压舱石"作用，如青岛西海岸新区围绕其已有深远海资源开发能力，形成以海洋科技创新促进海洋产业发展的有效途径，又如大连金普新区围绕深化面向东北亚区域开放合作，推动构建新一代信息技术、智能装备等产业集群。此外，国家级新区在相关产业领域形成多个"全国第一",如第一家混合所有制交易所、第一个大数据交易中心、第一架国产大飞机、第一颗商用遥感卫星等都产生在新区。

(三)探索了区域合作的新路子

国家级新区因实行更加开放和优惠的特殊政策,堪称所在区域的"宠儿"。国家级新区不仅注重发展自身,更成为带动区域发展的"排头兵"、引领区域的增长极,为区域发展带来辐射效应。如上海浦东新区对长三角、东南沿海及沿江的经济增长都有不同程度的带动作用,又如重庆两江新区对重庆整个地方的经济增长和发展带动作用十分明显,而对雄安新区,其明确发挥对冀中南乃至整个河北的辐射带动作用,促进城乡区域、经济社会、资源环境协调发展。事实上,19个国家级新区分布在各个区域经济带,已初步形成一定的联动效应,探索了区域合作的新路子。

(四)开创了对外开放的新格局

国家级新区遵循政策沟通、设施联通、贸易畅通、资金融通、民心相通的发展理念,坚持对外开放,对接"一带一路"倡议,融合自由贸易试验区建设,打造国际合作新平台,推进了更深层次、更高水平的双向开放。如浙江舟山群岛新区围绕打造江海联运中心,推动建立高效便捷的通关和口岸监管模式,又如广州南沙新区围绕推动自由贸易试验区制度创新,构建与国际投资贸易通行规则相衔接的基本制度框架,再如陕西西咸新区围绕推进"一带一路"建设,创新以文化促发展、促开放的有效途径。

第二节 自由贸易试验区

所谓自贸区,可以定义为在一国境内设立的一种实施特殊海关监管模式的区域。其核心内容可以概括为四个关键词,即独立区域、境内关外、高度自由、最低门槛(主要表现在免征关税)。毫无疑问,自贸区是一种深度开放的功能平台。2013年以来,全国自贸试验区建设稳步向前推进,覆盖了从南到北、从沿海到内陆到边境省份的广大区域。自贸区建设不断扩容，可复制的创新举措高频推进，引领国家和区域开放不断走向深入。

一、背景基础

与国外的自贸区相比，中国建设的自贸试验区既有相同之处也有不同之处。中国的自贸区是一种力图对接国际最高标准贸易投资规则、承担着深化改革开放先行先试任务的特殊经济功能区。换言之，中国的自贸区既遵循国际通行规则，又体现中国特色，许多做法是依据自身的国情和具体实际探索形成的。

中国对自贸区的研究探索历时较久。在推进相关改革和扩大开放的过程中，一些地方提出了建设自由贸易区的设想，而在国家出台的一些重要改革开放和区域发展战略文件或规划中也曾提出过打造自由贸易区（港）的思路和意见。海南在批准建省并建设经济特区后不久，在国家批准开发开放杨浦港、建设国际旅游岛等一些关键节点上，有关充分利用其作为离岛的优势建设特别关税区或自由贸易港、以实行最深层次的改革和最高水平开放的建议就随之提出。天津也是探索自由贸易区（港）比较早的地区，国务院在2006年5月颁发的《关于推进天津滨海新区开发开放有关问题的意见》特别提出，为适应天津建立北方国际航运中心和国际物流中心的需要，借鉴国际通行做法，在天津港、东疆港区建立保税港区，积极探索海关特殊监管区域管理制度的创新。舟山群岛新区是国家在战略规划中明确提出要探索建立自由贸易港的地区，在《浙江舟山群岛新区发展规划》中，提出了最终建立舟山自由贸易港的思路。正是上述探索，催生了全国第一个自由贸易试验区的实际建设。

二、自贸区设立

2013年至今，国务院先后批复设立了21个自贸试验区，赋予自贸试验区大胆创新、深化改革、形成经验、复制推广的使命。回顾自贸试验区设立，可分为三个阶段。

（一）起步初创阶段（2013年）

2013年，国务院批复同意设立中国（上海）自由贸易试验区，同年，国务院印发《中国（上海）自由贸易试验区总体方案》。这是中国首个自贸试验区，也是新一轮区域开放的排头兵，意在探索中国新一轮对外开放的新路径和新模式，推动加快转变政府职能和行政体制改革，促进转变经济增长方式和优化经济结构，实现以开放促发展、促改革、促创新，形成可复制、可推广的经验，服务全国的发展，培育中国面向全球的竞争新优势，构建与各国合作发展的新平台，拓展经济增长的新空间。

（二）扩围深化阶段（2014—2016年）

2014年，国务院决定推广上海自贸试验区的经验，设立广东、天津、福建三个自贸试验区，并扩展上海自贸试验区的范围，从原来的28.78平方公里扩展到120.72平方公里。2015年，国务院政府工作报告明确要求，积极探索准入前国民待遇加负面清单管理模式，积极推动上海、广东、天津、福建自贸试验区建设，在全国推广成熟经验，形成各具特色的改革开放高地。2015年，中共中央政治局会议审议通过广东、天津、福建自贸试验区总体方案。同年，三个自贸试验区正式挂牌运作。

（三）广泛探索阶段（2016年至今）

2016年，国务院决定在辽宁、浙江、河南、湖北、重庆、四川、陕西新设7个自贸试验区，标志着自贸试验区建设进入了新征程。新设的7个自贸试验区，继续依托现有经国务院批准的新区、园区，紧扣制度创新这一核心，进一步对接高标准国际经贸规则，在更广领域、更大范围形成各具特色、各有侧重的试点格局，推动全面深化改革扩大开放。2017年7个自贸试验区总体方案正式印发。方案指出，建立辽宁等自贸试验区，是党中央、国务院作出的重大决策，对加快政府职能转变、积极探索管理模式创新、促进贸易投资便利化、深化金融开放创新，对全面深化改革和扩大开放探索新途径、积累新经验，具有重要意义。

2019年，国务院印发《中国（上海）自由贸易试验区临港新片区总体方案》。同年，国务院印发山东、江苏、广西、河北、云南、黑龙江 6 个新设自由贸易试验区总体方案。2020年，国务院又印发了北京、湖南、安徽自由贸易试验区总体方案。自此，中国的自贸区数量增至 21 个，遍及全国绝大部分省份。

三、重点任务

自贸区主要围绕如下方面进行探索：

（一）提高货物贸易开放水平

坚持进出口并重，通过自由贸易区改善与自由贸易伙伴双向市场准入，合理设计原产地规则，促进对自由贸易伙伴贸易的发展，推动构建更高效的全球和区域价值链。在确保经济安全、产业安全和考虑产业动态发展需要的前提下，稳步扩大货物贸易市场准入。同时，坚持与自由贸易伙伴共同削减关税和非关税壁垒，相互开放货物贸易市场，实现互利共赢。

（二）扩大服务业对外开放

充分发挥服务业和服务贸易对我国调整经济结构、转变经济发展方式和带动就业的促进作用。推进金融、教育、文化、医疗等服务业领域有序开放，放开育幼养老、建筑设计、会计审计、商贸物流、电子商务等服务业领域外资准入限制。逐步推进以负面清单模式开展谈判，先行先试、大胆探索、与时俱进，积极扩大服务业开放，推进服务贸易便利化和自由化。

（三）优化投资准入门槛

大力推进投资市场开放和外资管理体制改革，进一步优化外商投资环境。有序推进以准入前国民待遇加负面清单模式开展谈判。在维护好作为投资东道国利益和监管权的前提下，为投资者"走出去"营造更好的市场准入和投资保护条件，实质性改善与自由贸易伙伴双向投资准入。在自由贸易区内积极稳妥推进人民币资本项目可兑换的各项试点，便利境内外主体跨境投融资。加强与自由贸易伙伴货币合作，促进贸易投资便利化。

(四)推进规则谈判

结合全面深化改革和全面依法治国的要求,对符合社会主义市场经济体制建设和经济社会稳定发展需要的规则议题,在自由贸易区谈判中积极参与。参照国际通行规则及其发展趋势,结合我国发展水平和治理能力,加快推进知识产权保护、环境保护、电子商务、竞争政策、政府采购等新议题谈判。

(五)提升贸易便利化水平

加强原产地管理,推进电子联网建设,加强与自由贸易伙伴原产地电子数据交换,积极探索在更大范围实施经核准出口商原产地自主声明制度。改革海关监管、检验检疫等管理体制,加强关检等领域合作,逐步实现国际贸易"单一窗口"受理。简化海关通关手续和环节,加速放行低风险货物,加强与自由贸易伙伴海关的协调与合作,推进实现"经认证经营者"互认,提升通关便利化水平。提高检验检疫效率,实行法检目录动态调整。加快推行检验检疫申报无纸化,完善检验检疫电子证书联网核查,加强与自由贸易伙伴电子证书数据交换。

(六)推进规制合作和自然人移动便利化

加强与自由贸易伙伴就各自监管体系的信息交换,加快推进在技术性贸易壁垒、卫生与植物卫生措施、具体行业部门监管标准和资格等方面的互认,促进在监管体系、程序、方法和标准方面适度融合。通过自由贸易区建设推动自然人移动便利化,为境外投资企业的人员出入境提供更多便利条件。

四、主要成效

按照中共中央、国务院决策部署,自贸试验区所在地区和有关部门结合各自贸试验区功能定位和特色特点,加强分类指导,深入开展差别化探索,形成了改革试点经验,推动了高质量发展。

(一)探索了一批可复制可推广经验

一直以来,自由贸易试验区稳步扩大规则、规制、管理、标准等制度型开放，试点对接国际高标准经贸规则，构建与高水平开放相衔接监管模式，积累了许多宝贵经验。商务部数据显示，截至2022年，自贸试验区已在国家层面向全国或特定地区推广278项制度创新成果，这些制度创新成果涉及投资贸易便利化、金融开放创新、知识产权保护以及政府管理创新等领域。如在投资贸易便利化领域，形成"工程建设项目审批统一化、标准化、信息化""出口货物检验检疫证单'云签发'平台""航空货运电子信息化"等经验；在金融开放创新领域，形成"跨境人民币全程电子缴税""证券、期货、基金境外金融职业资格认可机制""动产质押融资业务模式""科创企业票据融资新模式"等经验；在知识产权保护领域，形成"知识产权纠纷调解优先机制""知识产权类案件'简案快办'"等经验；在政府管理创新领域，形成"海事政务闭环管理""应用电子劳动合同信息便捷办理人力资源社会保障业务""医药招采价格调控机制"等经验。

（二）开创了开放型经济发展新模式

2022年，在中国进出口和利用外资两方面同时实现逆势增长中，自贸试验区发挥了重要的引领作用，充分体现了开放发展的经济韧性。自贸试验区基于构建更具国际竞争力的现代产业体系需要，在产业集群培育、高端人才集聚、金融开放创新方面，均取得可圈可点的发展成就，集成电路、生命健康、新一代信息技术、生物医药、高端装备制造、纳米技术应用、新材料等战略性新兴产业在自贸试验区得到了快速发展。

（三）打造了与国际接轨的一流营商环境

先后设立的21个自贸试验区，均把加快转变政府职能，营造市场化、法治化、国际化一流营商环境置于自贸试验区建设十分重要的位置，把优化营商环境当作打造自贸试验区开放发展高地的重要抓手。自贸试验区不断创新举措推动营商环境持续优化，形成了一批可在全国推广的典型经验。

第三节　海南自由贸易港

海南是我国最大的经济特区，具有实施全面深化改革和试验最高水平开放政策的独特优势。支持海南逐步探索、稳步推进中国特色自由贸易港建设，分步骤、分阶段建立自由贸易港政策和制度体系，是中共中央着眼国内国际两个大局，深入研究、统筹考虑、科学谋划作出的战略决策。

一、背景基础

海南原为广东省的一个行政区。1988年4月，国家设立海南省，同时设立海南经济特区。海南区位优势独特，是我国的第二大岛屿。早在海南建省之前，中央就十分重视海南岛的开发，赋予了一些特殊政策。尔后，国家在海南推行了一系列重大试验，包括1992年批准设立洋浦经济开发区，2010年批准建立海南国际旅游岛等，其中洋浦经济开发区是我国第一个外商投资成片开发、享受保税区政策的国家级开发区。海南抓住国家给予重大战略实施机遇，开展了一系列体制创新，开放水平不断提高，为探索建立自由贸易区（港）打下良好的体制基础。

二、战略提出

2018年，海南建省办经济特区30周年之际，中央宣布支持海南全岛建设自由贸易试验区，支持海南逐步探索、稳步推进中国特色自由贸易港建设，分步骤、分阶段建立自由贸易港政策和制度体系。

2020年，中共中央、国务院印发《海南自由贸易港建设总体方案》，从六大要素的自由便利、现代产业体系、税收制度、社会治理、法治环境和风险防控体系方面为海南自由贸易港的建设发展指明了方向。同年，海南自由贸易港11个重点园区同步举行了挂牌仪式。2021年，《中华人民共和国海南自由贸易港法》颁布实施，将中共中央关于建设海南自由贸易港的决策部署转化为法律规范，为海南自由贸易港建设提供立法引领和法律保障。

为支持海南自由贸易港建设，各有关部门纷纷制定了相关政策措施。如民航局出台了《海南自由贸易港试点开放第七航权实施方案》，财政部和税务总局联合发布了《关于海南自由贸易港高端紧缺人才个人所得税政策的通知》和《关于海南自由贸易港企业所得税优惠政策的通知》，财政部、海关总署、税务总局联合发布《关于海南自由贸易港原辅料"零关税"政策的通知》和《关于海南自由贸易港交通工具及游艇"零关税"政策的通知》，国家发展改革委和商务部联合发布《关于支持海南自由贸易港建设放宽市场准入若干特别措施的意见》，商务部等20部门联合印发《关于推进海南自由贸易港贸易自由化便利化若干措施的通知》等。

三、重点任务

（一）推动贸易自由便利

进一步创新海关监管，逐步在全岛建立"一线放开、二线管住、岛内自由"的货物进出境管理制度，实现境外货物在海南自由贸易港进出自由便利。实施跨境服务贸易负面清单制度，给予境外服务提供者国民待遇，依法合规推动跨境服务贸易自由化便利化。

（二）促进投资自由便利

大幅放宽市场准入和外商投资准入，实施市场准入承诺即入制，严格落实"非禁即入"，全面推行"极简审批"投资制度。创新完善投资自由制度，推动落实企业设立、经营、注销和破产等各个环节的便利化政策。建立健全公平竞争制度，加快完善产权保护制度，进一步激发市场主体活力和创新力。

（三）推进跨境资金流动自由便利

以国内现有本外币账户和自由贸易账户为基础，构建多功能自由贸易账户体系，建设海南金融对外开放的基础平台。坚持金融服务实体经济，分阶段开放资本项目，实行更加便利的跨境投融资政策，支持金融业对外开放政策在海南自由贸易港率先实施。

(四) 推动人员进出自由便利

根据海南自由贸易港发展需要，针对高端产业人才，实行更加开放的人才和停居留政策，打造人才集聚高地。在安全可控的前提下，进一步放宽人员自由进出限制，实施更加便利的免签入境措施。加快推动人才服务管理制度便利化改革，全面提升人才服务水平，营造良好的人才发展环境。

(五) 促进运输来往自由便利

以建设"中国洋浦港"船籍港为契机，加快洋浦开发开放，推动建设西部陆海新通道国际航运枢纽。进一步放宽空域管制与航路航权限制，试点开放第七航权，鼓励国内外航空公司增加运力投放。加强海南自由贸易港与内地其他地区间运输、通关能力建设，提升运输来往自由便利水平。

(六) 推进数据安全有序流动

有序扩大通信资源和业务开放，探索开展国际互联网数据交互试点，积极培育发展数字经济。创新制度设计，在国家数据跨境传输安全管理制度框架下，探索形成既能便利数据流动又能保障安全的有效机制。

(七) 实施具有国际竞争力的税收政策

积极创造条件，有序推进实施进口商品"零关税"政策，逐步优化企业所得税和个人所得税政策。结合我国税制改革方向，探索推进简化税制。强化偷漏税风险识别，严格税收征管，防范税基侵蚀和利润转移，避免成为"避税天堂"。

(八) 实施有力有效的制度保障

深入推进政府机构改革和政府职能转变，加强和创新社会治理，创新生态文明体制机制，构建系统完备、科学规范、运行有效的治理体系。建立以自由贸易港法为基础，以地方性法规和商事纠纷解决机制为重要组成的自由贸易港法治体系，营造国际一流的法治环境。

四、主要成效

海南自由贸易港建设以来，各方把制度集成创新摆在突出位置，聚焦贸易投资自由便利和各类要素便捷高效流动，自贸港建设顺利开局。

（一）自贸港政策制度体系初步形成

三张"零关税"清单、企业和个人15%所得税、加工增值货物内销免关税等多项政策文件落地实施，外商投资准入负面清单全国最短，经营主体五年增量超过之前30年的总和。全面启动全岛封关运作准备。狠抓制度集成创新，致力打造法治化、国际化、便利化和公开、透明、可预期的一流营商环境，极简审批成为全国标杆，率先探索"承诺即入制""准入即准营"改革。

（二）构建具有特色的现代产业体系取得新进展

以壮士断腕的决心摆脱"房地产依赖症"，旅游业、现代服务业、高新技术产业、热带特色高效农业四大主导产业占全省地区生产总值比重提升至70%。发挥温度、深度、纬度"三度"优势，种业、深海、航天"陆海空"三个未来产业发展壮大。国际旅游消费中心建设加快，高端购物、医疗、教育三大境外消费回流逐渐成为自贸港的"金字招牌"。

（三）区域发展格局进一步优化

海口经济圈发展能级加快提升，三亚经济圈向旅游和科创并举转型，儋洋经济圈聚合效应初步显现，滨海城市带启动规划建设，中部生态涵养保育区体制机制日趋完善。海南热带雨林国家公园跻身首批5个国家公园行列，并成为全国首个完成自然资源确权登记的国家公园，海南长臂猿等珍稀野生动植物得到恢复并逐年增加，实现全岛生活垃圾"零填埋"。生态文明体制机制改革迈出新步伐，初步建立流域上下游生态保护补偿机制，发布全国首个国家公园生态系统生产总值（GEP）核算成果，挂牌成立海南国际蓝碳研究中心。

第四节　其他重大功能平台

我国的功能平台类型之多、能量之显为世界罕见。除国家经济新区、自由贸易试验区外，经济特区、国家级开发区等功能平台在推动制度创新、引领带动区域发展上都发挥了重要作用。

一、经济特区

（一）经济特区的设立

传统意义上的经济特区，通常是指深圳、珠海、汕头、厦门、海南五个地区。1979年7月，中共中央、国务院批转广东省委、福建省委《关于对外经济活动实行特殊政策和灵活措施的两个报告》，决定先在深圳、珠海两市划出部分地区试办面向港澳的出口特区，取得经验后再考虑在汕头、厦门设置。1980年5月，深圳、珠海和汕头被指定为经济特区，《广东省经济特区条例》的出台标志着经济特区正式获得了法律授权。同年10月，厦门设立经济特区。根据中共中央决策，1988年七届全国人大一次会议正式批准设立海南省，划定海南岛为经济特区。

设立经济特区的目的，是试图通过特殊的政策，促使这些地区率先发展起来，为全国提供经验与路径。中央鼓励这些地区采取有序开放的经济政策，大胆试验，开拓进取。

（二）经济特区的发展

经济特区成立后，依靠国家特别的政策支持和特区人民的艰苦努力，经济社会发展取得了显著成就，尤其是深圳迅速从一个边陲渔村成长为具有国际影响力的大都市。在前行的道路上，"特区还要不要特"的问题被提到面前。1995年，中共十四届五中全会提出，"中央对经济特区和上海浦东新区的基本政策不变，在发展社会主义市场经济的过程中，有些具体办法要有所调整和完善。经济特区要增强创新优势，更上一层楼。经济特区、沿海开放城市和开放地带要积极参与国际经济合作，充分发挥示范、辐射和带动作用"。直至今天，国家允许经济特区先行先试的政策保持不变，鼓励经济特区率先按照国际惯例办事的政策保持不变，支持经济特区强化辐射带动作用的政策保持不变。

从深圳经济特区到海南经济特区的发展经验来看，改革开放、先行先试是其发展过程的主线，大胆改革创新、探索外向型经济体制贯穿特区建设始终。国家对这五个特区的要求都是坚持改革开放、先行先试，要求其"敢闯""敢试"，要"杀出一条血路"。当然，五个特区在改革开放的意义上虽然并列，但不同特区之间的开放条件、文化环境、发展基础等存在很大差异，因此这五个特区承担的具体功能并不完全相同，发展结果也存在一定差异。

（三）新时代经济特区的新使命

进入21世纪，中国经济特区的发展已达到相当的高度，尤其是深圳经济特区成为一个高度发达的国际化都市。这就要求经济特区继续探索如何完善中国特色社会主义市场经济制度，继续发挥特区精神，深化改革开放。2019年，中共中央发布了《关于支持深圳建设中国特色社会主义先行示范区的意见》，标志着以深圳为代表的中国经济特区将在更高起点、更高层次、更高目标上继续探索试验，推动中国特色社会主义制度继续向前发展。

新时代下，经济特区的重点是要进一步建立完善政府与市场的协同机制，通过深层次的改革试验和自主创新，探索建设中国式现代化建设的科学路径。为此需要在推动高质量发展，打造法治城市典范、城市文明风范和民生幸福标杆，推进可持续发展等方面继续开展探索试验。

二、国家级开发区

（一）国家级开发区的设立

国家级开发区一般指国家经济技术开发区和国家高新技术产业开发区。1984年，中共中央决定进一步开放大连、秦皇岛等14个沿海港口城市，将经济特区试验扩展到更多区域，并在这些城市设立了经济技术开发区，通过提供特殊投资措施以进一步吸引外资，发展新兴产业尤其是技术密集型产业。其中，经国务院批准设立的大连经济技术开发区是中国正式设立的第一个经济技术开发区。

此后，更多沿海开放城市设立了经济技术开发区，制定了相应的扶持政策，使其逐渐成为沿海开发开放的重要载体。1985年，中共中央、国务院决定在长三角、珠三角和闽南金三角（厦门、漳州、泉州）建设沿海经济开放区，提供优惠激励措施，以促进出口生产和外国资本流入。1988年，国务院决定进一步扩大沿海经济开放区的范围，将辽东半岛、山东半岛、环渤海地区的一些城市及其所辖县列为沿海经济开放区，开放区域达到288个市、县。1992年，中共中央、国务院决定在长江沿岸，东北、西南和西北部分边境市、县，以及11个内陆地区省会城市实行沿海开放城市政策。在这个过程中，经济技术开发区、高新技术产业开发区等多种形式的开发区得以建立和发展，北京设立的新技术产业开发试验区成为第一个国家级高新技术产业开发区，这也成为中关村科技园区的前身。

受优惠政策的吸引，各地开发区建设如火如荼，但也出现了随意占用耕地甚至占而不用等问题。1993年，国务院发布《关于严格审批和认真清理各类开发区的通知》，规定设立各类开发区，实行国务院和省、自治区、直辖市人民政府两级审批制度；省、自治区、直辖市以下各级人民政府不得审批设立各类开发区；设立经济技术开发区、保税区、高新技术产业开发区、边境经济合作区的审批权在国务院。

（二）各类国家级开发区的重点任务

针对经济技术开发区，2019年国务院印发《关于推进国家级经济技术开发区创新提升打造改革开放新高地的意见》，提出5个方面22项任务：提升开放型经济质量，拓展利用外资方式，优化外商投资导向，提升对外贸易质量；赋予更大改革自主权，深化"放管服"改革，优化机构职能，优化开发建设主体和运营主体管理机制，健全完善绩效激励机制，支持开展自贸试验区相关改革试点；打造现代产业体系，加强产业布局统筹协调，实施先进制造业集群培育行动，实施现代服务业优化升级行动，加快推进园区绿色升级，推动发展数字经济，提升产业创新能力；完善对内对外合作平台功能，积极参与国际合作，打造国际合作新载体，拓展对内开放新空间，促进与所在城市互动发展；加强要素保障和资源集约利用，强化集约用地导向，降低能源资源成本，完善人才政策保障，促进就业创业。

针对高新技术产业开发区，2020年国务院印发《关于促进国家高新技术产业开发区高质量发展的若干意见》，提出5个方面16项任务：着力提升自主创新能力，大力集聚高端创新资源，吸引培育一流创新人才，加强关键核心技术创新和成果转移转化；进一步激发企业创新发展活力，支持高新技术企业发展壮大，积极培育科技型中小企业，加强对科技创新创业的服务支持；推进产业迈向中高端，大力培育发展新兴产业，做大做强特色主导产业；加大开放创新力度，推动区域协同发展，打造区域创新增长极，融入全球创新体系；营造高质量发展环境，深化管理体制机制改革，优化营商环境，加强金融服务，优化土地资源配置，建设绿色生态园区。

针对边境经济合作区、跨境经济合作区，2021年商务部印发《关于围绕构建新发展格局做好边境经济合作区、跨境经济合作区工作的通知》，提出4个方面14项任务：推动沿边地区高水平开放，拓展深化高水平开放合作，优化稳定边境产业链供应链，研究完善沿边开放布局；增强内生发展动力和活力，强化规划引领，创新开发模式，完善体制机制；促进稳边固边和乡村振兴，加强政策集成，保障财政资金支持，加强与金融机构合作，深化园区对口帮扶；完善基础管理，抓好常态化疫情防控，加强统计评估，开展宣传推介，落实安全生产要求。

（三）国家级开发区取得的成就

建设开发区可谓一个伟大的创举，开发区从东部地区迅速扩散和复制到中西部地区，遍布大江南北，且类型多样。截至2022年，全国国家级经开区230家，国家级高新区172家，边/跨境合作区19家。开发区凭借体制机制、创新要素、政策优惠等方面的优势，快速发展成为辐射带动周边区域发展的增长极和引领经济前行的重要载体。

支撑经济发展。2021年，230家国家级经开区实现地区生产总值13.7万亿元，财政收入2.5万亿元，税收收入2.2万亿元，分别占全国的12.0%、12.5%和12.9%；2021年，172家国家高新区实现地区生产总值15.3万亿元，占全国GDP的比重达13.4%。二者合计占到了全国国内生产总值的1/4以上。

集聚特色产业。各类开发区依靠特殊体制机制，有效聚集了一批具有特色的先进产业，并通过推进自主创新，推动产业向高端化、智能化、绿色化方向发展，不断延伸产业链条。

推动改革创新。2020年，国家高新区企业研究试验与发展（R&D）经费内部支出占园区生产总值比例为6.8%，是全国的2.8倍；每万人发明专利的申请、授权、拥有数量分别达到198.1件、76.3件、421.6件，是全国平均水平的11.1倍、12.9倍和13.9倍；劳动生产率为36.2万元/人，是全国的3.1倍。

三、横琴粤澳深度合作区

（一）合作区的设立和发展

横琴位于珠江口西岸，总面积106.46平方公里，与澳门隔河相望、桥隧相连，在对澳门深度合作方面具有先天优势条件。横琴粤澳深度合作区的前身为1992年由广东省委批准成立的横琴经济开发区。

在深入调研论证的基础上，根据2008年国务院批复实施的《珠江三角洲地区改革发展规划纲要（2008—2020年）》的相关精神，国家支持建立了横琴粤澳合作区。2009年，国务院批准实施《横琴总体发展规划》，将横琴纳入珠海经济特区范围，明确把横琴作为粤港澳紧密合作的新载体，为促进澳门经济适度多元化发展和港澳地区长期繁荣稳定提供有力支撑。2011年，国务院发布关于横琴开发有关政策的批复，同意横琴实行比经济特区更加特殊的优惠政策，创新通关制度和措施，将横琴与澳门之间的口岸设定为"一线"管理，横琴与内地之间设定为"二线"管理，按照"一线"放宽、"二线"管住、人货分离、分类管理的原则实施分线管理。

2015年,国务院发布《中国(广东)自由贸易试验区总体方案》,其中涉及横琴片区28平方公里,在功能上重点发展旅游休闲健康、商务金融服务、文化科教和高新技术等产业,建设文化教育开放先导区和国际商务服务休闲旅游基地,打造促进澳门经济适度多元发展新载体。2018年,国务院发布《进一步深化中国(广东)自由贸易试验区改革开放方案》,提出推进横琴国际休闲旅游岛重大项目建设。

2019年2月,中共中央、国务院发布《粤港澳大湾区发展规划纲要》,提出横琴作为粤港澳大湾区合作重大平台,要推进建设粤港澳深度合作示范区。同年4月,国家发展改革委印发《横琴国际休闲旅游岛建设方案》,提出探索国际休闲旅游岛开发新模式,全力配合澳门建设世界旅游休闲中心。为促进澳门产业多元发展,丰富"一国两制"实践内涵,推动澳门长期繁荣稳定和融入国家发展大局,2021年,中共中央、国务院印发《横琴粤澳深度合作区建设总体方案》,标志着横琴开发建设进入一个崭新的历史阶段。

(二)合作区的重点任务

发展促进澳门经济适度多元化的新产业。在企业所得税优惠、境内外人才引进等方面给予特别支持政策,着力吸引人才、资金、技术等优质发展要素,着重发展科技研发和高端制造、中医药、文旅会展商贸、现代金融业等产业,从而逐步破解长期以来澳门经济结构单一化的问题。

建设便利澳门居民生活就业的新家园。通过对澳门居民个人所得税、"澳门新街坊"和医疗联合体建设、基础设施互联互通等方面给予全面支持和便利,积极吸引澳门居民到横琴就业创业、居住生活,为澳门居民拓展建设高品质生活家园。

构建与澳门一体化高水平开放的新体系。加快推动实现横琴与澳门在规则、体制机制等方面深度衔接,建立高度便利的市场准入制度,最大限度便利人流、物流、资金流、信息流等顺畅流动,充分激发和联动澳门联系沟通世界的独特优势,实现更高水平的与澳门一体化扩大对外开放。

健全粤澳共建共商共管共享的新体制。发挥制度优势，通过更高规格的管理、更有力度的执行、更大程度上的收益共享，形成广东和澳门在推动合作区建设上的强大合力，确保横琴开发建设取得新突破、实现新飞跃。

（三）合作区建设的成效

经过多年开发建设，横琴发展突飞猛进，综合实力显著增强，并在投资自由化、贸易便利化和金融开放等领域逐步形成了一批可复制可推广的有益改革创新经验。对澳合作方面，在跨境通勤、办公、创新创业、就业生活等领域不断推进规则对接、政策衔接，大大便利了粤澳人员往来和信息交流；澳门居民在横琴购置物业、任职参保、就医生活日益增多，"澳门新街坊"综合民生项目加快建设；一大批澳资企业在横琴加速成长发展，粤澳合作中医药科技产业园区、粤澳跨境金融合作（珠海）示范区等产业合作载体加快建设，澳门大学、澳门科技大学共有4所国家重点实验室在横琴设立分部，对澳紧密合作业已涉及经济社会多领域全方位且取得积极成效。

四、前海深港现代服务业合作区

（一）合作区的设立和发展

前海位于深圳西部、珠江口东岸，毗邻港澳，区位独特，具备深圳经济特区特殊政策和香港国际经济中心辐射带动的叠加优势，在紧密香港与内地合作、促进现代服务业创新发展、深化改革开放方面具有巨大发展空间。根据2008年国务院批复实施的《珠江三角洲地区改革发展规划纲要（2008—2020年）》的相关精神，国家支持建立了前海深港现代服务业合作区。2010年，在深圳经济特区成立30周年背景下，国务院批复《前海深港现代服务业合作区总体发展规划》，明确提出要发挥好深港比较优势，将前海建设成为粤港现代服务业创新合作示范区、全国现代服务业的重要基地和具有强大辐射能力的生产性服务业中心，推动前海在全面推进香港与内地服务业合作中发挥先导作用，引领带动全国现代服务业发展升级。

2012年，国务院发布《关于支持深圳前海深港现代服务业合作区开发开放有关政策的批复》，从金融、财税、法律、人才、教育医疗、电信等6个方面提出22条具体措施，支持前海实行比经济特区更加特殊的先行先试政策，打造现代服务业体制机制创新区、现代服务业发展集聚区、香港与内地紧密合作的先导区、珠三角地区产业升级的引领区。国务院提出对前海符合产业准入目录及优惠目录的企业减按15%的税率征收企业所得税，并于2014年落地实施。2015年，国务院发布《中国（广东）自由贸易试验区总体方案》，将前海合作区作为深圳前海蛇口片区重要组成部分，重点发展金融、现代物流、信息服务、科技服务等战略性新兴服务业，建设我国金融业对外开放试验示范窗口、世界服务贸易重要基地和国际性枢纽港。2018年，国务院发布《进一步深化中国（广东）自由贸易试验区改革开放方案》，提出探索在前海蛇口片区开展金融综合监管试点，在依法合规的前提下，实施以合作监管与协调监管为支撑的综合监管，以及推进前海深港青年梦工场等粤港澳青年创新创业平台建设等。

2019年2月，中共中央、国务院发布《粤港澳大湾区发展规划纲要》，明确前海合作区作为粤港澳合作发展的重大平台，要通过拓展发展空间、建设新型国际贸易中心和国际高端航运服务中心等举措，强化粤港澳合作发展引擎作用，加强法律事务合作，加快构建适应开放型经济发展的法律体系，建设国际化城市新中心，提供国际化高品质社会服务等。同年8月，中共中央、国务院发布《关于支持深圳建设中国特色社会主义先行示范区的意见》，提出要进一步深化前海合作区改革开放，以制度创新为核心，不断提升对港澳开放水平。

新发展阶段新发展格局下，前海合作区改革开放的内外部条件发生了巨大变化，2021年，中共中央、国务院印发《全面深化前海深港现代服务业合作区改革开放方案》，将前海合作区总面积由14.92平方公里扩展至120.56平方公里，赋予前海全面深化改革创新试验平台、高水平对外开放门户枢纽新的使命担当。这对支撑粤港澳大湾区和深圳中国特色社会主义先行示范区建设、支持香港更好融入国家发展大局具有重大意义。

（二）合作区的重点任务

概括起来，是做好两方面的工作：一方面，全面深化改革创新，当好新时代改革开放试验田。推进现代服务业创新发展，围绕国际航运、金融、物流等领域，支持联动港澳建设国际贸易组合港、推动供应链跨界融合创新、建立与国际接轨的供应链标准、推动前海湾保税港区整合优化为综合保税区及规范发展离岸贸易；加快科技发展体制机制改革创新，促进优化创新链建设布局，围绕加强人才、技术、资金等创新要素吸引集聚和有效对接，大力发展粤港澳合作的新型研发机构，建设高端创新人才基地，联合港澳探索有利于推进新技术新产业发展的法律规则和国际经贸规则创新、打造海洋科技创新高地、建设国家版权创新发展基地；打造国际一流营商环境，完善竞争政策框架，建立健全竞争政策实施机制，创建信用经济试验区，研究加强在交通、通信、信息、支付等领域与港澳标准和规则衔接，实施更加开放的全球人才吸引和管理制度。

另一方面，联动港澳，打造高水平对外开放门户枢纽。深化与港澳服务贸易自由化，全力推动粤港澳三地服务贸易规则衔接、机制对接和市场一体化建设，对港澳进一步扩大服务领域开放，着力将前海合作区建设成为港澳青年教育培训基地及面向海外市场的文化产品开发、创作、发行和集散基地；扩大金融业对外开放，支持在与香港金融市场互联互通、人民币跨境使用、外汇管理便利化等领域先行先试，支持粤港澳探索建立统一绿色金融标准、香港交易所前海联合交易中心依法合规开展大宗商品现货交易，支持开展本外币合一银行账户试点、监管科技研究和应用试点；提升法律事务对外开放水平，支持前海合作区深化与港澳在民商事案件解决、律师事务所合伙联营改革等方面合作，支持扩大涉外商事案件受案范围，允许符合条件的境外争议解决机构设立业务机构，推动建设国际法律服务中心和国际商事争议解决中心、国际区际商事争议争端解决平台，全面探索推进不同法系、跨境法律规则衔接。

（三）合作区建设的成效

前海深港现代服务业合作区弘扬特区精神，以打造质量、提供范式、树立标杆为己任，用"三天创新一个制度"的努力，取得了丰富多样的成果。2020年，前海合作区以不足深圳市0.8%的面积贡献了全市约9.3%的增加值，每平方公里经济产出高达172.8亿元，前海湾保税港区进出口总额在全国14个保税港区中位列第一。金融业对外开放试验示范窗口功能凸显。跨境人民币贷款、跨境双向发债、跨境双向资金池、跨境双向股权投资、跨境资产转让、跨境金融基础设施等"六个跨境"金融品牌逐步形成。法治示范区建设不断深化，形成超过百项具有独创性、首创性、先进性的法治创新成果，构建了"条例+办法+指引"的规则体系，设立了全国第一家按法定机构模式治理、仲裁员结构国际化程度为国内最高的仲裁机构——深圳国际仲裁院，设立最高人民法院第一国际商事法庭、深圳知识产权法庭、深圳金融法庭、最高人民检察院前海知识产权检察研究院及中国（深圳）知识产权保护中心等机构。率先构建全方位对港开放合作政策体系，《关于建立更紧密经贸关系的安排》（CEPA）框架下金融业对港澳开放措施全面落地，在全国率先推出的"深港通注册易""深澳通注册易"服务正式在深圳全市推广，成立了前海深港合作区咨询委员会以及金融、法治、规划建设、青年事务四个专家咨询委员会，港方委员均占1/3以上。

五、浙江共同富裕示范区

（一）示范区的设立

共同富裕是社会主义的本质要求，是人民群众的共同期盼。中共十九届五中全会对共同富裕作出重要部署，提出到2035年全体人民共同富裕取得更为明显的实质性进展。

促进全体人民共同富裕是一项艰巨而长期的任务，也是一项现实任务，迫切需要选取部分条件相对具备的地区先行先试、作出示范。2020年，中共中央提出，浙江要努力成为新时代全面展示中国特色社会主义制度优越性的重要窗口，而共同富裕是中国特色社会主义制度优越性在新时代的集中体现。浙江富裕程度较高、均衡性较好，在探索解决发展不平衡不充分问题方面取得了明显成效，具备开展共同富裕示范区建设的基础和优势。

2020年，浙江生产总值为6.46万亿元，人均生产总值超过10万元，居民人均可支配收入5.24万元，仅次于上海和北京，是全国平均水平的1.63倍，城乡居民收入分别连续20年和36年居全国各省区第一位；发展均衡性较好，城乡居民收入倍差为1.96，远低于全国的2.56，最高最低地市居民收入倍差为1.67，是全国唯一一个所有设区市居民收入都超过全国平均水平的省份；改革创新意识较为浓烈，浙江探索创造了"最多跑一次"等多项改革先进经验，创造和持续发展了"依靠群众就地化解矛盾"的"枫桥经验"，各地普遍具有比较强烈的改革和创新意识，便于大胆探索和及时总结提炼共同富裕示范区建设的成功经验和制度模式。

有鉴于此，中共中央、国务院颁发了《关于支持浙江高质量发展建设共同富裕示范区的意见》，支持浙江通过改革率先形成促进共同富裕的目标体系、工作体系、政策体系、评价体系，及时形成可复制推广的经验做法，为其他地区分梯次推进、逐步实现全体人民共同富裕作出示范。

（二）示范区的重点任务

1. **提高发展质量效益，夯实共同富裕的物质基础**

围绕大力提升自主创新能力、塑造产业竞争新优势、提升经济循环效率、激发各类市场主体活力等方面，加快探索社会主义市场经济条件下新型举国体制开展科技创新的浙江路径，探索消除数字鸿沟的有效路径，培育若干世界级先进制造业集群，打响"浙江制造"品牌，统筹推进浙江自由贸易试验区各片区联动发展。

2. **深化收入分配制度改革，多渠道增加城乡居民收入**

围绕推动实现更加充分更高质量就业、不断提高人民收入水平、扩大中等收入群体、完善再分配制度、建立健全回报社会的激励机制等方面，健全统筹城乡的就业公共服务体系，加快探索知识、技术、管理、数据等要素价值的实现形式,实施扩大中等收入群体行动计划,建立健全改善城乡低收入群体等困难人员生活的政策体系和长效机制,完善有利于慈善组织持续健康发展的体制机制。

3.缩小城乡区域发展差距,实现公共服务优质共享

围绕率先实现基本公共服务均等化、率先实现城乡一体化发展、持续改善城乡居民居住条件、织密扎牢社会保障网、完善先富带后富的帮扶机制等方面,探索建立覆盖全省中小学的新时代城乡教育共同体,推动实现城乡交通、供水、电网、通信、燃气等基础设施同规同网,完善住房市场体系和住房保障体系,健全统一的城乡低收入群体精准识别机制。

4.打造新时代文化高地,丰富人民精神文化生活

围绕提高社会文明程度,传承弘扬中华优秀传统文化、革命文化、社会主义先进文化等方面,支持培育"最美浙江人"等品牌,深入创新实施文化惠民工程,营造人与人之间互帮互助、和睦友好的社会风尚,实施重大文化设施建设工程,打造具有国际影响力的影视文化创新中心和数字文化产业集群。

5.践行绿水青山就是金山银山理念,打造美丽宜居的生活环境

围绕高水平建设美丽浙江、全面推进生产生活方式绿色转型等方面,支持浙江开展国家生态文明试验区建设,推广新安江等流域共治共保共享经验,探索完善具有浙江特点的生态系统生产总值(GEP)核算应用体系。

6.坚持和发展新时代"枫桥经验",构建舒心安心放心的社会环境

围绕以数字化改革提升治理效能,全面建设法治浙江、平安浙江等方面,推进"互联网+放管服",全面推行"掌上办事""掌上办公",深化"一件事"集成改革,完善县级社会矛盾纠纷调处化解中心工作机制,构建全覆盖的政府监管体系和行政执法体系,高水平建设平安中国示范区。

(三)示范区建设的成效

十大标志性成果打造取得积极成效。浙里健康、浙有善育、浙里康养、共同富裕现代化基本单元、山区26县高质量发展、农村集体经济改革发展

（强村富民）、高质量就业创业体系、"扩中""提低"、浙江有礼省域文明实践品牌、为民办事智能速办等十大标志性成果形成了系统架构图，在关键指标、改革成果、制度成果、实践成果、理论成果、经验做法、成效可感等方面取得一系列成效。多个标志性成果大力推进各项群众有感的民生实事工作，为群众大幅节省成本、节约时间，有效提升群众获得感、幸福感、安全感和认同感。

机制性制度性创新取得积极成果。结合共富性、重塑性、多跨性、系统性、复制性、群众性六方面标准，探索形成"惠民保"防范因病致贫返贫模式、医学检查检验结果互认共享模式、山区26县高质量发展山海互济模式、健全生态产品价值实现机制、强村富民乡村集成改革模式、构建普惠性人力资本提升机制、小微主体信用融资新模式、系统化集成化"钱随人走"制度模式、关键核心技术攻关全链条一体化组织机制模式、"千万工程"牵引下的未来乡村建设模式等创新模式。医学检查检验互认共享、知识产权数字化改革、生态产品价值实现机制等一批改革经验得到国家部委推广。

第八章
主体功能区战略的实施和成效

下好区域协调发展"一盘棋",首先需要布好国土空间"大棋局",促进人口、经济、资源环境的空间均衡。深入实施主体功能区战略,就是布好"大棋局"的具体举措。自中共十六届五中全会提出主体功能区以来,全国国土空间开发秩序得到规范,空间开发结构更加合理。党的十八大以来,国家主体功能区制度逐步健全,主体功能区战略地位持续增强,其在区域经济发展中的作用逐步上升。

第一节 主体功能区战略的发展历程

主体功能区是根据现存经济技术条件下各空间单元的开发潜力,按照国土空间整体功能最大化和各空间单元协调发展的原则,对国土空间按发展定位和发展方向进行空间划分而形成的特定空间单元。主体功能区战略从地域差异出发,面向促进实现"经济—资源—环境—生态—人口"平衡的诉求,发挥地区比较优势,按照城市化、粮食安全与生态安全等主体功能定位,以县级行政区为管理单位细化、缩小区域政策单元,确定国土空间保护与开发策略,配套实施与区域功能定位相匹配的差异化、精细化资源要素管控政策举措。

一、酝酿确立期（2002—2012年）

2006年，根据中共十六届五中全会精神，国家"十一五"规划纲要提出推进形成主体功能区的理念和思路。2010年，国务院印发《全国主体功能区规划》，对优化开发区域、重点开发区域、限制开发区域和禁止开发区域作了科学划分，提出了实施的基本举措，《全国主体功能区规划》明确，主体功能区规划是全国国土空间开发的战略性、基础性和约束性规划，对于推进形成人口、经济和资源环境相协调的国土空间开发格局，加快转变经济发展方式，具有重要战略意义。2010年10月，中共十七届五中全会首次明确提出，实施主体功能区战略。从2012年起，各省级主体功能区规划相继发布，主体功能区规划编制工作初步完成。

二、战略制度巩固期（2013—2017年）

2013年11月，中共十八届三中全会要求坚定不移地实施主体功能区制度，以制度构建支撑主体功能区。国家"十三五"规划纲要将主体功能区建设提高到落实生态文明建设的新的战略高度，强调把推进生态文明建设和经济发展绿色化统一到主体功能区建设上来。2017年，中共中央、国务院印发《关于完善主体功能区战略和制度的若干意见》，强调了重点生态功能区补偿制度与产业准入负面清单制度、差异化绩效考核等制度的落实，更好支撑主体功能区战略。

三、面向空间治理的战略引领期（2018以来）

2018年，主体功能区规划与土地利用规划、城乡规划等一起，融合成为国土空间规划体系的重要组成部分。2019年，中共中央、国务院印发《关于建立国土空间规划体系并监督实施的若干意见》，要求落实国家安全战略、区域协调发展战略和主体功能区战略，明确空间发展目标，优化城镇化格局、农业生产格局、生态保护格局，确定空间发展策略，转变国土空间开发保护方式，提升国土空间开发保护质量和效益，并在构建国土空间规划体系背景下，更加强调从细化主体功能区划分、制定差异化政策、分类精准施策等方面发挥主体功能区战略对构建国土空间开发保护新格局的指导、引领作用。2019年，中央财经委第五次会议强调，要完善和落实主体功能区战略，细化主体功能区划分，按照主体功能定位划分政策单元，对重点开发地区、生态脆弱地区、能源资源地区等制定差异化政策，分类精准施策。

第二节　主体功能区的分类

主体功能区的理念与思路是对区域发展和国土空间开发模式的重大创新，有利于促进形成良好的开发秩序和优势互补、相互支撑的区域发展格局。

一、主体功能区的主要特性

（一）服务人与自然协调发展

把所辖范围的空间板块划分为各种类型的区域，是不同区域、不同层级的政府部门惯常的做法。但在一般情况下，这些区域的划分主要是为了解决经济社会发展中某些领域的特殊问题，或者是为了满足区域某些方面的需求，其功能的实现不会涉及经济社会发展大格局和大思路的调整。主体功能区的划分则不同，它是根据经济社会可持续发展的要求和各区域的现实条件和发展潜力，对各区域按其功能定位、发展方向和模式加以分类，以便对各区域进行分类管理，以促进人与自然的和谐相处。主体功能区的发展和演变对未来国土空间格局的形成、人口分布、经济布局、生态系统建设等具有长期和重大的影响。

（二）服务科学的国土空间治理

空间开发结构的理想状态是各区域能充分发挥资源禀赋优势，通过分工协作，实现区域经济社会发展、生态环境保护和区域间的协调发展。主体功能区战略在资源环境承载能力和国土空间开发适宜性评价的基础上，科学有序统筹布局生态、农业、城镇等功能空间，划定生态保护红线、永久基本农田、城镇开发边界等空间管控边界以及各类海域保护线，强化底线约束，为可持续发展预留空间。通过对各空间单元按照资源环境承载力和开发适宜度进行分类，分类引导或规制区域的开发活动，促进形成理想的空间开发结构。

（三）明确各区域承担的功能

绝大部分区域的要素是多元的，功能也是复合的。主体功能区突出的是区域的主要功能和主导作用，但又不排斥一般功能和特殊功能、辅助功能或附属功能的存在和发展，其按照主导用途分区，实现分区分类用途管控。主体功能区战略的基本要求是该区域未来的开发目标和方向必须符合主体功能的性质，但主体功能和作用的发挥并不排斥其他功能及其作用的发挥，关键是其他功能的发挥不能影响和破坏主体功能的发挥，或者说要以不影响和不破坏主体功能的建设为前提。

（四）促进空间整体功能最大化

主体功能区功能的确定，以空间整体的功能最大化、总体利益和长远利益的最大化为出发点和归宿，全面提升国土空间治理体系和治理能力现代化水平，推动形成生产空间集约高效，生活空间山清水秀、安全和谐，富有竞争力和可持续发展的国土空间格局。对一个特定区域的划分和功能定位不但考虑了该区域自身的资源环境承载能力和已有的开发强度，还考虑了其在周边甚至更大范围的区域内所具有的发展条件和比较优势，是放在一个大的空间系统里来统筹考虑其分工协作关系的。各类主体功能区之间的关系，是既有分工，又有合作，相辅相成，互促共进，在确保全局和整体利益的同时，各种类型区也能够实现各自合理的利益。

二、各类主体功能区的发展要求

（一）优化开发区

一般来说，各层级的优化开发区都是全国或各地区发展水平最高、发展基础最好、竞争力最强的地区。这些地区经过几十年的快速发展,已经成为全国或地区经济社会发展的先发和龙头地区,在参与国际产业分工、技术创新和高新技术产业发展、市场化建设、人口和经济集聚等方面发挥着主导作用。不论是在国家层面,还是在地区层面,都存在范围不等的一批具备优化开发区特征的区域。这些区域一方面是各地区经济社会发展和人口及各种生产要素集中的核心区域,另一方面也受到资源环境承载力的限制,未来在要素集聚和经济社会发展中仍然处于重要地位,但更多地需要依靠结构优化来实现发展。特别需要说明的是,和国外的同类型区域相比,不论是经济社会发展中的地位,还是人口和要素的集聚程度,国内的优化开发区域还没有达到理想的区域开发状态,集聚人口和经济活动的潜力仍然比较大,关键是要通过技术和制度创新,通过产业结构升级和转变增长方式,来进一步缓解资源环境压力,释放资源环境容量,协调经济社会发展与资源环境之间的矛盾。

概括起来看,优化开发区的主体功能定位是:依靠技术进步和制度创新,通过着力优化升级产业结构,促进形成集约型经济增长方式,缓解经济社会发展和资源环境之间存在的矛盾,建设成为提升国家(或地区)竞争力的重要区域,承载全国(或地区)人口和经济的密集区域,带动全国(或地区)经济社会发展的龙头区域。

(二)重点开发区

总体来看,各层级的重点开发区都是全国或各地区发展条件比较好,具有一定的发展基础,发展潜力巨大的地区。这些地区不论是其土地和水资源的保障能力、区位条件、交通可达性,还是对周边地区的辐射带动能力,以及在空间系统中的地位等,都具有一定的优势,适宜于进一步集中人口和经济要素,具备推进工业化和城市化、发展新兴产业、形成新的增长极和带动周边地区发展的能力,特别是能够成为承接优化开发区产业转移和限制开发区、禁止开发区人口转移的重要区域。与此同时,在其工业化和城镇化过程中,必须要适应新的发展理念和发展阶段的要求,借鉴和汲取先发地区的经验教训,注重人口、经济和资源环境的协调,重视发挥自身的综合优势。通过妥善处理好经济社会发展与资源有效利用和生态环境保护的关系，有选择地承接发达地区的产业转移，加快新兴产业的发展和运用高新技术改造传统产业，培育和提高技术创新能力，合理布局空间结构，防止土地城镇化和人口城镇化之间的不协调。加强市场经济体系建设，进一步提高资源配置效率，走新型工业化和城镇化道路。

概括起来看，重点开发区的主体功能定位是：依靠发挥区域综合优势和提高资源配置效率，通过促进人口和要素集聚，进一步壮大经济规模，促进产业结构合理化，实现人口、经济和资源环境相协调，建设成为支撑全国（或地区）经济发展的新兴龙头区域，推进全国（或地区）新型工业化和城镇化的重要区域，承接产业转移和人口集聚的重点区域。

（三）限制开发区（生态功能区）

限制开发区域类型多样，主要涉及五大类地区：草原湿地生态功能区、荒漠化防治区、森林生态功能区、水土严重流失地区和其他特殊功能区域（比如水源补给生态功能区、蓄滞洪区、自然灾害频发地区、水资源严重短缺地区等）。这类区域大多地处偏远和交通不便地区，人口分布相对稀疏、经济发展相对落后、基础设施条件差，除森林和部分条件较好的草原湿地生态功能区外，其他区域大多自然条件恶劣、生态脆弱、环境承载能力较弱，不适合大规模集聚人口和进行开发。同时，不少区域由于长期以来存在不合理的经济社会活动和对资源的过度开发，区域开发强度超过了资源环境承载能力，导致产生诸如森林减少、草场退化、物种减少、荒漠化和水土流失严重、水系紊乱、干旱缺水、沙尘暴肆虐、自然灾害不断等一系列问题，致使局部地区自然生态系统功能退化，并危及其他区域的生态安全。因此，限制开发区域是全国生态环境最为脆弱、人与自然关系矛盾最为突出的地区，不少地区亟待加强规划、保护和建设，同时也迫切需要通过明确这类地区主体功能，按照主体功能区建设和管理的思路进行综合治理，修复生态，缓解资源环境压力。此外，由于限制开发区域地域面积广，涉及人口数量巨大，也需要妥善解决支持和引导人口有序外迁与在资源环境可承载能力的范围内进行适度和有序开发的问题。

概括起来看，限制开发区的主体功能定位是：依靠政策支持和加大保护力度，通过促进超载人口有序外迁和适度开发，加强生态修复保护与扶贫开发，建设成为全国或区域性的重要生态功能区域，保障全国或区域性生态安全的重要区域，促进人口迁移和扶贫开发的重点区域。

（四）禁止开发区

禁止开发区主要包括自然保护区、世界文化自然遗产、重点风景名胜区、森林公园、地质公园等，这类区域基本上是自然生态系统、珍稀濒危野生动植物物种、自然景观、人文景观集中分布区，具有重要的自然生态功能和人文价值功能。与前三种主体功能区不同，禁止开发区域的设立、划定和管理体系相对成熟，法律法规相对健全。既有的法律规范对相关区域的概念、功能、范围、建设、管理、实施主体和法律责任等都作出了规定，对禁止开发区域的保护起到了积极作用。然而，全国 900 多个自然保护区大部分分布在中西部地区，有相当部分区域属于经济发展水平最低的区域，使得许多禁止开发区处于环保与增收的夹击之中。这种处境导致了一些禁止开发区内经常发生居民迫于生计进行的违反相关保护规定的开发活动。同时，在一些适于进行保护性开发的区域又不同程度地存在过度开发问题，比如游客超过景区容量、过度人工化等问题。此外，由于实行了多部门分头管理的体制，还存在各类保护区重叠设置等问题，影响了保护和管理的效果。

概括起来看，禁止开发区的主体功能定位是：依靠完善相关法规、政策和加强管理，通过严格禁止人为活动对自然文化遗产的负面影响和实施强制性保护，有限发展与禁止开发区功能相容的相关产业，切实保证自然文化遗产的原真性、完整性得到保护，建设成为保护自然生态系统和人文景观的重要区域、保护珍稀濒危野生动植物物种的天然集中分布区域、促进人口迁移的重点区域。

第三节　主体功能区战略的成效

2010年《全国主体功能区规划》颁布以来，特别是在国家"十二五"规划将主体功能区上升为国家战略后，各政府部门加快构建主体功能区政策体系，深入推动主体功能区规划的实施，取得了良好成效。

一、制度框架基本形成

经过近20年发展，建立了国省两级、陆海分列、以县级行政区为政策单元的主体功能区战略制度框架，形成了优化开发、重点开发、限制开发、禁止开发4类开发区域，城市化地区、农产品主产区和重点生态功能区3类功能区域，以及"两横三纵""七区二十三带""两屏三带"三大战略格局。陆域国土空间方面，综合《全国主体功能区规划》和各省主体功能区规划划定结果，全国2850个县级行政区中，优化开发区260个，重点开发区1008个，农产品主产区811个，重点生态功能区771个，县级行政区数量占比分别为9.1%、35.4%、28.5%和27.1%。按土地面积比重统计，4类功能区的土地面积比重分别为1.48%、13.6%、26.11%和58.81%。尽管以大规模城镇化工业化开发为主的优化开发区、重点开发区数量较多，但以生态保护为主的限制开发区在国土面积上占绝对优势。城镇化地区以约15%的国土面积承载了约55%的人口和75%的经济产出。

二、政策体系逐步完善

构建了包括财政、投资、产业、土地、农业、人口、民族、环境、应对气候变化九大政策，以及绩效考核评价体系的"9+1"主体功能区政策体系。"9+1"主体功能区政策体系通过将指定主体功能的县级行政区作为政策单元，匹配管控政策举措的做法，保障了主体功能区战略各项举措的实施。以实施效果最好的国家重点生态功能区转移支付政策为例，其覆盖范围逐年扩大，实现对除香港、澳门、台湾外 31 个省（区、市）的全覆盖。中央财政下达重点生态功能区转移支付资金规模从 2008 年的 60.52 亿元增加至 2021 年的 870.65 亿元，累计近 6773.65 亿元。13 年间，国家重点生态功能区转移支付补偿范围增加了 2.7 倍，年度补偿资金增加超过 14 倍。

三、国土空间格局进一步优化

推进主体功能区建设对各地科学编制国土空间规划、提升国土空间利用效率等做出了显著贡献。以主体功能区为基础，2022 年，自然资源部制定印发了《全国国土空间规划纲要（2021—2035 年）》及《市级国土空间总体规划编制指南》，推动编制省市县级国土空间规划和"多规合一"的实用性村庄规划，加快建设国土空间基础信息平台和国土空间规划"一张图"，以"三区三线"为基础合理规划城市建设、工业、居住、生态用地比例。通过加强主体功能区建设，全国初步形成以国土空间规划为基础，以统一用途管制等为手段的国土空间开发保护制度，重点开发区、优化开发区的开发强度与城市建成区规模得到有效控制，城镇化率稳步提升。农产品主产区的农业生产总规模持续攀升、粮食稳产保供功能稳健。禁止开发区在构建国家生态安全屏障、提供多元生态产品方面发挥日益重要作用。

第九章
脱贫攻坚的推进和成效

贫困是人类社会的顽疾，是全世界面临的共同挑战。我国是世界上最大的发展中国家，基础差、底子薄，发展不平衡，长期饱受贫困问题困扰，贫困规模之大、贫困分布之广、贫困程度之深世所罕见，贫困治理难度超乎想象。新中国成立后，国家一直采取有力措施推进扶贫减贫事业，持续取得了进展。党的十八大以来，国家采取了一系列强有力的举措，推动老少边贫等特殊类型困难地区跨越发展，着力补齐区域发展短板。经过艰苦努力，打赢了脱贫攻坚战，历史性地解决了绝对贫困问题，全面建成了小康社会。

第一节 贫困的界定与贫困标准

贫困既是一个绝对概念，也是一个相对概念，贫困和贫困标准的界定都在伴随经济社会的发展和居民收入增长水平而不断变化。

一、贫困的界定

贫困是伴随着人类发展而产生的一种经济社会现象。它包括绝对贫困和相对贫困两种基本类型。所谓绝对贫困，是指在特定的社会生产方式和生活方式下，个人和家庭依靠劳动所得或其他合法收入，不能满足基本的生存需要，生命的延续受到威胁。所谓相对贫困，一方面指随着社会经济的发展，贫困线不断提高而产生的贫困；另一方面指由同一时期不同地区之间、各阶层之间、各阶层内部不同成员之间的收入差别而产生的贫困。显然，相对贫困是与低收入概念紧密联系在一起的。在经济发展的初级阶段，由于发展水平较低，人们更多注重绝对贫困问题；而当经济进入中高级阶段，则更多关注的是相对贫困问题。

就绝对贫困来说，根据贫困成因的不同，一般可以从两个角度来界定贫困。"资源匮乏说"。如英国学者奥本海默认为贫困是指物质上的、社会上的和情感上的匮乏；国家统计局农调总队在《中国农村贫困标准研究》中指出，贫困一般指物质生活困难，他们缺乏某些必要的生活资料和服务，生活处于困难境地。"机会能力缺失说"。世界银行将贫困定义为缺少达到最低生活水准的能力；阿玛蒂亚·森则认为贫困意味着贫困人口缺少获取和享有正常生活的能力。事实上，贫困是由多方面因素引起的，特征也表现为多方面。世界银行指出贫困者有三个动态特征，一是缺少机会参与经济活动，二是在重大决策上没有发言权，三是易受到冲击的影响，如疾病、粮食危机、经济萧条等。这说明，贫困不单纯是经济的问题，还体现在发展机会、社会平等和政治参与等诸多方面。

二、中国的贫困标准

中国最早的农村贫困标准是国家统计局农调总队在1986年对全国6.7万户农村居民收支调查资料进行计算后得出的，主要是采用以基本生存需求为核心的生存绝对贫困概念作为计算农村贫困标准的基础。基本生存需求包括两部分：一部分是满足最低营养标准（2100大卡）的基本食物需求，另一部分是最低限度的衣着、住房、交通、医疗及其他社会服务的非食品消费需求。前者为食物贫困线，后者为非食物贫困线，二者之和就是贫困标准。经测算，1985年中国农村贫困标准为206元，之后，根据物价指数的变动逐年调整，1990年为300元，2000年为625元，2005年为683元，2007年为785

元。可以看出，自改革开放以来，随着经济发展水平的不断提高，中国的农村贫困标准也在逐步提高。1978—2007年，中国的农村贫困标准从100元提高到785元，增加了6.85倍。

从2000年开始，国家统计局根据国家扶贫规划，开始对绝对贫困人口和低收入人口采取差别化的识别标准。2008年，我国将贫困标准调整为1067元/人·年。2011年，根据世界银行提出的按购买力平价计算1天1美元的标准，结合我国经济社会发展情况，我国将贫困标准调整为2010年不变价的2300元/人·年，比2009年的1196元提高了90%多，由此识别贫困人口9899万人。1986年，我国贫困线相当于全国农民平均收入的37.7%，2008年为22.8%，2010年提升到38.9%。可以说，党的十八大以来脱贫攻坚的成就，是在相对最高的贫困标准下实现的。

2015年，中共中央政治局审议通过《关于打赢脱贫攻坚战的决定》，明确了打赢脱贫攻坚战中贫困人口脱贫、贫困村退出、贫困县摘帽的标准为：贫困人口脱贫以户为单位，主要衡量指标是"一超过、两不愁、三保障"。具体标准是：该户年人均纯收入稳定超过国家扶贫标准且吃穿不愁、有安全饮水，义务教育、基本医疗、住房安全有保障，共6项指标，全部达标后方可脱贫（2020年贫困人口脱贫验收的标准为当年人均纯收入稳定超过4000元）。贫困村退出以贫困发生率为主要衡量指标，统筹考虑村内产业发展、基础设施和基本公共服务等综合因素，共4类11项指标，均为否决指标，全部达标后方可退出。2020年贫困村退出的具体标准是：贫困人口全部脱贫；产业发展方面，有主导产业、有农民专业合作组织、有集体经济收入（2020年当年收入达到2万元以上）；基础设施方面，建制村通硬化路、自然村通动力电、人居环境干净整洁；基本公共服务方面，义务教育阶段适龄学生有学上、有村卫生室、基本养老保险全覆盖、最低生活保障应保尽保。贫困县摘帽以贫困发生率、贫困村退出比例为衡量指标，全部达标后方可摘帽。2020年贫困县摘帽的具体标准是：所有建档立卡贫困人口全部脱贫，所有贫困村全部退出。

脱贫攻坚和区域协调发展是有机统一的，贫困地区大部分位于区域政策的重点援助地区，按照区域划分，我国农村贫困人口主要集中在西部地区、重点扶贫县和粮食主产区。在当时扶贫开发工作重点县592个，其中东部72个、中部204个、西部316个，分别占全国的12.2%、34.4%和53.4%，西部地区的贫困发生率也明显高于东部和中部地区。西部的农村贫困人口主要分布在贵州、云南、西藏、甘肃、青海、新疆等省（区），其中50%以上的贫困人口居住在资源匮乏、环境恶劣的深山区、石山区、高寒山区和黄土高原地区。

第二节　扶贫开发和脱贫攻坚的历史演进

脱贫奔小康是中华民族自古以来不懈追求的梦想。早在两千多年前，《诗经》就有"民亦劳止，汔可小康。惠此中国，以绥四方"的诗句，反映了中国先人对美好生活的向往和追求。千百年来，中国人民一直梦想摆脱贫困，实现小康。中国共产党一经诞生，就把为中国人民谋幸福、为中华民族谋复兴确立为自己的初心使命。100多年来，中国共产党团结带领中国人民接续奋斗，历史性地消除了绝对贫困，全面建成了小康社会，在扶贫开发和脱贫攻坚的历史上，写下了浓墨重彩的一笔。

一、社会主义革命和建设时期

新中国成立后，面对极其贫穷落后的社会发展状况，以毛泽东同志为主要代表的中国共产党人选择了从改造旧的生产关系即经济基础入手彻底改变中国贫穷落后的面貌，通过社会主义改造建立了社会主义经济基础，领导人民走上了社会主义道路。1955年7月31日，在中共中央召集的省委、市委、自治区党委书记会议上，毛泽东同志作《关于农业合作化问题》的报告，指出："全国大多数农民，为了摆脱贫困，改善生活，为了抵御灾荒，只有联合起来，向社会主义大道前进，才能达到目的。"在 1957 年发表的《关于正确处理人民内部矛盾的问题》一文中，毛泽东同志明确提出要在几年内使现在还存在的农村中一小部分缺粮户不再缺粮，除了专门经营经济作物的某些农户以外，统统变为余粮户或者自给户，使农村中没有了贫农，使全体农民达到中农和中农以上的生活水平。《1956 年到 1967 年全国农业发展纲要》明确提出，农业合作社对于社内缺乏劳动力、生活没有依靠的鳏寡孤独的社员，在生活上给予适当照顾，做到保吃、保穿、保烧（燃料）、保教（儿童和少年）、保葬，使他们的生养死葬都有指靠。在新中国极端贫穷落后的生产力基础上，引导广大农民通过互助合作方式走上社会主义道路，这无疑是从根本上解决中国贫困问题的重要探索。同时，我们党带领人民艰辛探索社会主义建设道路的重要成果也为中国特色社会主义道路的开辟奠定了坚实的物质、理论和制度基础。

二、改革开放和社会主义现代化建设新时期

1978 年，中共十一届三中全会召开标志着我国进入了改革开放和社会主义现代化建设时期。改革开放初期，我国总体经济发展仍处在较低水平。按照当时确定的贫困标准，1978 年，农村贫困人口为 2.5 亿人，占农村总人口的 30.7%。这种严峻的贫困现实以及人民群众迫切要求尽快摆脱贫困、走向富裕之路的愿望，要求我们党和政府必须通过改革开放解放和发展生产力，尽快实现全体人民的共同富裕。在摆脱贫穷的基础上实现共同富裕是社会主义的本质要求。1992 年年初，邓小平同志在南方谈话中指出："社会主义的本质，是解放生产力，发展生产力，消灭剥削，消除两极分化，最终达到共同富裕"。从 1986 年开始，我国开始实施有计划、有组织、大规模的农村扶贫开发。1994 年，中共中央、国务院颁布了《国家八七扶贫攻坚计划（1994—2000 年）》，对扶贫开发做出了宏观规划和设计。1997 年 9 月，党的十五大报告强调，"国家从多方面采取措施，加大扶贫攻坚力度，到 20 世纪末基本解决农村贫困人口的温饱问题"。进入 21 世纪后，我国扶贫开发的战略重点开

始从解决温饱为主转入巩固温饱成果、加快脱贫致富的阶段。2002年11月召开的党的十六大再次强调，要提高扶贫开发水平，加大对革命老区、民族地区、边疆地区、贫困地区发展扶持力度。2007年10月，党的十七大报告指出，改革开放使人民生活从温饱不足发展到总体小康，农村贫困人口从两亿五千多万减少到两千多万，明确提出着力提高低收入者收入，逐步提高扶贫标准和最低工资标准等民生建设目标任务，使扶贫攻坚任务继续向纵深发展。2011年，中共中央、国务院颁布了《中国农村扶贫开发纲要（2011—2020年）》，明确要求把集中连片特殊困难地区作为主战场，把稳定解决扶贫对象温饱、尽快实现脱贫致富作为首要任务，实行扶贫开发和农村最低生活保障制度有效衔接。

改革开放以来到党的十八大前的减贫史大体可分为4个阶段。

第一阶段，1978—1985年。1978年，中国政府开始对土地经营制度进行改革，同时采取逐步放开农产品价格以及推进农村工业化等多项措施，初步缓解了农村贫困现象。从1978年至1985年，农村贫困人口从2.5亿人减少到1.25亿人，贫困发生率由30.7%下降到14.8%。

第二阶段，1986—1994年。1986年，国务院正式成立扶贫开发领导小组办公室（原贫困地区经济开发领导小组办公室），安排了专项资金，制定了专门的优惠政策，确定了开发式扶贫方针。到1993年年底，中国农村贫困人口由1.25亿人减少到8000万人，贫困发生率由14.8%减少到8.7%。1994年，国家实施"八七"扶贫攻坚计划，农村贫困人口减少到7500万，年均减贫约625万人。

第三阶段，1994—2000年。以满足贫困人口的基本需求为目标，中国政府颁布了《国家"八七"扶贫攻坚计划》，并使国家扶贫开发工作重点县增加到592个。7年时间实际减贫近4800万人，年均减贫约684万人。到2000年底，国家"八七"扶贫攻坚目标基本实现。

第四阶段，2001—2010年。2001年，国家制定并颁布实施了《中国农村扶贫开发纲要（2001—2010年）》，明确提出继续解决和巩固农村贫困人口温饱问题、促进贫困地区全面发展、为达到小康水平创造条件的奋斗目标。农村反贫困政策实施以来,中国农村的绝对贫困人口数量持续下降,扶贫重点县的贫困状况也得到了明显缓解。2010年,农村贫困人口由2001年的9029万人减少到2588万人,年均减贫约634万人。

三、中国特色社会主义新时代

国际经验表明,当一国贫困人口占总人口的10%以下时,减贫就进入最艰难阶段。2012年,中国这一比例为10.2%。党的十八大以来,中共中央从全面建成小康社会大局出发,把扶贫开发摆在治国理政的突出位置,纳入"五位一体"总体布局和"四个全面"战略布局,全面实施精准扶贫、精准脱贫方略,全面打响脱贫攻坚战。党的十八大强调,要深入推进新农村建设和扶贫开发,全面改善农村生产生活条件,努力让人民过上更好生活。党的十九大后,中共中央把打好脱贫攻坚战作为全面建成小康社会的三大攻坚战之一,中共十九届四中全会对脱贫攻坚作出新部署,强调要坚决打赢脱贫攻坚战,建立解决相对贫困的长效机制。

中共中央始终把消除贫困、实现共同富裕视为社会主义的本质要求和党的重要使命,2013年2月28日,在中共十八届二中全会上,习近平同志指出:"贫穷不是社会主义。如果贫困地区长期贫困,面貌长期得不到改变,群众生活长期得不到明显提高,那就没有体现我国社会主义制度的优越性,那也不是社会主义。"从社会主义本质要求和党的初心使命出发,把扶贫开发工作的战略地位和作用提高到了前所未有的高度。2013年,"精准扶贫"概念被首次提出。同年底,中共中央办公厅、国务院办公厅印发《关于创新机制扎实推进农村扶贫开发工作的意见》,对精准扶贫战略和相关政策体系进行了顶层设计。2015年,中共中央、国务院印发《关于打赢脱贫攻坚战的决定》,正式把精准扶贫、精准脱贫作为扶贫开发的基本方略,并开始全面打响脱贫攻坚这场具有重大历史意义的重大战役。2017年,党的十九大报告明确提出了坚决打赢脱贫攻坚战的战略任务,强调让贫困人口和贫困地区同全国一道进入全面小康社会是我们党的庄严承诺。

至2020年，我国脱贫攻坚战取得了全面胜利，现行标准下9899万农村贫困人口全部脱贫，832个贫困县全部摘帽，12.8万个贫困村全部出列，区域性整体贫困得到解决，完成了消除绝对贫困的艰巨任务。我国建档立卡贫困人口人均纯收入从2015年的2982元增加到2020年的10740元，960多万人通过易地搬迁"拔掉穷根"，2568万贫困群众的危房得到系统改造，10.8万所贫困地区义务教育薄弱学校得到改造，义务教育、基本医疗、住房安全和饮水安全有保障，脱贫群众获得感、幸福感、安全感显著增强。

2021年，中国宣布消除绝对贫困。联合国称"这一重大成就为实现2030年可持续发展议程所描绘的更加美好和繁荣的世界作出了重要贡献"，"中国取得的非凡成就为整个国际社会带来了希望，提供了激励"。

第三节 脱贫攻坚的基本方略

对于贫困人口规模庞大的国家，找准贫困人口、实施扶真贫是普遍性难题。中国在脱贫攻坚实践中，积极借鉴国际经验，紧密结合中国实际，创造性地提出并实施精准扶贫方略，着力解决好扶持谁、谁来扶、怎么扶、如何退、如何稳"五个问题"，增强了脱贫攻坚的目标针对性，提升了脱贫攻坚的整体效能。

一、通过精准识别建档立卡解决"扶持谁"的问题

扶贫必先识贫。中国贫困人口规模大、结构复杂，实现精准扶贫首先要精准识贫。科学制定贫困识别的标准和程序，组织基层干部进村入户，摸清贫困人口分布、致贫原因、帮扶需求等情况。贫困户识别以农户收入为基本依据，综合考虑住房、教育、健康等情况，通过农户申请、民主评议、公示公告、逐级审核的方式，进行整户识别；贫困村识别综合考虑行政村贫困发

生率、村民人均纯收入和村集体经济收入等情况，按照村委会申请、乡政府审核公示、县级审定公告等程序确定。对识别出的贫困村和贫困人口建档立卡，建立起全国统一的扶贫信息系统。组织开展"回头看"，实行动态管理，及时剔除识别不准人口、补录新识别人口，提高识别准确率。建档立卡在中国扶贫史上第一次实现贫困信息精准到村到户到人，精确瞄准了脱贫攻坚的对象，第一次逐户分析致贫原因和脱贫需求，第一次构建起国家扶贫信息平台，为实施精准扶贫精准脱贫提供了有力的数据支撑。

二、通过加强领导建强队伍解决"谁来扶"的问题

脱贫攻坚涉及面广、要素繁多、极其复杂，需要强有力的组织领导和贯彻执行。充分发挥党的政治优势、组织优势，建立中央统筹、省负总责、市县抓落实的脱贫攻坚管理体制和片为重点、工作到村、扶贫到户的工作机制，构建起横向到边、纵向到底的工作体系。实行最严格的考核评估和监督检查，组织脱贫攻坚专项巡视，开展扶贫领域腐败和作风问题专项治理，加强脱贫攻坚督导和监察，确保扶贫工作务实、脱贫过程扎实、脱贫结果真实，使脱贫攻坚成果经得起实践和历史检验。加强基层扶贫队伍建设，普遍建立干部驻村帮扶工作队制度，按照因村派人、精准选派的原则，选派政治素质好、工作能力强、作风实的干部驻村扶贫。

三、通过区分类别靶向施策解决"怎么扶"的问题

贫困的类型和原因千差万别，开对"药方子"才能拔掉"穷根子"。中国在减贫实践中，针对不同情况分类施策、对症下药，因人因地施策，因贫困原因施策，因贫困类型施策，通过实施"五个一批"实现精准扶贫。

（一）发展生产脱贫一批

发展产业是脱贫致富最直接、最有效的办法，也是增强贫困地区造血功能、帮助贫困群众就地就业的长远之计。支持和引导贫困地区因地制宜发展特色产业，鼓励支持电商扶贫、光伏扶贫、旅游扶贫等新业态新产业发展，

依托东西部扶贫协作推进食品加工、服装制造等劳动密集型产业梯度转移，一大批特色优势产业初具规模，增强了贫困地区经济发展动能。为贫困户提供扶贫小额信贷支持，培育贫困村创业致富带头人，建立完善带贫机制，鼓励和带领贫困群众发展产业增收致富。

（二）易地搬迁脱贫一批

对生活在自然环境恶劣、生存条件极差、自然灾害频发地区，很难实现就地脱贫的贫困人口，实施易地扶贫搬迁。充分尊重群众意愿，坚持符合条件和群众自愿原则，加强思想引导，不搞强迫命令。全面摸排搬迁对象，精心制定搬迁规划，合理确定搬迁规模，有计划有步骤稳妥实施。对搬迁后的旧宅基地实行复垦复绿，改善迁出区生态环境。加强安置点配套设施和产业园区、扶贫车间等建设，积极为搬迁人口创造就业机会，保障他们有稳定的收入，同当地群众享受同等的基本公共服务，确保搬得出、稳得住、逐步能致富。

（三）生态补偿脱贫一批

践行"绿水青山就是金山银山"理念，坚持脱贫攻坚与生态保护并重，在加大贫困地区生态保护修复力度的同时，增加重点生态功能区转移支付，不断扩大政策实施范围，让有劳动能力的贫困群众就地转为护林员等生态保护人员。贫困群众积极参与国土绿化、退耕还林还草等生态工程建设和森林、草原、湿地等生态系统保护修复工作，发展木本油料等经济林种植及森林旅游，不仅拓宽了增收渠道，也明显改善了贫困地区生态环境，实现了"双赢"。

（四）发展教育脱贫一批

坚持再穷不能穷教育、再穷不能穷孩子，加强教育扶贫，不让孩子输在起跑线上，努力让每个孩子都有人生出彩的机会，阻断贫困代际传递。持续提升贫困地区学校、学位、师资、资助等保障能力，全面实现适龄少年儿童义务教育有保障。实施定向招生、学生就业、职教脱贫等倾斜政策，拓宽贫困学生纵向流动渠道。开展民族地区农村教师和青壮年农牧民国家通用语言文字培训，提升民族地区贫困人口就业能力。

（五）社会保障兜底一批

聚焦特殊贫困群体，落实兜底保障政策。实施特困人员供养服务设施改造提升工程，集中供养能力显著增强。农村低保制度与扶贫政策有效衔接，扶贫部门与民政部门定期开展数据比对、摸排核实，实现贫困人口"应保尽保"。

此外，国家大力推进就业扶贫，通过免费开展职业技能培训、东西部扶贫协作劳务输出、扶贫车间和扶贫龙头企业吸纳、返乡创业带动、扶贫公益性岗位安置等形式，支持有劳动能力的贫困人口在本地或外出务工、创业。开展健康扶贫工程，把健康扶贫作为脱贫攻坚重要举措，防止因病致贫返贫。深入实施网络扶贫工程，支持贫困地区特别是"三区三州"等深度贫困地区，完善网络覆盖，推进"互联网+"扶贫模式。实施资产收益扶贫，把中央财政专项扶贫资金和其他涉农资金投入设施农业、光伏、乡村旅游等项目形成的资产，折股量化到贫困村，推动产业发展，增加群众收入，破解村集体经济收入难题。

四、通过严格标准有序退出解决"如何退"的问题

建立贫困退出机制，明确贫困县、贫困村、贫困人口退出的标准和程序，既防止数字脱贫、虚假脱贫等"被脱贫"，也防止达到标准不愿退出等"该退不退"。制定脱贫摘帽规划和年度减贫计划，确保规范合理有序退出。严格执行退出标准，严格规范工作流程，贫困人口退出实行民主评议，贫困村、贫困县退出进行审核审查，退出结果公示公告，让群众参与评价，做到程序公开、数据准确、档案完整、结果公正。强化监督检查，每年委托第三方对摘帽县和脱贫人口进行专项评估，重点抽选条件较差、基础薄弱的偏远地区，重点评估脱贫人口退出准确率、摘帽县贫困发生率、群众帮扶满意度，确保退出结果真实。开展国家脱贫攻坚普查，全面准确摸清贫困人口脱贫实现情况。贫困人口、贫困村、贫困县退出后，在一定时期内原有扶持

政策保持不变，摘帽不摘责任，摘帽不摘帮扶，摘帽不摘政策，摘帽不摘监管，留出缓冲期，确保稳定脱贫。

五、通过跟踪监测防止返贫解决"如何稳"的问题

稳定脱贫不返贫才是真脱贫。对脱贫县，从脱贫之日起设立5年过渡期，过渡期内保持主要帮扶政策总体稳定，对现有帮扶政策逐项分类优化调整，逐步由集中资源支持脱贫攻坚向全面推进乡村振兴平稳过渡。健全防止返贫动态监测和帮扶机制，对脱贫不稳定户、边缘易致贫户，以及因病因灾因意外事故等刚性支出较大或收入大幅缩减导致基本生活出现严重困难户，开展定期检查、动态管理，做到早发现、早干预、早帮扶，防止返贫和产生新的贫困。继续支持脱贫地区乡村特色产业发展壮大，持续促进脱贫人口稳定就业。做好易地搬迁后续扶持，多渠道促进就业，强化社会管理，促进社会融入，确保搬迁群众稳得住、有就业、逐步能致富。坚持和完善驻村第一书记和工作队、东西部协作、对口支援、社会帮扶等制度。继续加强扶志扶智，激励和引导脱贫群众靠自己努力过上更好生活。开展巩固脱贫成果后评估工作，压紧压实各级党委和政府责任，坚决守住不发生规模性返贫的底线。

第四节　脱贫攻坚的伟大成就

脱贫攻坚战取得全面胜利，创造了中国减贫史乃至人类减贫史上的伟大奇迹，极大增强了中华民族的自信心、自豪感和凝聚力、向心力，极大增强了中国人民的道路自信、理论自信、制度自信、文化自信，极大增强了中国人民创造更加美好生活的信心和底气。

一、历史性解决区域性贫困问题

（一）创造了减贫史上最好成绩

连续 7 年每年减贫人口都在 1000 万人以上，贫困人口从 2012 年年底的 9899 万人减到零，贫困发生率由 2012 年底的 10.2% 降至零，打破了前两轮扶贫每当贫困人口减到 3000 万左右就减不动的瓶颈。全国 832 个贫困县全部摘帽，区域性整体贫困基本得到解决。

（二）贫困地区农村居民收入增长迅速

2013 年至 2020 年，贫困地区农村居民人均可支配收入由 6079 元增加到 12588 元，年均增长 11.6%，比同期全国农民人均可支配收入增幅高 2.3 个百分点。值得一提的是，2020 年集中连片特困地区农村居民人均可支配收入为 12420 元，增速高于全国农村平均水平。

（三）深度贫困地区区域性整体贫困得到有效解决

深度贫困地区脱贫攻坚多个方面取得了标志性进展，特别是"三区三州"贫困人口大幅减少。根据国务院扶贫办建档立卡数据，2019 年，"三区三州"贫困人口从 2013 年的 532 万减少到零，贫困人口"两不愁三保障"主要问题基本解决，深度贫困地区基础设施和公共服务保障水平明显提升，贫困群众的获得感、满意感明显增强。

（四）贫困地区农村治理能力明显提升

坚持推进抓党建促脱贫攻坚，通过组织开展贫困识别、精准帮扶、贫困退出，基层党组织的战斗堡垒作用和共产党员的先锋模范作用得到充分发挥，农村基层党组织凝聚力和战斗力明显增强，农村基层治理能力和管理水平明显提高，党群干群关系不断改善，党在农村的执政基础进一步巩固。新冠肺炎疫情防控中，贫困地区基层干部展现出较强的战斗力，许多驻村工作队拉起来就是防"疫"队、战"疫"队，呈现了干部经受脱贫工作历练的成果。

(五)为全球减贫事业提供了重要借鉴

从减贫速度看,中国明显快于全球。世界银行发布的数据显示,按照每人每天1.9美元的国际贫困标准,1981—2015年,我国贫困发生率累计下降了87.6个百分点,年均下降2.6个百分点,同期全球贫困发生率累计下降32.2个百分点,年均下降0.9个百分点。特别是2013年实施精准扶贫以来,我国每年减少贫困人口1300多万,八年减少9899万,有力加快了全球减贫进程,为其他发展中国家树立了标杆,提供了榜样,坚定了全世界消除贫困的信心。

二、贫困人口生活水平显著提升

经过脱贫攻坚战,贫困人口的收入和福利水平大幅提高,"两不愁三保障"全面实现,教育、医疗、住房、饮水等条件明显改善,既满足了基本生存需要,也为后续发展奠定了基础。脱贫攻坚的阳光照耀到每一个角落,贫困群众的生活发生了巨大变化。

(一)贫困人口收入水平持续提升

贫困地区农村居民人均可支配收入增长持续快于全国农村。贫困人口工资性收入和经营性收入占比逐年上升,转移性收入占比逐年下降,自主增收脱贫能力稳步提高。少数民族和民族地区脱贫攻坚成效显著,2016年至2020年,内蒙古、广西、西藏、宁夏、新疆和贵州、云南、青海三个多民族省份贫困人口累计减少1560万人。28个人口较少民族全部实现整族脱贫,一些新中国成立后"一步跨千年"进入社会主义社会的"直过民族",又实现了从贫穷落后到全面小康的第二次历史性跨越。

(二)"两不愁三保障"全面实现

脱贫攻坚普查显示,贫困户全面实现不愁吃、不愁穿,平时吃得饱且能适当吃好,一年四季都有应季的换洗衣物和御寒被褥。贫困人口受教育的机会显著增多、水平持续提高,农村贫困家庭子女义务教育阶段辍学问题实现动态清零,2020年贫困县九年义务教育巩固率达到94.8%。持续完善县乡村三级医疗卫生服务体系，贫困人口全部纳入基本医疗保险、大病保险、医疗救助三重制度保障范围，实施大病集中救治、慢病签约管理、重病兜底保障等措施，99.9%以上的贫困人口参加基本医疗保险，全面实现贫困人口看病有地方、有医生、有医疗保险制度保障，看病难、看病贵问题有效解决。实施农村危房改造，贫困人口全面实现住房安全有保障。实施农村饮水安全和巩固提升工程，累计解决2889万贫困人口的饮水安全问题，饮用水量和水质全部达标，3.82亿农村人口受益；贫困地区自来水普及率从2015年的70%提高到2020年的83%。

三、贫困地区落后面貌根本改变

脱贫攻坚战不仅使农村贫困人口全部脱贫，而且使贫困地区经济社会发展大踏步赶上来，整体面貌发生历史性巨变。

（一）基础设施显著改善

国家把基础设施建设作为脱贫攻坚基础工程，集中力量，加大投入，全力推进，补齐了贫困地区基础设施短板，推动了贫困地区经济社会快速发展。以建好、管好、护好、运营好农村公路（简称"四好农村路"）为牵引，贫困地区外通内联、通村畅乡、客车到村、安全便捷的交通运输网络基本形成。截至2020年年底，全国贫困地区新改建公路110万公里、新增铁路里程3.5万公里，贫困地区具备条件的乡镇和建制村全部通硬化路、通客车、通邮路，贫困地区因路而兴、因路而富。贫困地区水利基础设施条件逐步改善，2016年以来，新增和改善农田有效灌溉面积534.3万公顷，新增供水能力181亿立方米，水利支撑贫困地区发展的能力显著增强。贫困地区用电条件大幅提升，实施无电地区电力建设、农村电网改造升级、骨干电网和输电通道建设等电网专项工程，农村地区基本实现稳定可靠的供电服务全覆盖，供电能力和服务水平明显提升。贫困地区通信设施建设加快，贫困村通光纤和4G比例均超过98%，远程教育加快向贫困地区学校推进，远程医疗、电子商务覆盖所有贫困县，贫困地区信息化建设实现跨越式发展。

（二）基本公共服务水平明显提升

在解决好贫困人口吃饭、穿衣、居住等温饱问题基础上，大力提升贫困地区教育、医疗、文化、社会保障等基本公共服务水平，实现贫困人口学有所教、病有所医、老有所养、弱有所扶，为贫困地区发展夯实基础、积蓄后劲。2013年以来，累计改造贫困地区义务教育薄弱学校10.8万所，实现贫困地区适龄儿童都能在所在村上幼儿园和小学。贫困地区公共文化服务水平不断提高，2020年中西部22个省份基层文化中心建设完成比例达到99.48%，基本实现村级文化设施全覆盖；持续推进文化下乡，贫困群众也有了丰富多彩的业余文化生活。贫困地区医疗条件显著改善，消除了乡村两级医疗卫生机构和人员"空白点"，98%的贫困县至少有一所二级以上医院，贫困地区县级医院收治病种中位数达到全国县级医院整体水平的90%，贫困人口的常见病、慢性病基本能够就近获得及时诊治，越来越多的大病在县域内就可以得到有效救治。综合保障体系逐步健全，贫困县农村低保标准全部超过国家扶贫标准，1936万贫困人口纳入农村低保或特困救助供养政策；6098万贫困人口参加了城乡居民基本养老保险，基本实现应保尽保。

（三）经济持续快速发展

脱贫攻坚极大释放了贫困地区蕴含的潜力，为经济发展注入强大动力。产业结构显著改善，特色优势产业不断发展，电子商务、光伏、旅游等新业态新产业蓬勃兴起，推动了贫困地区经济多元化发展，扩大了市场有效供给，厚植了经济发展基础。贫困地区的地区生产总值持续保持较快增长，2015年以来，人均一般公共预算收入年均增幅高出同期全国平均水平约7个百分点。收入的持续稳定增长，激发了贫困群众提升生活品质、丰富精神文化生活的需求，拉动了庞大的农村消费，为促进国内大循环提供了支撑。

四、脱贫群众精神风貌焕然一新

脱贫攻坚既是一场深刻的物质革命，也是一场深刻的思想革命；既取得了物质上的累累硕果，也取得了精神上的累累硕果。贫困群众的精神世界在脱贫攻坚中得到充实和升华，信心更坚、脑子更活、心气更足，发生了从内而外的深刻改变。

（一）脱贫致富热情高涨

脱贫攻坚不仅使贫困群众拓宽了增收渠道、增加了收入，而且唤醒了贫困群众对美好生活的追求，极大提振和重塑了贫困群众自力更生、自强不息、勤劳致富、勤俭持家，创业干事、创优争先的精气神，增强了脱贫致富的信心和劲头。"好日子是干出来的"，贫困群众比着把日子往好里过，依靠自己的辛勤劳动摆脱贫困，形成了你追我赶奔小康的浓厚氛围。

（二）主人翁意识显著提升

脱贫攻坚为贫困群众参与集体事务搭建了新的平台。扶贫项目实施、资金使用等村级重大事项决策，实行"四议两公开"，建立健全村务监督机制，推广村民议事会、扶贫理事会等制度，让村民做到"大家的事大家议、大家办"，拓展了贫困群众参与脱贫攻坚的议事管事空间，提高了参与集体事务的积极性自觉性，激发了建设家乡的热情，乡村发展的凝聚力大大增强。

（三）现代观念不断增强

脱贫攻坚打开了贫困地区通往外部世界的大门。交通基础设施的改善打通了贫困地区与外界的联系，公共文化事业的发展丰富了贫困群众的精神文化生活，网络的普及让贫困群众增长了见识、开阔了视野。贫困群众的开放意识、创新意识、科技意识、规则意识、市场意识等显著增强，脱贫致富的点子越来越多、路子越来越宽。

（四）文明新风广泛弘扬

通过深化贫困地区文明村镇和文明家庭、"五好家庭"创建，持续推进新时代文明实践中心建设，发挥村规民约作用，推广道德评议会、红白理事会等做法，开展移风易俗行动，开展弘扬好家风、"星级文明户"评选、寻找"最美家庭"等活动，社会主义核心价值观广泛传播，贫困地区文明程度显著提升。俭朴节约、绿色环保、讲究卫生等科学、健康、文明的生活方式成为贫困群众的新追求，婚事新办、丧事简办、孝亲敬老、邻里和睦、扶危济困、扶弱助残等社会风尚广泛弘扬，既有乡土气息又有现代时尚的新时代乡村文明新风正在形成。

五、特殊困难群体生存发展权利有效保障

中国高度重视妇女、儿童、老人和残疾人等群体中特殊困难人员的生存和发展，采取特殊政策，加大帮扶力度，特殊困难群体的福利水平持续提高，生存权利充分保障，发展机会明显增多。

（一）贫困妇女生存发展状况显著改善

坚持男女平等基本国策，将妇女作为重点扶贫对象，实现脱贫的近1亿贫困人口中妇女约占一半。实施《中国妇女发展纲要（2011—2020年）》，把缓解妇女贫困程度、减少贫困妇女数量放在优先位置，扶贫政策、资金、措施优先向贫困妇女倾斜，帮助贫困妇女解决最困难最忧虑最急迫的问题。累计对1021万名贫困妇女和妇女骨干进行各类技能培训，500多万名贫困妇女通过手工、种植养殖、家政、电商等增收脱贫。累计发放妇女小额担保贷款和扶贫小额信贷4500多亿元，870万名妇女通过小额担保贷款和扶贫小额信贷实现创业增收。19.2万名贫困患病妇女获得救助，妇女宫颈癌、乳腺癌免费检查项目在贫困地区实现全覆盖。通过"母亲水窖""母亲健康快车""母亲邮包"等公益项目，投入公益资金41.7亿元，惠及贫困妇女5000余万人次。

（二）困境儿童关爱水平明显提高

实施《中国儿童发展纲要（2011—2020年）》《国家贫困地区儿童发展规划（2014—2020年）》，对儿童教育和健康实施全过程保障和干预。开展儿童营养知识宣传和健康教育，实施贫困地区儿童营养改善项目，提高贫困地区儿童健康水平，为集中连片特困地区6—24月龄婴幼儿每天免费提供1包辅食营养补充品，截至2020年年底，累计1120万儿童受益。组织各类志愿者与孤儿、农村留守儿童、困境儿童结对，开展关爱帮扶，覆盖儿童和家长2519.2万人次。建立儿童之家28万余所、儿童快乐家园1200余个，为留守、困境儿童提供文体娱乐、心理疏导、生活照顾、家教指导等关爱服务。大幅

提高孤儿保障水平，机构集中养育孤儿和社会散居孤儿平均保障标准分别达到每人每月 1611.3 元和 1184.3 元。实施孤儿医疗康复明天计划项目，累计投入 17 亿元、惠及 22.3 万名病残孤儿。实施福彩梦圆孤儿助学工程，累计投入 5.4 亿元、惠及在校就读孤儿 5.4 万人次。建立事实无人抚养儿童保障制度，25.3 万名事实无人抚养儿童参照当地孤儿保障标准纳入保障范围。

（三）贫困老年人生活和服务保障显著改善

持续提高农村养老金待遇和贫困老年人口医疗保障水平，农村老年人口贫困问题进一步解决。经济困难的高龄、失能等老年人补贴制度全面建立，惠及 3689 万老年人。实施老年健康西部行项目，在西部贫困地区开展老年健康宣传教育，组织医务人员、志愿者开展义诊和健康指导服务，促进西部老年人健康素养和健康水平提高。建立农村留守老年人关爱服务制度，推动贫困老年人医疗保障从救治为主向健康服务为主转变。加强失能贫困老年人关爱照护，全面开展核查，确认 62.7 万失能贫困老年人，落实家庭医生签约服务 59 万人，失能贫困老年人健康状况明显改善。

（四）贫困残疾人保障水平全面提升

700 多万贫困残疾人如期脱贫，创造了人类减贫史上残疾人特殊困难群体消除贫困的奇迹。困难残疾人生活补贴和重度残疾人护理补贴制度惠及 2400 多万残疾人。1066.7 万残疾人纳入最低生活保障。贫困残疾人全部纳入基本医疗保险、大病保险，54.7 万贫困残疾人得到医疗救助。178.5 万户贫困残疾人家庭住房安全问题得到解决。贫困残疾人的特殊需求得到更好保障，8 万余名家庭经济困难的残疾儿童接受普惠性学前教育。65.3 万户贫困重度残疾人家庭完成无障碍改造，贫困重度残疾人照护服务创新实践取得显著成效。

六、革命老区脱贫攻坚取得重要进展

为加大对革命老区支持力度，2012 年以来，国务院先后批准了支持赣南等原中央苏区和陕甘宁、左右江、大别山、川陕等革命老区振兴发展的政策文件，部署实施了一批支持措施和重大项目，助力革命老区如期打赢脱贫攻坚战，持续改善基本公共服务，发挥特色优势推进高质量发展，为全面建成小康社会作出了积极贡献。至 2020 年，全国 397 个贫困老区县全部脱贫摘帽，老区生产生活条件明显改善，贫困人口全部脱贫，完成 330 万人易地扶贫搬迁任务，占全国的 30%。革命老区经济社会发展水平明显提升。赣闽粤原中央苏区 2020 年地区生产总值 28381 亿元，比 2012 年增长 117%。2021 年，陕西、甘肃陕甘宁革命老区地区生产总值分别达到 12994 亿元和 1511 亿元，分别是 2012 年的 1.9 倍和 1.67 倍。立足巩固拓展脱贫攻坚成果，开启社会主义现代化建设新征程，2021 年，国务院印发《关于新时代支持革命老区振兴发展的意见》，对新形势下全国革命老区振兴发展作出了全面部署，近年来，国家发展改革委会同相关部门和地方制定出台"1+N+X"的政策体系，为支持新时代革命老区振兴发展提供了精准有力的政策保障，支持革命老区巩固拓展脱贫攻坚成果。

第五节 脱贫攻坚的经验启示

中国减贫立足本国国情，坚持中国共产党的领导，坚持以人民为中心的发展思想，坚持发挥中国社会主义制度集中力量办大事的政治优势，坚持精准扶贫方略，坚持调动广大贫困群众积极性、主动性、创造性，坚持弘扬和衷共济、团结互助美德，走出了一条中国特色减贫道路。

一、坚持以人民为中心

不管国际国内形势如何变化，中国共产党始终把人民放在心中最高位置，始终坚守为人民谋幸福、为民族谋复兴的初心使命，以坚定不移的信念和意志，团结带领人民与贫困作斗争。进入新时代，中国共产党坚持以人民为中心的发展思想，采取一系列超常规政策举措推进脱贫攻坚，努力让贫困群众有更好的收入、更好的教育、更好的医疗卫生服务、更好的居住条件。

把群众满意度作为衡量脱贫成效的重要尺度，集中力量解决贫困群众基本民生需求，优先保障脱贫攻坚资金投入。新时代脱贫攻坚实践，深刻诠释了以人民为中心的理念，是中国共产党全心全意为人民服务的宗旨在新时代最集中、最充分、最生动的体现。中国减贫实践表明，贫困问题本质上是对人民的根本态度问题，以人民为中心是扶贫减贫的根本动力。真正把人民放在心上，真正把人民利益放在第一位，才能真正识贫、扶贫、脱贫，减贫才会有不竭动力、明确方向和好的办法。

二、坚持系统观念

贫困地区发展条件差，贫困人口自我发展能力弱，消除贫困仅仅依靠个体、区域、民间等力量远远不够，必须作为执政党和国家的责任，上升为国家意志、国家战略、国家行动。中国共产党始终把消除贫困作为定国安邦的重要任务，制定实施一个时期党的路线方针政策、提出国家中长期发展规划建议，都把减贫作为重要内容，从国家层面部署，运用国家力量推进。党的十八大以来，中国共产党把脱贫攻坚摆在治国理政的突出位置，加强党的集中统一领导，统筹谋划、强力推进，加强顶层设计和战略规划，不断加大投入力度，构建多元资金投入体系，发挥社会主义制度集中力量办大事的优势，广泛动员各方力量积极参与。建立脱贫攻坚责任体系、政策体系、组织体系、投入体系、动员体系、监督体系、考核评估体系等制度体系，为脱贫攻坚顺利推进提供了有力支撑。中国减贫实践表明，减贫是一项具有开拓性的艰巨工作，实现减贫目标，领导人的情怀、意志和决心至关重要，执政党和国家担负起对人民的责任、发挥主导作用、汇聚各方力量至关重要，保持政策的连续性和稳定性至关重要。

三、用发展的办法消除贫困

中国共产党始终把发展作为执政兴国的第一要务，集中精力搞建设、谋发展，通过发展解决不平衡不充分问题，创造了经济快速发展奇迹和社会长期稳定奇迹。把改革作为消除贫困的重要推动力,从新中国成立后进行土地改革、建立社会主义制度,到改革开放后实行家庭联产承包责任制,到确立社会主义市场经济体制、全面免除农业税,再到党的十八大以来实行农村承包地所有权、承包权、经营权三权分置和推进农村集体产权制度改革,不断消除导致贫困的制度性、结构性因素,不断促进农村发展、农民增收。积极顺应全球化潮流,坚定不移扩大对外开放,对外贸易持续快速增长,为广大农村劳动力创造了大量就业岗位、拓宽了增收渠道。新中国成立以来特别是改革开放以来,中国经济社会快速发展,经济总量不断跃升,综合实力显著提升,既对减贫形成了强大的带动效应,也为大规模扶贫开发奠定了坚实基础、提供了有力保障。中国减贫实践表明,发展是消除贫困最有效的办法、创造幸福生活最稳定的途径。唯有发展,才能为经济社会发展和民生改善提供科学路径和持久动力;唯有发展,才能更好保障人民的基本权利;唯有发展,才能不断满足人民对美好生活的热切向往。

四、立足实际推进减贫进程

中国立足本国国情,根据不同发展阶段和经济社会发展水平,根据贫困人口规模、分布、结构等的变化,科学制定减贫标准、目标、方略,不断创新减贫理念、方法、手段,循序渐进、持续用力、水滴石穿。新中国成立后,主要是通过社会制度变革和大规模社会主义建设减缓贫困。改革开放以来,主要是通过农村经济体制改革和经济增长带动减贫,重点采取开发式扶贫方针,引导贫困地区和贫困群众以市场为导向,调整经济结构,开发当地资源,发展商品生产,提高自我积累、自我发展能力。中国特色社会主义进入新时代,在继续坚持开发式扶贫的同时,实施精准扶贫方略,扶贫路径由"大水漫灌"转为"精准滴灌",资源使用方式由多头分散转为统筹集中,扶贫模式由偏重"输血"转为注重"造血",考评体系由侧重考核地区生产总值转为主要考核脱贫成效。中国根据经济社会发展和减贫事业推进的实际,逐步调整提高扶贫标准,让发展成果更多更好惠及人民群众。中国减贫实践表明，贫困治理必须从实际出发，科学研判制约减贫和发展的瓶颈因素，找准释放减贫动力的突破口，因时因势因地制宜，不断调整创新减贫的策略方略和政策工具，提高贫困治理效能。

五、发挥贫困群众主体作用

充分尊重、积极发挥贫困群众主体作用，激发培育贫困群众内生动力，增强参与发展、共享发展、自主发展的能力，使贫困群众不仅成为减贫的受益者，也成为发展的贡献者。坚持扶贫与扶志扶智相结合，让贫困群众既有脱贫致富的想法，又有脱贫致富的办法。依托农民夜校、新时代讲习所等，加强教育培训，提升贫困群众发展生产和务工经商的基本技能。改进扶贫方式，建立正向激励、比学赶超的有效机制，更多采用生产奖补、劳务补助、以工代赈等方式，激励贫困群众依靠劳动创造幸福。大力宣传自强不息、奋斗脱贫的先进典型，广泛开展生动活泼、形式多样的宣传教育，引导贫困群众树立"宁愿苦干、不愿苦熬"的观念，用双手改变贫困落后面貌。中国减贫实践表明，只要坚持为了人民、依靠人民，尊重人民主体地位和首创精神，激励贫困群众自力更生、艰苦奋斗的内生动力，就一定能够战胜贫困。

六、汇聚各方力量形成强大合力

为打赢脱贫攻坚战，中国共产党依托严密组织体系和高效运行机制，广泛有效动员和凝聚各方力量，构建政府、社会、市场协同推进，专项扶贫、行业扶贫、社会扶贫互为补充的大扶贫格局，形成跨地区、跨部门、跨单位、全社会共同参与的多元主体的社会扶贫体系。加强东西部扶贫协作和对口支援，推动省市县各层面帮扶，促进人才、资金、技术向贫困地区流动，实现优势互补，缩小区域差距。积极开展定点扶贫，组织各级党政机关、人民团体、国有企事业单位和军队帮扶贫困县或贫困村。各民主党派、工商联和无党派人士充分发挥各自优势，为打赢脱贫攻坚战献智献力。积极推动各行各业发挥专业优势，开展产业扶贫、科技扶贫、教育扶贫、文化扶贫、健康扶贫、消费扶贫。广泛动员民营企业参与扶贫开发，引导市场开发能力强的主体进入资源开发潜力大的地区，实现互惠互利、共同发展。中国减贫实践表明，只有动员和凝聚各方力量，引导全社会关爱贫困群众、关心减贫事业、投身脱贫行动，形成共同意志、共同行动，聚力攻坚克难，才能最终战胜贫困顽疾。

第十章
城乡协调发展的拓展和成效

城乡关系是最基本的区域经济社会关系，现阶段区域发展不平衡不充分问题集中体现在城乡发展存在着较大差距方面。促进区域协调发展，必须大力促进并统筹城乡协调发展。

第一节 城乡协调发展的背景

马克思主义城乡关系理论认为，城乡关系是影响经济社会发展的关键，马克思在《哲学的贫困》中指出，"城乡关系一改变，整个社会也跟着改变"。而城乡关系一般会经历城乡依存、城乡分离和城乡融合三个阶段。新中国成立后，基于基本国情和发展需要，城乡关系的调整一定程度上体现了这种变化趋势。

一、改革开放前城乡关系发展状况

改革开放前，我国城乡差别较大但关系紧密，主要体现为"农业支持工业、农村支持城市"，依靠农村、农业和农民的支持，城市得到了较快的发展，也依托城市迅速建立了比较完整的工业经济体系。

早在1949年3月，在中共七届二中全会上，在强调党的工作重心将由乡村转到城市的同时,毛泽东同志就提出,"城乡必须兼顾,必须使城市工作和乡村工作,使工人和农民,使工业和农业,紧密地联系起来。决不可以丢掉乡村,仅顾城市"的政策方针。新中国成立后的一个时期,国家对农村发展非常重视,在土地改革、农村合作化集体化等政策的基础上,发动群众大规模开展农村水利、交通等基础设施建设,农村面貌发生较大的变化,这一时期基本做到城乡并重、协同推动,城乡差距朝着缩小方向迈进。

1956年以后,立足于当时薄弱的经济基础和特殊的政治环境,国家城乡政策逐步向"农业支持工业、农村支持城市"转变,主要表现在实行工农产品"剪刀差"价格政策。一方面压低了原材料、农产品价格,另一方面提高工业产品价格以保证其利润,以此强化资本积累支持工业加快发展,同时限制农村劳动力向工业领域和城市转移,集中有限资源支持工业和城市发展。与此同时,实施城乡二元结构治理。国家出台了户籍管理制度、社会保障制度、粮食配给制度、劳动就业制度等一系列安排,形成了"城乡分治"的管理模式。

二、改革开放以来城乡关系发展状况

改革开放以来,我国城乡关系发展先后经历以下几个过程。从1978年开始到1984年,家庭联产承包责任制从起步发展到普遍实行。这一改革调动了农民的积极性,促进了农村经济和整个国民经济的发展。受益于"普惠型"改革政策,农村经济获得了较大的发展,城乡差距有所缩小。同时,随着农业生产效率提高,农村富余劳动力大量释放并开始向城市和二、三产业转移,农民收入水平较快提高。

20世纪80年代中期以后到90年代,随着改革开放的不断推进,城市对农村要素资源的吸纳效应越来越强。市场经济条件下,农村要素资源长期低价向城市流动,城乡差距在发展中有扩大趋势。劳动力要素方面,农村劳动力向城市和沿海地区流动,农民工工资长期维持在较低水平。金融要素方面,国家金融信贷资源主要支持城市发展,许多集聚于农村的资金也被用于城市建设。土地要素方面，农村集体土地进入市场要经过征收，农业用地征收价格与国家建设用地出让价格差距较大。居民收入方面，1985年国家取消农村教育补贴，农村每年征收的教育提留达300亿—500亿元，农民负担较重。1985年，城市居民收入是农村居民收入的1.8倍，而到2000年，差距扩大到了2.8倍。

面对日益扩大的城乡差距，2002年党的十六大提出了实施城乡统筹发展的重要方略；十六届三中全会提出"五个统筹"[①]并将"统筹城乡发展"放在首位；十六届四中全会提出了"两个趋向"[②]的重要论断，确立了"工业反哺农业、城市支持农村，实现工业与农业、城市与农村协调发展"的政策方针。2004年开始，每年的中央一号文件都对城乡统筹发展进行明确部署。十七届三中全会提出了"城乡一体化"的要求。随着取消农业税、增加农业补贴、加强农村基础设施建设等一系列强农惠农富农政策的实施，农村发展步伐明显加快。

三、21世纪初期统筹城乡发展面临的问题

到21世纪初，我国城乡统筹发展任务仍然艰巨，中西部地区特别是老、少、边、穷地区的农村，不仅居民收入水平较低、基础设施、社会保障、公共服务等方面也远远落后于城市。城乡关系及农村发展方面存在一些较为突出的问题。

（一）政策和制度创新较为滞后

城乡发展差距较大，与长期以来形成的城乡二元制度有关，较为突出的是土地管理制度和户籍管理制度。土地管理制度方面，农村土地为农民集体所有，但由于缺乏实现权利的机制与途径，加之行政机构的强力控制，在征收农

---

① "五个统筹"即：统筹城乡发展，统筹区域发展，统筹经济社会发展，统筹人与自然和谐发展，统筹国内发展和对外开放。
② "两个趋向"即：在工业化初始阶段，农业支持工业、为工业提供积累是带有普遍性的趋向；在工业化达到相当程度后，工业反哺农业、城市支持农村，实现工业与农业、城市与农村协调发展，也是带有普遍性的趋向。

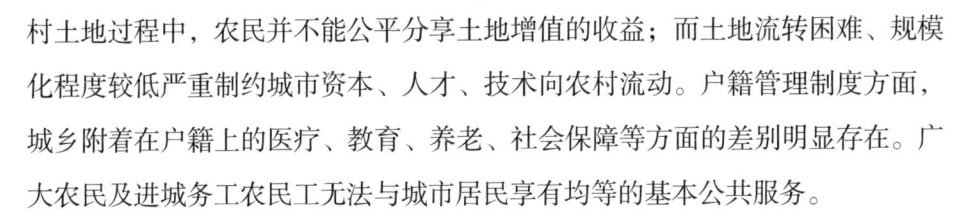

村土地过程中，农民并不能公平分享土地增值的收益；而土地流转困难、规模化程度较低严重制约城市资本、人才、技术向农村流动。户籍管理制度方面，城乡附着在户籍上的医疗、教育、养老、社会保障等方面的差别明显存在。广大农民及进城务工农民工无法与城市居民享有均等的基本公共服务。

（二）市场机制作用不够充分

在推进城乡统筹发展时，忽视市场规律，主要依靠行政力量的指令性、强硬性和垄断性。比如，在推进农村特色经济发展过程中，有些地方政府大包大揽，强行要求发展某些产业，结果导致产品滞销，效益受损，伤害农民发展经济的积极性。有关方面对"三农"的投入虽然不断加大，但市场的带动效应还有较大提升的空间。

（三）金融对农村发展支持较弱

据有关部门统计，2007年，全国农户贷款（包括生产、生活贷款）余额仅占全部贷款余额的6%左右。农户土地承包经营权、宅基地使用权按规定不能抵押，农机、畜禽等抵押物银行不愿意接受，农户贷款额度一般较小，单笔贷款成本高，在追求利润和规避风险的双重任务约束下，金融机构大多不愿意发展农村金融业务。

（四）县域统筹城乡能力不强

县域是城乡统筹发展的基本空间单元，发展县域经济是推进城乡统筹的重要方面。但是，我国县域经济发展很不均衡，中西部地区县域经济与东部地区及一些区域中心城市相比，发展差距很大，这些县推进城乡统筹发展的能力较弱。同时，上级政府与县级政府的财权与事权不平衡，"财权向上、事权向下"，导致很多地方在基础建设投资、社会保障上的投入不足。

在这一时期，推进城乡协调发展也已经积累了一些有利条件。随着我国经济持续保持高速增长，农村基础设施建设取得了长足的进步，为推进城乡统筹发展奠定了良好的基础。城乡统一的要素市场体系、人口管理制度逐步探索推进，土地管理制度改革深入推进，束缚农村发展的体制机制障碍逐渐消除。随着信息化与工业化深度融合、工业化与城镇化良性互动、城镇化与农业现代化相互协调，城乡之间产业联动发展、要素平等交换、公共资源均衡配置不断向纵深推进。

四、党的十八大以来城乡协调发展的新阶段

党的十八大以来，中共中央高度重视城乡统筹发展问题，把解决好农业、农村、农民问题作为全党工作的重心，提出构建以工促农、以城带乡、工农互惠、城乡一体的新型工农城乡关系。

2014年3月，《国家新型城镇化规划（2014—2020）》发布，城乡统筹由政策性调整转变为制度性安排。在"推动城乡一体化""健全城乡发展一体化体制机制"等部署的基础上，党的十九大明确要求，建立健全城乡融合发展体制机制和政策体系。2019年4月，中共中央、国务院印发《关于建立健全城乡融合发展体制机制和政策体系的意见》，提出重塑新型城乡关系，走城乡融合发展之路，促进乡村振兴和农业农村现代化。2021年3月，《中华人民共和国国民经济和社会发展第十四个五年规划和2035年远景目标纲要》提出，健全城乡融合发展体制机制，明确指出，建立健全城乡要素平等交换、双向流动政策体系，促进要素更多向乡村流动，增强农业农村发展活力。2022年5月，中共中央办公厅、国务院办公厅印发了《关于推进以县城为重要载体的城镇化建设的意见》，提出了推进以县城为重要载体的城镇化建设，加快推进城乡融合发展的要求。

随着城乡协调发展战略的推进，城乡要素双向流动逐步畅通。一方面，农业转移人口进城落户门槛不断降低、通道逐步拓宽，退出土地承包经营权已不再是农户进城落户的条件，农业转移人口转变为城镇居民的进程提速。另一方面，城市人才入乡机制也在逐步建立，城市人才向乡村流动，激发了乡村发展活力。普惠金融的发展促进了资本、技术等要素向乡村流动，推进了金融市场在城乡之间的融合发展进程。城乡一体的基本公共服务提供机制逐步建立。公共服务设施的一体化、均等化进程加速，城乡义务教育经费保障机制、统一的城乡居民基本养老保险、基本医疗保险、大病保险制度逐步

建立。城乡一体的基础设施建设取得显著成效，农村的水电路网等基础设施建设水平全面提升。城乡居民收入差距缩小，特别是随着乡村振兴深入推进，农村居民收入增长明显快于城镇居民。

第二节　城乡协调发展的总体思路

"三农"问题解决不好，乡村不能振兴，难以真正实现区域协调发展。建立健全城乡融合发展机制，强化以工补农、以城带乡，是实现农民富裕和农业农村现代化的关键举措与必由之路。

一、大力破除城乡分割体制障碍

进一步完善法规与政策，赋予农村居民在就业、创业、居住、流动等方面与城市居民完全同等的权利。进一步加快推进农业人口向城镇转移和农业转移人口市民化，深化户籍制度改革，完善居民户籍迁移便利化政策措施，进一步优化农业转移人口落户政策措施。将农村资源要素全面纳入市场化轨道，依照市场规则进行交易，推进城乡统一的建设用地市场建设，实施农村集体经营性建设用地入市制度。

二、实行公共资源的均衡配置

按照协调布局、互补互促、共同繁荣的原则，统筹生产生活生态和安全的需要，一体制定城乡经济社会发展规划，对城乡产业结构调整、基础设施建设、生态环境保护、公共服务提升等重要领域进行协同部署。强化农村基础设施建设，完善城乡道路体系和公交网络，推进城市电力、通信、供水、燃气、污水收集等管网设施向乡村拓展延伸。加强城乡一体治理，以农房改造、村庄整治为重点提升乡村建设质量，推进精神文明创建、思想道德建设、管理规则创新等的城乡对接，借乡村田园之美助推城市品质提升，以城

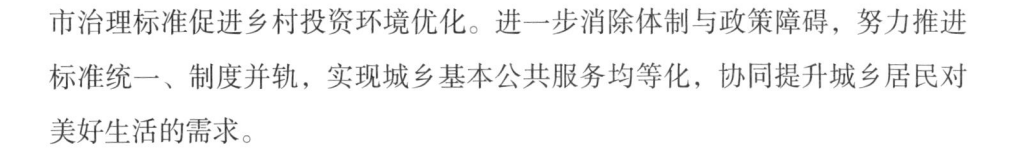

市治理标准促进乡村投资环境优化。进一步消除体制与政策障碍，努力推进标准统一、制度并轨，实现城乡基本公共服务均等化，协同提升城乡居民对美好生活的需求。

三、创新生产经营模式

推进农村承包地所有权、承包权、经营权三权分置，农村宅基地所有权、资格权、使用权三权分置，农村集体经营性建设用地入市等改革，结合探索灵活多样的供地新方式，为农村规模经营创造条件。依托土地租赁、土地托管、耕地股份合作、代耕代种等形式，实现多种形式的适度规模经营。引入现代化经营模式、先进技术手段和高效能操作平台，促进农业提质增效、融合发展。深化农村集体产权制度改革，拓展经济发展载体，发展壮大新型集体经济，为促进现代化生产经营，抵御各类突发安全风险，实现农民共同富裕提供坚实支撑。

四、推进产业融合

依托城市产业转移和城市企业入村，带动新兴产业发展和一、二、三产业融合。依托乡村特色优势资源，促进农业产业链拓展延伸，建设现代农业产业园和优势特色产业集群。依托特色小镇建设，带动休闲农业、乡村旅游、民宿经济等特色产业发展，配套发展科技创新、现代金融、共享平台等现代服务业。

五、强化空间和风貌治理

把维护乡村特色与功能作为底线，严格遏制乱占耕地的各种违法违规行为，防止耕地"非农化"。切实保护乡村传统文脉和古朴风貌，防止违背自然规律挖湖造景。严格规范房屋建造和村庄拆迁，使必要的建设充分凸显地域特色、承载村韵乡愁。深入实施乡村建设行动，持续改善村居村貌和人居环境。

第三节　深入推进新型城镇化

城镇化是现代化的必由之路，是我国最大的需求潜力所在，也是促进区域协调发展的重要支撑，对推动经济社会平稳健康发展、构建新发展格局、促进共同富裕都具有重要意义。在各方的共同努力下，我国新型城镇化建设取得一系列重大历史性成就，为全面建设社会主义现代化国家提供了强大动力和坚实支撑。

一、战略沿革

新中国成立前夕召开的中共七届二中全会着重讨论了党的工作重心由乡村转移到城市的问题，提出恢复和发展城市生产、将消费城市变成生产城市的工作方针。毛泽东同志指出，"二中全会是城市工作会议，是历史转变点"。改革开放前，党和政府采取一系列举措，包括多次召开城市工作会议，结合时代特征和具体城情，推动城市健康发展。1953年起，大规模工业化建设开展，大批农民进入城市。1957年至1960年间，全国城镇人口从9950万增至13070万，城市化率由15.39%增长至19.75%，一定程度出现了"过度城市化"现象。为减轻城市供给负担，实施了压缩城市人口的调整方针。1962年7—8月，中共中央召开第一次城市工作会议，同年9月召开的中共八届十中全会通过了《关于当前城市工作若干问题的指示》。1963年9—10月，中共中央、国务院召开第二次城市工作会议，并批准下发了《〈第二次城市工作会议纪要〉的指示》。到1965年，全国城市数比1957年减少8个，建制镇减少近一半，城镇人口年均增长速度降至2.5%。1978年，国务院召开第三次全国城市工作会议。同年4月，中共中央批转了这次会议制定的《关于加强城市建设工作的意见》，提出了城市整顿和建设工作的一系列方针、政策，成为城市建设历史性转折的一个新起点。

改革开放以来,伴随着工业化进程加速,我国城镇化经历了一个快速发展过程。1978—2013年,城镇常住人口从1.7亿人增加到7.3亿人,城镇化率从17.9%提升到53.7%,年均提高1.02个百分点;城市数量从193个增加到658个,建制镇数量从2173个增加到20113个。京津冀、长江三角洲、珠江三角洲三大城市群,以2.8%的国土面积集聚了18%的人口,创造了36%的国内生产总值,成为带动我国经济快速增长和参与国际经济合作与竞争的主要平台。城市水、电、路、气、信息网络等基础设施显著改善,教育、医疗、文化体育、社会保障等公共服务水平明显提高,人均住宅、公园绿地面积大幅增加。城镇化的快速推进,吸纳了大量农村劳动力转移就业,提高了城乡生产要素配置效率,推动了国民经济持续快速发展,带来了社会结构深刻变革,促进了城乡居民生活水平全面提升。

2013年,中央城镇化工作会议召开,指出我国仍处在城镇化快速发展期,城镇化动力依然较强,与此同时,城镇化质量亟待进一步提升,城镇化发展面临的机遇动力和问题挑战并存,要求推动以人为核心的新型城镇化建设。2014年,中共中央、国务院印发《国家新型城镇化规划(2014—2020年)》,提出加快转变城镇化发展方式,有序推进农业转移人口市民化,推动大中小城市和小城镇协调发展,提升城市可持续发展水平,走以人为本、四化同步、优化布局、生态文明、文化传承的中国特色新型城镇化道路。2015年,中共第四次城市工作会议举行,提出尊重城市发展规律,统筹空间、规模、产业三大结构,统筹规划、建设、管理三大环节,统筹改革、科技、文化三大动力,统筹生产、生活、生态三大布局,统筹政府、社会、市民三大主体,这次城市工作会议是时隔37年后首次以中央的名义召开,体现了中央对城市工作的高度重视。2022年,国家发展改革委会同有关部门制定了《"十四五"新型城镇化实施方案》,明确以推动城镇化高质量发展为主题,以转变城市发展方式为主线,以体制机制改革创新为根本动力,以满足人民日益增长的美好生活需要为根本目的,统筹发展和安全,深入推进以人为核心的新型城镇化战略。

二、总体要求

（一）加快农业转移人口市民化

放开放宽除个别超大城市外的落户限制，各城市因地制宜促进在城镇稳定就业和生活的农业转移人口举家进城落户，并与城镇居民享有同等权利、履行同等义务。建立基本公共服务同常住人口挂钩、由常住地供给的机制，探索实施电子居住证。聚焦用工矛盾突出的行业和新业态，持续大规模开展面向新生代农民工等的职业技能培训。探索通过社保卡为符合条件的农民工发放电子培训券。以公办学校为主将随迁子女纳入流入地义务教育保障范围，根据人口流动调整教师编制定额，加大人口集中流入城市义务教育阶段学位供给。稳步推进基本养老保险全国统筹，做实基本医疗保险市级统筹并推动省级统筹，逐步放开放宽居民在常住地或就业地参加社会保险的户籍限制。逐步消除性别、户籍、身份等各类影响平等就业的不合理限制或就业歧视，建立新就业形态劳动者劳动权益保障机制。

（二）促进大中小城市和小城镇协调发展

分类推动城市群发展，深入实施京津冀协同发展、长三角一体化发展、粤港澳大湾区建设等区域重大战略，积极推进成渝地区双城经济圈建设，实施长江中游、北部湾等城市群发展"十四五"实施方案，推动山东半岛、粤闽浙沿海、中原、关中平原等城市群发展，加强城市群对周边特殊类型地区发展的辐射带动。有序培育现代化都市圈，建立健全省级统筹、中心城市牵头、周边城市协同的同城化推进机制，提高都市圈交通运输连通性便利性，引导产业从中心至外围梯次分布、合理分工、链式配套，鼓励都市圈社保和落户积分互认。推动超大特大城市转变发展方式，统筹兼顾经济、生活、生态、安全等多元需要，科学确定城市规模和开发强度，合理控制人口密度，有序疏解中心城区功能、设施以及过度集中的公共服务资源。提升大中城市功能品质，推动制造业差异化定位、规模化集群化发展，完善对外交通通道及设施，支持三级医院和高等学校在大中城市布局，增加文化体育资源供给，提升城市生活品质。增强小城市发展活力。支持资源枯竭城市因地制宜发展接续替代产业，加强民生保障和救助扶助。推进以县城为重要载体的城镇化建设，选择一批条件好的县城重点发展，推进县城产业配套设施提质增效、市政公用设施提档升级、公共服务设施提标扩面、环境基础设施提级扩能、县乡村功能衔接互补。分类引导小城镇发展，优化边境地区城镇布局。

（三）推进新型城市建设

优化社区综合服务设施，打造城市一刻钟便民生活圈。优化公交地铁站点线网布局，完善"最后一公里"公共交通网络，完善停车设施体系，推进水电气热信等地下管网建设。坚持房子是用来住的、不是用来炒的定位，着力解决符合条件的新市民、青年人等群体住房困难问题。在老城区推进老旧小区、老旧厂区、老旧街区、城中村等"三区一村"改造。构建公共卫生防控救治体系，加大内涝治理力度，推进管网更新改造和地下管廊建设。强化国家自主创新示范区、高新技术产业开发区、经济技术开发区等创新功能，促进创新型应用型技能型人才成长、集聚和发挥作用。优化营商环境，推行城市数据一网通用、城市运行一网统管、政务服务一网通办、公共服务一网通享。提升生态系统质量和稳定性，积极治理水、大气、生活垃圾、危险废弃物等污染，推进生产生活低碳化。保护延续城市历史文脉，推动文化旅游融合发展。

（四）抓好城市治理体系和治理能力现代化

树立全周期管理理念，聚焦空间治理、社会治理、行政管理、投融资等领域，推动城市治理科学化精细化智能化。优化城市空间格局和建筑风貌，划定落实耕地和永久基本农田、生态保护红线和城镇开发边界，根据水资源承载能力优化城市空间布局、产业结构和人口规模，优化居住、工业、商业、交通、生态等功能空间布局，加强城市风貌塑造和管控。提高建设用地利用效率，实行增量安排与消化存量挂钩，严格控制新增建设用地规模，推动低效用地再开发。推进"标准地"出让改革，推动不同产业用地类型合理转换。推广以公共交通为导向的开发（TOD）模式，打造站城融合综合体。

提高街道社区治理服务水平，坚持党对基层治理的全面领导，完善网格化管理服务，推进社区服务标准化，加强社会工作专业人才队伍建设，提高物业服务覆盖率。健全社会矛盾综合治理机制，坚持和发展新时代"枫桥经验"，畅通和规范群众诉求表达、利益协调、权益保障通道，推进社会治安防控体系建设。优化行政资源配置和区划设置，科学配备、动态调整人员编制，优先满足社会管理、公共服务等领域用编需求。

第四节 全面推进乡村振兴

乡村与城镇互促互进，共生共有，共同构成人类活动的主要空间。乡村兴则国家兴，乡村衰则国家衰。新中国成立以来，与推动农村发展一体，乡村振兴一直被摆放在重要位置。党的十八大后，与推进新型城镇化相契合，国家着手实施乡村振兴战略，乡村振兴有序推进，不断取得新的成效。

一、战略沿革

中共中央始终将农业农村农民问题置于关系国计民生的战略高度和核心地位，始终把解决好"三农"问题作为全党工作重中之重。围绕"三农"问题的政策实践可划分为以下阶段。

（一）乡村建设阶段（1949—1978年）

在改革开放前的30年中，我国积极推动新农村建设，取得了较大的成效。1950年，根据党的土地改革经验及新情况，中央人民政府颁布了《中华人民共和国土地改革法》，决定在全国范围内开展大规模的土地改革运动，使农民"耕者有其田"。到1952年年底，全国3亿多无地或少地农民获得了5000万公顷土地和大量房屋、农具等生产资料，农业生产得到迅速发展。1955年10月召开的中共七届六中全会作出了加速发展农业合作化的决议，1956年6月召开的一届全国人大三次会议通过的《高级农业生产合作社示范章程》提出了建设社会主义新农村奋斗目标,这是"新农村"概念的最早提出。尔后,建设社会主义新农村的概念多次在不同时期提出。尽管基于当时的环境,国家实行了倾斜城市和重工业发展的战略,但随着农村土地集体所有制的确立,生产组织方式的调整,以及新农村决策的持续推动,乡村发展基础条件不断改善,乡村面貌发生了变化。农田水利建设大规模展开,建设了一大批高产稳产农田;基础设施建设实施统一规划,农村住房和居民环境有了一定程度的改善;具有特色的文化、医疗、教育等事业蓬勃兴起,农业生产和农民生活的公共服务体系逐步建立。

(二)改革探索阶段(1979—1989 年)

1979 年,中共十一届四中全会通过《中共中央关于加快农业发展若干问题的决定》,提出发展农业生产力的 25 项政策和措施。1985 年,中共中央、国务院印发《关于进一步活跃农村经济的十项政策》,长期实行的农产品统购统销制度开始改革,合同定购和市场收购逐步推行。在政策引导下,农村经济从传统的农业单一结构转向多部门的综合发展,乡镇企业的异军突起一定程度上缓解了乡村就业难问题,促进了乡村现代化的发展。

(三)持续发展阶段(1989—2002 年)

1991 年,中共十三届八中全会通过了《关于进一步加强农业和农村工作的决定》,提出把以家庭联产承包为主的责任制、统分结合的双层经营体制作为乡村集体经济组织的一项基本制度长期稳定下来。1996 年,中共中央、国务院印发《关于切实做好减轻农民负担工作的决定》,要求正确处理新时期的农民问题,坚定不移地维护农民的合法权益,坚持不懈地减轻农民负担。

(四)新农村建设阶段(2002—2012 年)

从 2004 年开始,中央一号文件都紧紧围绕解决"三农"问题,加快推进社会主义新农村建设。2005 年,中共中央在《关于制定国民经济和社会发展第十一个五年规划的建议》中提出要稳步推进社会主义新农村建设。随后,2006 年中央一号文件对新农村建设进行了统筹规划,强调乡村治理的协调、产业结构的优化,以促进农业生产方式向集约化方向转变。此外,2003 年中央农村工作会议提出，统筹城乡经济社会发展，实现城市与农村之间的交互作用。

（五）乡村振兴阶段（2012年至今）

党的十八大以来，中央围绕"五位一体"总体布局和"四个全面"战略布局，对打赢脱贫攻坚战、实施乡村振兴战略、加强党对"三农"工作的领导作出了部署和安排。党的十九大报告首次提出实施乡村振兴战略，这是从党和国家事业发展全局作出的一项重大战略决策。2018年，中共中央、国务院印发《关于实施乡村振兴战略的意见》《乡村振兴战略规划（2018—2022年）》，统筹推进农村经济建设、政治建设、文化建设、社会建设、生态文明建设和党的建设，加快推进乡村治理体系和治理能力现代化，加快推进农业农村现代化，走中国特色社会主义乡村振兴道路。2019年，《中国共产党农村工作条例》印发实施，强调加强党对加快建设农业强国的全面领导，大力推进农村现代化建设。2021年，《中华人民共和国乡村振兴促进法》颁布实施，标志着乡村振兴全面进入法治化轨道。

二、总体要求

中央明确，振兴乡村的总要求是：

（一）产业兴旺

推动农业、林业、牧业、渔业和农产品加工业的转型升级。以新型专业农民、适度规模经营、经营外包服务和绿色农业为主要内容，大力发展现代农业。促进乡村一、二、三产业的一体化发展，促进农民产业链的延伸，创造更多就业、收入机会。

（二）生态宜居

建立干净整洁的村庄，保护自然，适应自然，倡导保护乡村气息，保护乡村景观和乡村生态系统，管理乡村环境污染，实现人与自然和谐共处，使乡村生活环境有绿色，全面建设美丽乡村。

（三）乡风文明

促进乡村文化教育和医疗卫生等事业发展，改善乡村基本公共服务，大力弘扬社会主义核心价值观，传承遵规守约、尊老爱幼、邻里互助、诚实守信等乡村良好习俗，努力实现乡村传统文化与现代文明的融合。

（四）治理有效

健全党委领导、政府负责、社会协同、公众参与、法治保障的现代乡村社会治理体制，健全自治、法治、德治相结合的乡村治理体系。加强乡村基层党组织建设，深化村民自治实践，建设平安乡村。

（五）生活富裕

努力保持农民收入快速增长，同时继续降低乡村居民的恩格尔系数，不断缩小城乡居民收入差距，使广大农民稳步迈向共同富裕的目标。

第五节　城乡协调发展的成效

随着新型城镇化战略与乡村振兴战略等的大力实施，"三农"突出问题不断解决，城乡分割逐步打破，城乡联系显著加强，工农互促、城乡互补、协调发展、共同繁荣的新型工农城乡关系正加快形成。

一、以人为核心的新型城镇化加快推进

（一）宜居、创新、智慧、绿色、人文、韧性城市建设有序推进

城市水、电、路、气、信息网络等基础设施不断完善，城市运行更加安全，居民基本生活需求得到充分保障。图书馆、博物馆、美术馆、展览馆、体育馆、文化馆、影剧院量质齐升，城市基本公共文化服务更普惠、更优质、更精准，人们多姿多彩、更高层次的追求不断得到满足。城市人居环境明显改善，望得见山、看得见水、记得住乡愁的美好愿景正在生动展现出来。城市规划建设突出以人为本，更考虑人的因素、更强调人性化设计，生

产空间、生活空间、生态空间更加清晰合理。保护历史遗存、留住城市记忆、延续城市文脉正在成为城市建设的新常态，城市历史文化底蕴更加深厚。

（二）农业转移人口市民化质量提高

户籍制度改革继续深化，在城市稳定就业生活的农业转移人口举家落户渠道得以拓宽，落户便利度不断提高，进城落户农民在农村的权益同时得到了维护。推动城镇基本公共服务加快覆盖常住人口，以新生代农民工为重点推动参保扩面，保障随迁子女在常住地接受义务教育，加强农民工就业服务和技能培训。2022年，95.2%的义务教育阶段进城务工人员随迁子女在流入地公办学校就读或享受政府购买学位服务。城乡居民收入比从上一年的2.5进一步降至2.45。城乡统一的居民基本养老保险和医疗保险制度基本建立，绝大多数县实现县域义务教育基本均衡发展，县域内就诊率超过九成。

二、城镇化水平持续提高

（一）城镇化率显著提升

从1949年至2022年，常住人口城镇化率由10.6%提高到65.2%，建制镇数量由2000个增长到2.1万多个。2022年，我国常住人口城镇化率达到65.22%，比上一年提高0.5个百分点。2016年至2020年，约1亿农业转移人口在城镇落户。城区常住人口300万以下城市的落户限制基本取消，城区常住人口300万以上城市的落户条件有序放宽。义务教育阶段公办学校学位持续增加，住院费用跨省直接结算定点医疗机构进一步增多，农民工参加城镇职工基本医疗和养老保险的比例稳步提高，随迁子女在常住地接受义务教育的要求全面落实。城乡基础设施一体化步伐加快，生活垃圾进行收运处理的行政村比例超过90%。

（二）城市群和都市圈承载能力稳步提升

都市圈内便捷通勤网络逐渐形成，公共服务共建共享水平提升。综合交通运输网络体系不断完善，2022年，全国铁路网对20万人口以上城市覆盖率达到99.1%，"八纵八横"高铁网对50万人口以上城市覆盖率达到89.9%，城市群都市圈多层次轨道交通网和高速公路网建设、综合交通枢纽多层级一体化发展持续推进。2021年，县城补短板强弱项"1+N+X"政策性文件体系落实落地，在促进产业配套设施提质增效、市政公用设施提档升级、公共服务设施提标扩面、环境基础设施提级扩能等方面取得积极进展。

三、乡村振兴成效显著

（一）农业现代化加快推进

粮食和重要农产品供给保障能力进一步提升，粮食产量稳定在1.3万亿斤以上，2022年达到1.37万亿斤，果菜茶肉蛋鱼等产量稳居世界第一。农业综合生产能力稳步提升，农业科技进步贡献率超过60%，农作物耕种收综合机械化率达到71%。以种植业为主的农业经济转变为农林牧副渔全面发展和一、二、三产业融合发展，农业农村多种功能不断拓展，特色生态产业、农村电商、乡村旅游、休闲农业、文化体验、健康养老等新产业、新业态加快发展，推动乡村产业走向全面振兴。农村基础设施建设持续加强，硬化路、动力电、4G网基本实现行政村全覆盖，农村物流水平稳步提升，越来越多的农村实现水源净化、道路硬化、夜晚亮化、能源清洁化、人居环境美化。

（二）农民生活水平显著提高

2017年至2021年，全国农村居民人均可支配收入由13432元增至18931元，年均实际增长6.6%，高于城镇居民近2个百分点。2021年，工资性收入占农民收入的比重已超过42%，成为农民增收的主渠道；农民人均转移性收入达到3937元，比2017年增加1300多元。2022年，全国农村居民人均可支配收入进一步提升至20133元、实际增长4.2%。全国休闲农庄、观光农园等休闲农业经营主体达30多万家，年营业收入超过7000亿元。农村网络零售额超过2万亿元，农村电商蓬勃发展。2021年，全国农村普惠性幼儿园覆盖率达到90.6%；农村义务教育学校专任教师本科以上学历比例达到72.23%；农村社会综合服务设施覆盖率比2017年提高40多个百分点；有卫生院的乡镇占全国乡镇总数超过90%，平均每个村拥有至少1个卫生室；农村敬老院超过 1.7 万家，互助型社区养老服务设施达到 13 万多个，基本实现了病有所医、老有所养。

四、新型城乡关系加快形成

（一）户籍制度改革不断深化

城乡统一的户口登记制度全面建立，农业转移人口城镇化进程不断加速。居住证制度全面实行，义务教育、医疗卫生、技能培训、社会保障等基本公共服务加快覆盖城镇常住人口。

（二）城乡居民收入差距进一步缩小

城乡居民人均可支配收入比值自 2008 年以来连续 13 年平稳下降。城乡基础设施建设向着联通化、一体化的方向加快迈进，交通运输更加便捷顺畅，畅通了工业品下乡、农产品进城双向流通渠道，有效促进了农民增收。农家乐、生态游、乡村民宿蓬勃发展，越来越多的城市居民到乡村休闲度假，越来越多的进城务工人员返乡创业，为乡村振兴提供了新动能。

（三）新型工农关系加快构建

城镇为农业农村发展提供人才、资金、科技支撑，不断满足农村居民日益增长的消费需求，为进入城镇的农村居民提供越来越多的就业机会和越来越完善的基本公共服务。乡村不仅是城市的"米袋子""菜篮子"，让城市居民吃得更好、更健康，而且为城市发展输送更多建设者、提供庞大消费市场，吸引着越来越多的城市居民到乡村就业创业。城乡协调发展、一体联动、共同进步的格局逐步呈现。

第十一章
区域合作的深化和成效

区域合作是缩小地区差别，提升资源配置效率，促进区域协调发展的有效手段和重要路径。过去数十年来，依托政府与市场的双重力量推动，区域合作不断向纵深发展，有力地推动了地区和国家经济发展。

第一节 区域合作的重要功能

一、区域合作的内涵

区域合作即地区间的合作，地区间的合作内容涉及众多方面，大体体现为体制规则的对接融合，产业结构、公共服务的统筹协调，项目、设施的一体建设以及治理、防控的协同推进等。区域合作是超越单个行政区划的一种经济整合，或者说是两个以上行政区以经济方式形成的一种协同联动。区域合作是生产力社会化和地区分工发展的必然结果，是经济社会发展的内在要求。区域合作的基础主要来自两个方面：一是个体所拥有条件的局限性，而需求又呈现出多样性；二是自然、社会关系的复杂性，而这些关系间又具有不可分割性。因此，合作是伴随着人类社会的诞生而出现的。在人类发展的不同历史阶段，合作表现出不同的内容和形式。建立在生产力发展基础上的社会分工的出现，使合作成为必然的要求和普遍的社会行为，而市场经济的发展进一步赋予了合作丰富多彩的内容和灵活多样的形式。

二、区域合作的作用

区域合作成为合作的重要形式，在推进经济社会发展中发挥着十分重要的作用，主要是：

（一）完善机制，扩大空间

大到一个国家，小到一个单位，再小到具体的个人，都不可能拥有自身发展所需要的全部资源和要素。要提升自己的发展水平与能力，满足日益增长的各类需求，就必须加强对外开放与合作。区域合作的重要形式，是推动构建跨行政区的利益协调机制，促进区域间重大经济社会问题的及时协调与解决，推进资源的整合、制度的统一和管理的对接，突破行政地域的限制构建经济一体化区域，在更大范围内利用和配置生产资源与要素，承力借势、取长补短，拓宽发展能力和运行空间。

（二）合理分工，优势互补

自我封闭的经济运行模式，必然会形成"大而全、小而全"的发展格局，也必然会造成地区间产业结构、社会结构等的同构，继而形成相互间对企业产业和资源要素的激烈争夺或竞争。区域合作的重要内容，是加强产业分工和产业协作，更好发挥各地区的比较优势，实现产业和经济合理分工，最大限度减少恶性竞争、实现利益共享、提升总体效益。

（三）一体发展，共同提升

区域合作的深层表现，是推动区域间经济社会的逐步融合和一体化发展。重点是发挥政府作用，实现区域间基础设施的互联互通、公共服务的共建共享、市场体系的互接互动，建立起经济社会一体化发展的坚实基础，最终统筹平衡城市和农村、发达地区与欠发达地区、重点开发区和生态功能区等的利益关系与建设进程，提高整体发展水平。

（四）扶贫济困，促进和谐

区域合作的一种特殊形式是对口支援和对口帮扶，而对口支援和帮扶在中国具有特殊意义。我国幅员辽阔，地区间发展差距较大，存在着许多特殊困难地区，帮助其加快发展，最终实现共同富裕，是中国特色社会主义的本质要求。推进区域合作，开展多种形式的对口支援和帮扶，把支援地区资金、技术、人才、管理等优势与受援地区的比较优势和后发优势结合起来，可以提高受援地区的自我发展能力，大大加快其发展进程，同时促进各民族交往交流交融，实现社会安定和谐。

第二节　区域合作的实践成效

一、区域合作的演进历程

我国区域合作是一步一步走向深入的，改革开放前后区域合作在驱动主体和工作领域上也表现出明显的差别。从1949年到1978年，即从新中国成立到改革开放之前的区域合作是广泛存在的。从总体格局看，50年代划分的六大经济协作区、60—70年代划分的一、二、三线地区，都有着各种形式的合作与协同，包括人力支援、物资调剂、技术帮助等；从具体看，重大工程建设特别是重大水利工程和交通基础设施，都以地区间相互合作支援的方式进行。只是其驱动主体主要是各级政府，带有很强的行政指令和计划经济色彩。改革开放开启了社会主义市场经济的发展进程，区域合作进入了新的发展时期。大体可以把迄今为止的区域合作历程划分为四个阶段。

（一）从1978年到1992年，即从改革开放之初到社会主义市场经济体制改革目标确立的时期

这一时期，国家明确要求积极推进对内开放，强调对外要开放，国内各

地区之间更要互相开放，要求各地区打破封锁、打开门户，按照扬长避短、形式多样、互利互惠、共同发展的原则，大力促进横向经济联系，促进资金、设备、技术和人才的合理交流。为此，国家陆续发布了一系列政策文件，推动各个地区间开展横向经济联合。在国家政策的有力推动下，一批从事区域合作的组织陆续成立。这一时期的区域合作仍然以行政推动为主，合作的内容也主要集中于经济活动的表层，礼节性的访问交流较多，也形成了资金、技术等方面的一些合作互助，但实质性的项目与投资合作并不普遍。

（二）从1992年到2003年，即社会主义市场经济改革目标提出到市场经济体制基本形成的时期

这一时期，在改革层面，国家明确提出，要发挥市场机制在资源配置中的基础性作用，打破地区、部门的分割与封锁，反对不正当竞争，创造平等竞争的环境，形成统一、开放、竞争、有序的大市场。在发展层面，强调正确处理发挥地区优势与全国统筹规划的关系，明确指出全国统一的经济体系和统一市场，是发挥地区优势的前提，而地区封锁和市场分割不利于生产力合理布局和资源优化配置，妨碍了地区优势发挥。同时要求经济发达的沿海省份应当分别同经济较不发达的省份签订协议和合同，采取经验介绍、技术转让、人才交流、资金和物资支持等多种形式，在互利基础上帮助他们加快发展。进一步强调要加强中部地区与中西部地区的经济联合与合作，鼓励向中西部地区投资。这一时期已着手对一些比较明显的地区封锁和市场垄断行为进行打击，地区间的开放有了一定程度的进展，区域合作形式也渐趋多样，洽谈会、推介会、博览会等比较热络，在人才交流、技术转让的基础上，投资合作、项目合作等也有了实质性进展，为区域间深层次合作打下了良好基础。

（三）从2003年到2012年，即中共十六届三中全会提出完善社会主义市场经济体制到党的十八大提出全面深化改革的时期

这一时期，国家把建设统一、开放、竞争、有序的现代市场体系作为完善社会市场经济体制一项重要任务，提出要大力推进市场对内对外开放，废止妨碍公平竞争、设置行政壁垒、排斥外地产品和服务的各种分割市场的规定，打破行业垄断和地区封锁，加快建设全国统一市场的步伐。各有关部门据此推出了一系列重要举措。通过努力，各种明显的、公开的市场封锁行为得到了强力抑制，区域合作取得了长足进展。基于促进区域协同发展、资源要素优化配置和经济持续快速增长的需要，区域合作在国家总体战略与政策体系中的地位不断增强。中共十六届五中全会明确提出健全区域协调互动机制，并首次将这一机制细化为健全市场机制、合作机制、互助机制和扶持机制四个方面。"十一五"后，国家密集出台了一系列旨在推动区域协调发展、深化区域开放与合作的战略规划与政策文件，还打造了一批相关实验区或示范区。在国家的大力引导和推动下，各地思想自觉性大大增强，区域合作全面深入展开、合作领域大幅拓展，不仅涵盖了资源要素流动、基础设施建设、产业布局安排、生态环境保护、基本公共服务供给等经济社会发展的主要方面，而且涉及制度安排、政策设计等核心层面。在这个基础上，地区间、城市间的一体化尝试也开始进行。在合作的路径方式上，"飞地经济"园区、承接产业转移示范区、东中西合作示范区等各种平台应运而生，而对口支援、对口协作等传统的合作交流方式也实现了一定程度的创新发展。

（四）2012年以来，我国改革发展进入一个新的时期

这一时期，根据党的十八大、十九大、二十大的精神和中央作出的一系列重大战略部署，改革以"五位一体"的格局全面深化、开放依托"一带一路"倡议等支撑向纵深拓展。与此同时，一些跨区域、跨流域的重大区域发展战略陆续制定和实施。在这样的环境下，我国区域合作也加快推进，区域合作的自主性、能动性进一步增强。合作领域紧紧契合新一轮科技革命和产业变革，延伸到经济社会发展的各个领域。合作手段更加丰富，组织机构协调机制更加完备有效。合作层次更加深入，同城化、一体化成为许多地区和城市的合作目标。

二、区域合作的进展变化

数十年来，区域合作在诸多方面进展明显，呈现出一系列变化，具体说体现在这样一些方面。

（一）区域合作组织体系更加完整

过去，虽然各地基本上都有负责区域合作的工作机构，但隶属于不同部门，职责不够清晰，也缺乏上级机构强有力的指导。随着区域合作的深化，全国各省（区、市）都不同程度地完善了区域合作组织机构，职能更加充实、机制更加完善，同时还涌现出一大批新的区域合作组织和行业协会、商会等非政府中介机构，形成了多层次、体系化的区域合作组织架构。许多经济合作区域都建立了决策层、协调层、执行层三级运作的机制，设立了一批跨区的一体化专业推进机构。中央设立了区域协调发展领导小组，这有利于协调解决区域战略实施中的重要问题，有利于推动国家重大区域战略融合发展，也有利于协调推进区域合作。

（二）区域合作领域深入拓展

过去，区域合作一般仅局限于招商引资和相互走访等简单的协作联系，很难深入经济社会发展的中心领域和关键环节。随着区域合作的深化，区域合作领域进一步宽泛，特别是在制定重大区域规划和政策、共同推动市场和基础设施一体化、引导产业转移与承接、促进企业跨区域合作经营等方面，区域合作工作的广度和深度不断拓展。

（三）区域合作形式大大丰富

过去，区域合作的主要形式是召开洽谈会、推介会、博览会，通过签协议、搞联谊式的走访交流来推进，形式相对比较单一，也很难有实质性内容。随着区域合作的深化，区域合作系统与其他部门共同采取共同推动资金和项目合作、构建统一开放的市场体系、推进体制机制创新、基础设施共建共享、合作开展社会服务与环境保护等多种形式，有力推动合作不断走向纵深。

（四）区域合作手段日益多样

过去，开展区域合作主要依靠行政机构，基本采取行政手段，协调解决问题的途径和手段较为单一，可供选择的工作方式缺乏灵活性。随着区域合作的深化，在继续发挥体制特殊优势、合理使用行政手段推动的同时，更加注重通过发挥市场机制的作用来引导区域良性互动。具体地，既有通过利益机制等经济杠杆来引导企业跨区域发展，推动资源要素和商品自由流动；也有通过完善法律法规等制度建设来打破垄断、消除壁垒，推动区域一体化发展和全国统一市场建设；还有通过对口支援、扶贫济困等基于道德的手段来帮助欠发达地区加快发展。总的来看，已形成经济、行政、法律、道德多种手段协同推动、相互补充的区域合作良好局面。

（五）区域合作地域不断扩大

过去，区域合作主要着眼于解决区域内部的矛盾和问题，更多是立足与周边地区开展合作工作，而跨省区、跨国界的有效合作机制和平台相对较少。随着区域合作的深化，区域合作已经大大突破了地域和空间限制，一方面泛长三角、泛珠三角等跨行政区的区域合作蓬勃发展，"飞地"经济区等合作载体应运而生；另一方面，区域合作走出国门，以能源资源开发、基础设施建设、特色产业发展为重点，以边境经济合作区、跨境经济合作区为载体的国际区域合作已经打开了局面。

第三节 区域合作的问题挑战

从内部条件和外部环境看，目前还存在一些影响区域合作的因素和障碍。

一、思想与制度性障碍依然存在

对于一些地区来说，如何从思想上联、心底里合的问题并没有真正解决，发达地区认为合作无法带来实质性的收益，欠发达地区则担心合作会导致仅有的要素资源流出。从制度层面看，基于行政板块运行实施的升级考核体制、干部任用制度，以及事权财权分割的财政体制等，驱使一些地方热衷于经营自身"一亩三分地"，以有形或无形的方式搞地方保护和市场分割。

二、专业机构推动不够有力

一些从事经济合作的专门机构的主要职能是招商引资，推进区域间的经济合作往往是一种副业，且由于缺乏必要的手段，在突破行政区限制、促进区域合作方面，往往显得力不从心。由各地政府协商形成的跨区域的经济合作组织，在推动区域合作交流方面发挥了一定的作用，但是，受现有行政管理体制、财政体制等的制约，这些组织所从事的工作往往是较为表层的，且这类组织形式往往受制于政府换届和利益调整，很不稳固。目前，也存在着一些以行业协会、企业联合会等名义出现的较为社会化的经济合作与协作组织，但这些组织基本上是起咨询、策划的作用，在区域协调上只能顺势而为。

三、法治环境还不健全

到目前为止，在推进区域合作方面还没有专门的法律或法规。《中华人民共和国反垄断法》和全国统一大市场的政策文件虽已出台，但从总体上看，打击地区保护、行业垄断和市场封锁的法律法规还不够系统和具体。各行政区间的经济合作主要依靠政府号召、政策指导，更多的是基于各地区利益联动的自发行为。由于缺乏法律法规的支撑，目前，政府间的区域合作具有很大的随意性，且往往难以在实质问题上取得进展。

第四节　区域合作的重点任务

深化区域合作，需要以互利共赢为导向，紧扣国家发展导向和自身实践需要，把着力关键领域、搭建有效平台、探索良好机制作为努力方向和基本任务。

一、推进重点领域合作

（一）区域市场一体化建设

按照建设统一、开放、竞争、有序的市场体系要求，推动区域市场建设，加快探索建立规划制度统一、发展模式共推、治理方式一致、区域市场联动的区域市场一体化发展新机制，促进形成全国统一大市场，共建市场化、法治化、国际化的良好营商环境。

（二）基础设施互联互通

统筹推进重大基础设施建设，加强沟通协调，加快铁路、高等级公路、内河航道等交通干线建设，优先打通缺失路段，畅通瓶颈路段，构筑紧密协作、高效便捷、互联互通的综合交通运输网络。加强能源基础设施建设合作，支持合作共建重要的支撑电源点，加强区域电源与电网联网建设，完善油气输送管道网络。加强跨区域水利基础设施建设，建设综合防洪、抗旱、减灾体系。促进信息网络数字系统共建，一体打造高水平的智能基础设施。

（三）产业对接协作

优化产业空间布局，支持建立区域产业链条上下游联动机制，促进产业组团式承接和集群式发展。推进区域协同创新，支撑引领区域产业协调发展。推动重点产业布局优化调整和区际产业转移承载。支持有条件地区发展"飞地经济"，鼓励各地通过委托管理、投资合作、共同组建公司管理园区等多种形式合作共建各类园区。

（四）科技合作与协同创新

引导区域间加强创新要素对接流动。推动企业、高等学校、科研院所跨区域开展产学研合作、共建创新平台基地，实现互利共赢发展。支持区域间合作共建技术转移中心、成果转化基金，加快技术转移和成果转化。推动区域间围绕生态建设、环境治理、医疗健康及产业发展等问题，开展联合攻关，共享创新成果。

(五) 生态环境共治共保

开展跨行政区的生态环境保护和建设,加强生态环境综合治理。协同推动重点生态功能区的生态系统保护和修复,加强跨行政区自然保护区建设和管理,联合构建生态安全屏障。建立污染防治区域联动机制,开展区域大气污染和江河湖海水环境联防联治,建立会商机制,健全公开透明的信息发布制度。强化应急联动机制合作,共同应对区域突发性生态环境问题。

(六) 社会事业共建共享

推进优质教育资源和医疗卫生资源跨区域共建共享,推进各类社会保险关系在不同省份间无障碍转移接续。建立健全覆盖城乡的公共就业创业服务体系,加强各地区人才交流和劳务合作,促进人力资源的合理配置和无障碍流动。加强食品药品安全区域联动监管,建立跨区域联合执法和协同处置的制度。

二、协同推进合作平台建设

(一) 提升已有合作园区品质

强化中西部承接产业转移示范区建设,促进体制、政策与技术赋能,着力构建特色鲜明,充满活力的现代产业体系。推进国家东中西区域合作示范区建设,完善合作服务体系,加强重大事项探索,不断创新合作模式和协同机制。深化开展省际交界地区合作试验,大力推动晋陕豫黄河金三角示范区、粤桂合作特别试验区、湘赣边区域合作示范区、川渝合作示范区等建设,探索统一规划、统一管理、合作共建、利益共享的合作新机制。

(二) 创新发展合作平台

依托国家级新区、国家综合配套改革试验区、自由贸易试验区等功能平台,探索有利于加强区域合作的新模式、新路径,深化对内对外开放合作。更好发挥国家级、省际大型经贸投资洽谈会、论坛、博览会等会展作用,形成社会参与、共同促进区域合作的良好局面。发展各类社会中介组织和区域性行业协会商会,鼓励企业组建跨地区跨行业产业、技术、创新、人才等合作平台。推进海关特殊监管区域的整合优化，推动区域产业升级。

（三）推动重点区域经济一体化发展

以区域发展总体战略为基础，以区域重大战略为引领，形成沿海沿江沿线经济带为主的纵向横向经济轴带。发挥城市群辐射带动作用，提高东北地区、中原地区、长江中游、成渝地区、关中平原等城市群内部协同发展水平。推进重点地区一体化发展，支持有条件地区积极探索同城化。

（四）支持内地与港澳台侨合作平台建设

推动前海、横琴、南沙、河套、平潭、东莞等内地与港澳台合作平台建设，加强与港澳台地区的交流，深化经济、社会、文化等领域合作。充分利用多层次的沟通协调机制，推动解决相关合作平台在政策落实、项目安排、体制机制创新等方面的重大事项，不断丰富和完善政策体系。

（五）做好对口支援协作

推进对口支援西藏、新疆和青海等省藏区工作，加大对民族地区、革命老区、乡村振兴重点帮扶地区以及相关库区的对口支援或帮扶力度。优化对口支援和帮扶工作体制机制，创新帮扶形式，拓展工作领域，突出改善民生，加强支援方与受援方互动。强化东西部协作，支持以企业合作为载体，推动东西部人才、资金、技术、市场等要素有效对接。

三、创新区域合作体制机制

（一）建立区域合作资金保障机制

研究设立区域合作引导基金，发挥财政资金杠杆放大效应，引导社会资本投入区域合作重点项目。鼓励中央预算内投资加大对跨省（区、市）的重大基础设施、流域环境治理、协同创新体系建设等项目支持力度。支持金融机构在促进区域合作的重大项目建设、合作规划编制、推进产业承接转移等方面发挥作用。

（二）创新利益分享与保护补偿机制

建立跨行政区产业合作的利益分享机制，探索"飞地经济"园区利益分配模式。健全区际利益补偿机制，完善多元化横向生态补偿机制，建立粮食主产区与主销区之间利益补偿机制，健全资源输出地与输入地之间利益补偿机制。

（三）建立健全区域合作法治环境

健全并完善促进区域合作发展的法律法规和规章制度体系，营造更加自由、公平、透明的法治环境。深化促进区域合作法规体系建设的基础问题研究，探索推进有利于深化区域合作的法治建设工作。

第五节 夯实深化区域合作的综合基础

区域合作看似单纯简明，实则是一项系统工程。深化区域合作，涉及从思想到操作的一系列关键内容与基础事项，需要科学把握。

一、提高认识

推进区域合作，首要的还是提高思想认识、推进思想创新，在思想深处树立"联"和"融"的观念。要摒弃"嫌"和"怕"的认识。一些发展好的地区嫌弃发展差的地区，认为与之合作得不到什么好处，往往不愿合作；而发展差一些的地区往往也不想合作，害怕自身处于较低位势而导致有限的资源要素流向别处。这样的认识是肤浅的、有害的。推进地区间合作不仅能取长补短、优势互鉴，而且能够相互促进、相互成就：发达地区可以转移产业、缓和发展空间并为优化提升创造条件，欠发达地区则可借助承接等路径获得新的资源要素，从而加快提升发展质量和速度。还要克服"私"和"特"的认识。要从单纯为自身"一亩三分地"利益考虑，一味依靠自己单打独斗的思维框框中走出来，从总认为本地区情况特殊，需要特殊对待的思想意识中走出来，真正树立合作共赢、开放包容的意识，树立平等相处、相辅相成的意识。要认识到只有合作联动、协同发展，才能在更大范围里和更优层次上配置运用资源要素，才能最大限度地集聚发展能量，实现更高质量、更有效率、更可持续的发展。只有牢牢确立了推动区域合作的思想根基，合作才能持久进行并不断走向广泛和深入。

二、统筹规划

区域合作涉及面广、连带性强，需要居高谋划，从长计议，加强统筹规划。加强区域合作统筹规划，就是要站在实现协调发展的高度，对区域合作的指导思想、发展目标、基本原则、重点领域、主要任务、具体步骤等进行系统思考和整体安排，直接的载体是研究编制区域合作规划，科学体现战略性和务实性、长远性和阶段性统一，注重一般性和特殊性的有机结合。

区域合作规划要把缩小地区差距、实现共同富裕作为区域合作的基本目标，围绕分类解决重点地区问题、促进区域协调发展确立总体路径、安排工作举措；要把促进形成分工合理、特色鲜明、互促互动的区域发展格局作为区域合作的重要原则，着眼于优化国土开发、发挥地区比较优势，完善合作形式和推进机制，要把促进基础设施共建共享、商品及要素自由流动、实行均等的公共服务、实施统一的生态环境保护治理作为区域合作的重要内容，加快推进区域一体化发展步伐，不断拓展合作领域与空间。

三、紧扣主线

区域合作工作必须紧紧扣住区域协调发展这条主线，就是要把不断缩小区域发展差距作为核心任务和根本目标，充分借助特殊的手段和机制，推动资源要素的流动、重组与产业的转移、调整，最大限度地发挥地区比较优势，实现合理分工；着力打破各种形式的垄断，深入推进区域一体化；帮助欠发达地区加快发展，努力推进基本公共服务均等化；协调解决区域间的重大问题，促进区际良性互动。

紧扣主线并不意味着区域合作工作要忽视必要的利益原则。从根本上说，建立在利益原则基础上的区域合作才是可持续和具有创造性的。区域合作强调的是注重在优势互补基础上的利益共享与互利共赢,甚至在帮扶的前提下,也强调支援方与受援方尽可能体现这种要求。紧扣主线也不意味着无视各地的发展阶段和发展"瓶颈"强求统一的工作重点与合作方式,区域合作必须从各地实际出发,坚持因地、因时制宜,实施分类指导。

四、服务中心

区域合作工作着眼于促进区域协调发展,很重要的就是要服务中心,也就是说,区域合作工作要按照各级党委、政府的当前工作总体部署和基本思路来展开。服务中心,既是促进区域协调发展的内容,也是积极履行促进区域协调发展职责的条件。只有服务中心,才能纳入各级党委、政府的重要工作日程,获得促进区域协调发展的有利优势;只有服务中心,才能直接面对重大的、紧迫的现实问题,获得开拓进取的、丰富深厚的工作动力;也只有服务中心,才能促进工作能力与效果的提升,从而在与时俱进、应对挑战中不断巩固和提升区域合作工作的水平。

近期工作与远期工作从来都是分不开的。立足服务中心抓好当前工作,并不是不要远景目标,也不是不顾长远发展,恰恰相反,近期工作不能只顾眼前,要围绕长远目标展开,这样才能更好地服务中心。着眼于近、远期,结合"服务中心",要特别做好如下两点:一是要贴近实际,加强调查研究,保持对工作的敏锐性,及时掌握区域合作的走势和需求,以跟上时代节拍,始终与党和政府的总体战略部署相吻合;二是要贴近中心,积极请示汇报,勇于承担相应的工作责任,按照党委和政府的统一部署推进区域合作工作,以获得更广阔的工作平台和强有力的支持,把区域合作工作做强做大。

五、拓展领域

对于区域合作来说,工作领域体现着工作的深度和广度,决定着工作的可持续性,从而也决定着区域合作系统的影响力和生命力,应该把拓展领域问题,放在区域合作工作的突出位置上。要围绕转变发展方式、推进结构调整的需要，着眼于提高经济发展的稳定性、协调性和可持续性开展区域合作工作；要根据促进区域协调发展的需要，着眼于促进生产要素合理流动和优化配置、培育形成新的经济增长极来开展区域合作工作；要适应深化区域合作、促进良性互动的需要，着眼于形成推动区域合作的工作合力。

在具体工作中，重点要以打破各种形式的垄断为突破口，推进区域市场一体化；以统筹大型项目规划建设为依托，推进基础设施互联互通；以建立健全区域协调发展和合作互动的法律法规和组织机构为重点，推进管理体制有效对接；以促进企业联合协作为主要抓手，推进产业结构调整和优化布局；以加强和改善对口帮扶为重要途径，加快欠发达地区发展步伐；以协调解决重大社会与生态问题为契机、着力构建和谐的区域发展环境；以加强资源与市场合作为重点，推进国际区域合作。

六、完善方式

推进区域合作，要根据形势发展变化的需要，立足于推进区域协调发展，着眼于统筹规划，不断创新和丰富区域合作的方式，进一步提高区域合作的层次，全方位地推进区域经济一体化。完善区域合作的工作方式，重点要发挥政府和市场"两只手"的作用，建立健全必要的工作机制，形成灵活多样而又高效运转的工作方式。

在实际工作中，一方面要借助各类合作平台推进区域合作，另一方面要积极尝试新的区域合作方式。具体地说，就是要切实发挥各类社会组织的作用，广泛运用行业协会、商会等合作中介，建立起政府、企业、社会团体等各方面共同推动、共同参与的合作机制，形成区域间城市间多层次、广范围的合作模式；要围绕不同的主题，以设立各类合作试验区、示范区的形式创新合作方式。

七、创新体制

做好区域合作工作，必须有强有力的组织保障。要积极争取各级党委和政府的支持，尽可能实现机构设置及职责权限授予等的一致。做到这一点，其依托是体制创新。第一，内部体制创新，包括内部管理体制、运作机制等的创新，要充分调动整体机构的潜能和每一个工作人员的积极性。第二，对外体制创新，包括管理方式、合作形式等的创新，要广泛动员各种积极力量，有效借助其他组织机构、工作平台和操作路径。要主动加强与其他政府部门的合作，合作中力求做到在身份上善于当"配角"，在工作上敢于当"主角"，通过合作或配合拓展工作领域与业绩。要高度重视与非政府区域合作组织的合作，帮助其解决发展中的问题，推动其在促进区域合作方面发挥特殊作用。

八、深化开放

合作本身就是开放，或者说是开放的结果。推进合作，必须深化开放。区域合作不仅要立足国内，更要面向国际，把推进区域合作与深化对外开放紧密结合起来，在推动国内区域合作的同时，要大力开展国际区域合作。要全面适应国际形势变化和国内发展的要求，把扩大内需与稳定外需结合起来，把"引进来"和"走出去"结合起来，把推进商品要素流动型开放和拓展规则、管理等制度型开放结合起来，不断提升对外开放的广度和深度，努力开创国际区域合作的新局面。

要充分利用"一带一路"等已有的国际合作架构与平台，进一步巩固和提升已有的国际区域合作。各有关地方要主动参与进来，积极扮演合适角色，为地区经济发展服务。与此同时，要适应新的形势发展要求，从国家整体和各地区的实际出发，不断创新国际区域合作模式和机制，着力扩大国际区域合作的范围和领域。

九、提高素质

对区域合作工作来说，要着力提高区域合作干部队伍的政策水平，特别要认真学习、深刻领会党中央、国务院关于贯彻落实区域协调发展的战略决策和重要思想，系统掌握关于推进区域协调发展和区域合作的方针政策。要着力提高区域合作干部队伍的知识水平，把握时代进步，适应工作需要，不断完善知识结构，努力提高认识客观规律、处理复杂问题的能力。一是加强教育。要充分利用自有培训手段，并借助外部培训机构对区域合作系统干部分期分批进行培训，广泛开展促进区域协调发展推进区域合作的理论与政策、现代科学知识教育，努力提高政治业务水平、增强分析问题与处理问题的能力。二是推进交流。要通过合作调研、参观访问、轮岗借调等多种形式，推进系统间的相互学习、相互借鉴，达到互相促进、共同提高的目的。三是完善机制。要依靠体制和规则创新，不断完善干部素质提高的环境。建立有利于优秀人才脱颖而出的有效机制，形成鼓励干部勇于探索、积极创新的良好氛围。

下篇

Part III

党的二十大报告指出，从现在起，中国共产党的中心任务就是团结带领全国各族人民全面建成社会主义现代化强国、实现第二个百年奋斗目标，以中国式现代化全面推进中华民族伟大复兴。

促进区域协调发展既是中国式现代化的重要内容，也是中国式现代化的重要支撑，在新时期国家发展全局中处于更加重要的位置。要适应中国式现代化建设的新形势新要求，进一步增强系统思维，明确目标导向，着眼解决突出问题，加快构建优势互补、高质量发展的区域经济布局，促进区域协调发展全面迈向新时代。

第十二章
区域协调发展在现代化建设中的地位和作用

促进区域协调发展,事关一些全局和关键问题的解决,在国家现代化建设中具有重要的地位和作用。

第一节 区域协调发展是推进高质量发展的重要保障

高质量发展是全面建设社会主义现代化的首要任务,而区域协调发展不仅是高质量发展的重要内容和内在特征,也是实现高质量发展的有力支撑和有效保障。

一、高质量发展的内涵

党的十九大明确提出我国经济已由高速增长阶段转向高质量发展阶段,经过这些年的实践,高质量发展的内涵和特质日益清晰。基于中央的部署和要求,可把高质量发展做这样的理解。

(一)高质量发展是体现新发展理念的发展

面对不稳定性不确定性明显上升的国际形势和深刻复杂变化的国内环境,传统发展模式难以为继。党的十八大以来,中共中央对发展理念和思路作出及时调整完善,中共十八届五中全会明确提出了创新、协调、绿色、开放、共享的新发展理念,全面展示了高质量发展的品质,构成了一个相互支撑、有机配合的完整系统。高质量发展必然是创新成为第一动力、协调成为内生特点、绿色成为普遍形态、开放成为必由之路、共享成为根本目的的发展。换言之,推动高质量发展,必须把创新摆在国家全局的核心位置,特别要把科技自立自强作为国家发展的战略支撑;要促进城乡区域协调发展、促进经济社会协调发展,不断增强发展的整体性;要坚持生产发展、生活富裕、生态良好的文明发展道路,形成人与自然和谐共生新格局;要坚持实施更大范围、更广领域、更深层次的对外开放,构建广泛的利益共同体;要坚持以人民为中心的发展,使全体人民在共建共享发展中获得更多利益与幸福。

(二)高质量发展是经济质量、结构、规模、效益、速度、安全相统一的发展

经济的高质量发展不是片面追求某种需要的畸形发展,而是多重要件的综合反映和一体呈现。高质量发展意味着产品与服务水平的不断提升,人民日益增长的美好生活需要及时得到满足;意味着产业基础稳固坚实,经济结构不断优化,重大经济关系趋向协调;意味着资源要素节约集约利用,消耗排放减少降低,经济效益持续提高;意味着经济活力强劲,发展后劲充足,增长保持稳健,规模不断扩大;还意味着涉及经济命脉的各个重大领域安全运行,风险可控。概言之,经济的高质量发展是质的有效提升和量的合理增长的有机统一,是发展和安全的有机统一。

(三)高质量发展是在转变发展方式和进行质量变革、效率变革、动力变革基础上的更高质量、更有效率、更加公平、更可持续、更加安全的发展

更高质量是指经济结构不断改善、经济效益不断提升,新的优势得以持续塑造,发展能够给广大人民群众带来实实在在的享受或利益;更有效率是指充分发挥有效市场和有为政府的合力,以较低成本或代价最为迅速地化解了制约发展的问题与障碍;更加公平是指维护公平正义,保障各民族全体人民群众平等的发展机会和权益,推动公共资源均衡配置和发展成果共享,加快实现基本公共服务均等化和居民收入均衡化；更可持续是指坚持生态优先、绿色发展，促进各地区人与自然和谐共生，推动人口、经济发展与资源环境承载能力相适应，实现可持续的协调发展；更为安全是指粮食、能源、重要资源等供给充裕稳定，确保产业链供应链稳定安全，维护重要基础设施安全，维护国家金融安全，确保国家网络和信息安全，确保生态环境安全，实现关键领域自主安全可控，推动高质量发展和高水平安全良性互动。

（四）高质量发展是着力解决不平衡不充分问题，不断满足人民日益增长的美好生活需要、最终实现共同富裕的发展

新中国成立以来，我国人民生活实现了从基本温饱到总体小康再到全面小康的历史性跨越。但也要看到，我国人民群众生活品质还不高，群众在就业、教育、医疗、托育、养老、住房等方面面临不少难题；城乡区域协调发展仍不平衡，城乡之间、不同地区之间在技术、资金、人才等方面的积累和发展存在较大差距；居民收入和财富分配格局有待改善，中等收入群体规模滞后于经济发展水平，巩固拓展脱贫攻坚成果接续推进乡村振兴仍然面临不少问题和挑战。高质量发展就是要推动经济实现质的有效提升和量的合理增长，为满足人民日益增长的美好生活需要创造坚实的物质基础。要推动形成投资有回报、企业有利润、员工有收入、政府有税收、环境有改善的生产格局，不断提升人民生活品质，促进物的全面丰富和人的全面发展，推动全体人民共同富裕取得更为明显的实质性进展。

二、区域协调发展是高质量发展的核心内容

促进区域协调发展，涉及城乡协调发展、地区间基本公共服务均等化及共建共享、重要领域的区际协调联动等，所有这些，也构成了高质量发展的核心内容。

（一）实现高质量发展，必须缩小城乡差别，形成互促互补、共同繁荣的城乡协调发展格局

区域发展不协调，主体是城乡发展不协调，关键是农村发展薄弱。总体上

说，我国农村仍然处于欠发达或不发达状况，与城市存在着较大的差别。乡村不振兴，国家经济高质量发展无从谈起，全国现代化也无法圆满实现；而城乡差别过大且长期存在，最终会带来增长乏力、社会动荡等不良后果。如果说，全面建设社会主义现代化国家之最为艰巨繁重的任务在农村，那么，推动高质量发展最为重要的任务之一就是坚持农村优先发展，加快实现乡村振兴，通过推进农业农村现代化实现城乡协调发展。但乡村振兴难以依靠农村自身实现。城市是资源要素的主要集聚地，具有较强的辐射带动能力，且城市的发展长时期受惠于农村的廉价资源要素和农产品的支持。城市应存反哺之心、尽辐射之职，通过体制创新，推动以工补农，引领农村一道共同实现繁荣富强。

（二）实现高质量发展，必须保障人民平等发展权利，推进基本公共服务均等化

在社会主义制度下，人群不分高低、职业不分贵贱，每个公民具有平等的人身权利和同等的发展机会，而基本公共服务作为政府提供的一般性、普惠性服务，应是所有人群平等享有的权益与福利。推进公共服务均等化是促进区域协调发展的主要内容，也是高质量发展的核心任务。推进高质量发展，不仅要在大力发展生产力的基础上持续增加公共服务供给，更要坚持和维护公平正义，提高基本公共服务在地区间、人群间的均等化水平。过去一些年，国家为推进公共服务均等化实施了一系列重大举措，取得了多方面的成效，但这方面的矛盾仍然突出。部分地区公共服务供给水平较低，城乡间，城市户籍人口、常住人口、流动人口间基本公共服务存在着显著差别，地区间共建共享水平较低。基本公共服务供给水平和均等化程度反映着高质量发展水平和现代化建设程度，应坚定普惠性、保基本、均等化、可持续的方向，坚持发展支撑、政策引领、战略推动、体制倒逼，从解决人民最关心、最直接、最现实的利益问题入手，提高公共服务特别是基本公共服务的供给能力和均等共享水平。

（三）实现高质量发展，必须破除区域分割，形成各重点领域的协同联动

促进区域协调发展的实质是打破行政垄断和地区封锁，推动资源要素的高效流动和优化配置，借此实现分工合作，一体做强地区比较优势，提高经济效率与效益，而这也正是高质量发展的核心内容。受行政体制和既有利益等的影响，当前地方保护和市场分割的状况仍然在一些区域不同程度存在，制约经济高效循环，要素自主流动的关键堵点没能全面化解，高效规范、公平竞争、充分开放的全国统一大市场尚未建成。推动高质量发展，要深化区域合作，推动一些关键领域的统筹对接，特别是推动新型基础设施建设，高标准市场体制构建，创新链产业链供应链培育打造，生态环境的治理维护等的协同联动，全面形成有机分工、优势互补、相互支持、一体发展的地区发展格局与经济运行体系。

三、区域协调发展为推动高质量发展创造了条件

高质量发展是体现新发展理念的发展，而促进区域协调发展是贯彻新发展理念，实现发展目标的有效手段和重要条件。

（一）促进区域协调发展有利于提升创新能力与水平

创新是引领发展的第一动力。我国经济规模大而不强，经济增长快而不优，关键核心技术受制于人，今天比以往所有时候都需要强化创新。创新是全方位的，最根本是理论创新、制度创新和科技创新，而对于推进高质量发展来说，科技创新是直接的支撑与推手，或者说，是"牛鼻子"，在全面创新中具有引领作用。因此，国家强调，要坚持创新在我国现代化建设全局中的核心地位，把科技自立自强作为国家发展的战略支撑。但科技创新资源是有限的，对国家如此，对各地区更是如此，如果各自为政，不仅导致资源分割，而且会形成相互掣肘，使本不强壮的创新能力遭受进一步削弱。区域协调联动最大限度地集聚、整合优势资源要素，形成协同创新，造就区域最高科技创新水平，从而大大提高关键核心技术的攻坚能力。并以有力的科技创新作支撑，推进产业基础的高级化和产业链现代化。

（二）促进区域协调发展有利于形成人与自然和谐发展格局

绿色是永续发展的必要条件和人民对美好生活追求的重要体现，绿色发

展的本质是节约资源、保护环境，实现人与自然的和谐发展。我国资源约束趋紧、环境污染严重，发展与人口资源环境之间的矛盾较为突出，成为实现高质量发展的重大瓶颈制约。推进区域协调发展有利于立足资源环境承载能力进行有序开发，切实控制开发强度，不搞杀鸡取卵、竭泽而渔；有利于推动生态环境的一体保护和联动治理，在大气、水、土壤污染等关键方面的治理上取得高质量成效；有利于优化区域经济布局和国土空间开发保护格局，坚持山水林田湖草沙一体化规划，落实基本农田、生态保护、城镇开发等空间管控边界，强化国土空间规划和用途管控，使农产品主产区生产能力有效提升，生态功能区得到更好保护，城镇化地区紧凑集约发展。

（三）区域协调发展有利于深化开放合作

开放合作是历史发展大势，也是国家繁荣发展的必由之路。促进区域协调发展有利于破除地区之间利益藩篱和政策壁垒，进一步畅通合作路径，优化区域开放布局；有利于基于全国一盘棋谋篇布局，减少相互掣肘、发挥比较优势，增强对外竞争力；也有利于改善营商环境，提升国际高标准经贸规则对接水平，更可有效利用国际国内两个市场、两种资源。

（四）区域协调发展要求促进共建共享

共享是社会主义的本质要求，是高质量发展的重要特征。必须坚持发展为了人民，发展依靠人民，发展成果由人民共享，作出更有效的制度安排，使全体人民在共建共享发展中有更多获得感。促进区域协调发展，能够促进地区间资源要素互补，体制机制对接，从而有利于一体提升区域整体发展水平，促进地区间人民福祉的共同增长；能够推进教科、卫生、文化等基本公共服务跨地区全覆盖，从而使全域人民都能在最高水平上享用社会与科技创新成果；还能促进地区间开展各种形式的帮扶与支援，加快欠发达地区发展进程。

此外，"协调"是新发展理念的重要内容，而区域协调发展是其他方面协调发展的基础与支撑：城乡协调是区域协调发展的重要组成部分，物质文明与精神文明协调构成了区域协调的主要内容，也以区域协调为依托。无疑，区域协调发展能够为推动经济建设和国防建设融合发展提供坚实的保障。

第二节 区域协调发展是构建新发展格局的坚实基础

构建以国内大循环为主体、国内国际双循环相互促进的新发展格局，是全面建设社会主义现代化国家的重大战略举措，关乎当前，影响长远。对于构建新发展格局来说，区域协调发展不仅是有效手段，更是坚实基础。

一、构建新发展格局的重要意义

构建新发展格局，最本质的要求是着力打通生产、分配、流通、消费各个环节，高水平实现自立自强、高质量匹配供给需求、高效能畅通经济循环、高层次统筹内外，这是确保塑造我国竞争新优势的关键，是牢牢把握未来发展主动权的基石。

（一）加快构建新发展格局是适应我国新发展阶段的主动选择

我国进入了一个新的发展阶段，社会主要矛盾发生变化，新的奋斗目标业已确立。面对推动高质量发展的重大使命，必须通过构建新发展格局，打通生产、分配、流通、消费循环中的阻滞，破解供需流转、产业协同、区域协调的瓶颈，解决好发展不平衡不充分问题，巩固增强我国发展的基础和韧性，牢牢把握发展主动权。只有加快构建新发展格局，持续增强国内大循环内生动力和可靠性，不断提升国际循环质量和水平，才能夯实我国经济发展的根基，有效应对前进道路上各种可以预见和难以预见的风险挑战，确保中国式现代化建设行稳致远。

（二）加快构建新发展格局是深入贯彻新发展理念的重大举措

新发展理念是新时代破解发展难题，厚植发展优势，实现发展目标的思想指南，是推动我国实现高质量发展、建成现代化强国的行为准则。贯彻新发展理念，必然要求构建新发展格局。实施创新、促进协调、增进绿色、实现开放和推动共享应是新发展格局的内在特征和基本品质。在当前的实践中，仍然存在许多与新发展观念相悖的问题与做法，包括自主创新能力不足，市场分割、地方保护不同程度存在，城乡区域发展和收入分配差距较大，资源环境保护不力，制度性开放不足，公共服务区域共建共享水平不高等，着力构建新发展格局，将排除各种形式的堵点和障碍，全面推进市场与创新对接，充分调动各方面的积极性与能动性，使新发展理念落到实处、产生实效。

（三）加快构建新发展格局是应对国际环境变化的战略部署

当前，世界百年未有之大变局加速演进，国际力量对比深刻调整，大国博弈日趋激烈，国际环境更加错综复杂。与此同时，促和平、谋发展仍是各国人民的共同愿望。随着新一轮科技革命和产业变革迅猛推进，全球创新版图将加快重构，国际分工体系和全球价值链也将加快重塑。面对新的变化，必须主动构建新发展格局，准确识变、科学应变、主动求变，提升国内大循环内生动力和可靠性，增强对国际循环的吸引力、推动力，以国际循环畅通更好实现互利共赢、推动构建人类命运共同体，在高水平自立自强基础上参与和引领经济全球化，培育国际合作和竞争新优势，更好发挥我国的"大国优势"，使我国在激烈国际竞争中牢牢把握推进民族复兴主动权。

（四）加快构建新发展格局是发挥我国发展优势的内在要求

构建新发展格局具有坚实的制度保障。中国特色社会主义制度优势，能够将有效市场和有为政府紧密结合起来，既充分激发个体活力，让一切创造社会财富的源泉充分涌流，又能高效整合资源，集中力量办大事。构建新发展格局具有广阔的市场支撑，我国有14亿多人口、4亿多中等收入群体，是全球规模巨大、最具发展潜力的市场，经济领域横阔纵深，既能实行内部循环，又可带动外部循环，发展潜力巨大。构建新发展格局，具有坚实的物质基础，除拥有丰富人力资源、强大科研队伍和较充裕资本积累等外，还具有良好的基础设施和最为完整产业体系。近年来，我国在新型基础设施、新兴产业等方面，不断形成发展新优势。新能源汽车产能和技术水平跃居全球前列；风电、光伏、储能、核电、特高压等领域全产业链优势明显；高速铁路、5G通信、数字经济等领域全球领先,这些都为构建新发展格局创造了有利条件。

二、区域协调发展对构建新发展格局具有重要支撑作用

促进区域协调发展,能够在多方面疏通经济运行和市场循环的堵点,对加快构建新发展格局发挥着关键作用。

(一)区域协调发展有利于畅通经济循环

畅通经济循环是构建新发展格局的关键所在,也恰恰是促进区域协调发展的题中之义。区域协调发展,意味着各地区能够基于自身地理区位、资源禀赋和发展基础配置生产要素,其所呈现的区域格局是合理分工、错位发展;意味着各地区能够有效发挥、积极拓展比较优势,其所呈现的区域格局是优势互补、相互支撑;意味着各地区能够突破地域限制开展经济活动,其所呈现的区域格局是一体发展、互利合作;也意味着各地区能够形成开拓内外市场的利益共同体,其所呈现的区域格局是和衷共济、合力攻坚。这样的格局,必然有利于供给与需求的动态衔接,有利于生产、分配、流通、消费各环节的协同贯通,有利于更加有力有效地利用外部资源和国际市场。从某种程度来说,促进区域协调发展就是构建新发展格局。要着力解决区域发展中存在的突出矛盾与问题,疏解制约经济循环的各种堵点与瓶颈。

(二)区域协调发展有利于构建全国统一大市场

进一步说,经济循环的畅通以高效规范、公平竞争、充分开放的全国统一大市场为载体。因此,构建新发展格局,必须着力构建全国统一大市场,而促进协调发展是构建全国统一大市场的重要途径。推动区域协调发展、实现区域高质量发展以资源要素的自主流动、跨区域利用配置和地区间协同联动、一体运行为前提或基础,而构筑这个基础要采取一些关键举措,特别重要的是排除地区间各种以邻为壑的阻隔和做法,着力在"软""硬"两个方面实现全面贯通:在"软"的方面,完善产权保护、市场准入、公平竞争、社会信用等基础制度,破除行政垄断、市场壁垒和地区封锁,在建设高标准市

场体系基础上实现地区间管理体制、运行机制和治理体系接轨对标；在"硬"的方面，统筹推进跨区域新型基础设施建设，协同建设一体化的交通、水利、能源、数字体系，形成互联互通、便捷高效的立体型基础设施构架。而如此，就破除了各种"自嗨式"的封闭小市场，"小而全"的内部小循环，形成了全国统一的大市场和内外连通的经济大循环。

（三）区域协调发展有利于释放内需潜力

构建新发展格局，必须立足于超大规模市场优势，持续扩大内需，培育更多的经济增长动力源。促进区域协调发展能够有效拓展发展空间，提振投资需求和消费需求，是释放和扩大内需的有力推手。从某种程度上说，促进区域协调发展，关键是加强欠发达地区特别是加快各种类型的困难地区的发展。于内需而言，欠发达地区与发达地区的差别有多大，内需潜力就有多大。扩大内需，要着力做好填平补齐的工作。无论是城市化发展，还是乡村振兴，无论是基础设施改造，还是基本公共服务水平提升，无论是优化产业结构，还是提高人民群众的生活水平，欠发达地区都蕴含着巨大的发展空间，把扩大内需的重点放到这类地区，会起到1+1>2的放大效应。而推动发达地区对欠发达地区的人才、产业、技术的转移和支持，不仅能促进欠发达地区加快发展，也能激活发达地区的创新与需求。此外，基于不同区域的资源禀赋和发展基础，实施有针对性的区域政策，将通过做强地区比较优势和增强区域发展能动性两个方面释放地区内需潜力，这不仅在拓展市场需求上起到事半功倍的效果，也能够推动形成多中心、多极点带动区域和国家增长的格局。

（四）区域协调发展有利于构建现代化产业体系

构建新发展格局，根本要求是提升供给体系的创新力和关联性，直接要求的是构建现代化的产业体系，提升产业链、供应链韧性和安全水平。促进区域协调发展，能从多方面优化提升产业结构，从而促进供给结构适应需求结构变化，以高质量供给引领和创造新需求，提升供求体系的韧性和对国内需求的适配性。一是促进合理分工。通过分工，化解因"小而全"导致的地区间产业发展恶性竞争和低水平重复，同时扬长避短做优做强比较优势，整体提升产业结构、增强产业发展的区域与国际竞争力。二是形成创新能力。化解地区各自为战导致的创新能力薄弱且相互销蚀的困难，通过区域协同整合创新资源要素，并以区域最高水平形成关键核心技术的攻坚能力，促进创新链产业链供应链的深度衔接，不断提升产业基础的高级化和产业链现代化水平。三是推动互促互补。在合理分工、实现特色发展和扬长避短、发挥比较优势的基础上，形成区域产业发展一体统筹、有机联动、相互支撑的格局，全面提升产业链供应韧性和安全水平，提高国民经济"双循环"的能力。

三、强化区域协调关键举措构建新发展格局

构建新发展格局需要统筹规划、系统推进。基于区域协调发展对构建新发展格局的重要支撑作用，要着力抓好一些关键环节。

（一）提高基础设施通达水平和均衡程度

基础设施具有战略性、基础性、先导性作用。推动基础设施均衡发展是畅通国内经济循环，加快构建全国统一大市场的基本任务，也是促进区域协调发展的一个重要举措。我国在重大科技设施、水利工程、交通枢纽、信息基础工程等方面取得了一批世界领先的成果，基础设施整体水平实现跨越式提升，区域间互联互通达到前所未有的水平，为从整体上形成东西南北纵横联动区域发展新格局创造了条件。但是，总体上看基础设施同国家发展和安全保障需要相比还不适应，基础设施建设方面的地区差距还很明显。应把握机遇，突出重点，促进平衡发展，统筹推进传统基础设施和新型基础设施建设，打造系统完备、高效实用、智能绿色、安全可靠的现代化基础体系，使之成为新发展格局和区域协调发展的坚实支撑。

（二）促进商品要素资源自由畅通流动

进一步清理并废止不合理规制，全面破除行政垄断与地区封锁；实施统一的负面清单制度，撤除各种形态的歧视性门槛；全链条构建市场运作公平竞争审查机制，平等维护各类市场主体合法权益，严厉打击不正当竞争行为。

（三）提升基本公共服务

公共服务关乎民生、连接民心、影响需求。我国公共服务体系日益健全完善，基本民生底线不断筑牢兜实。但是，地区间的基本公共服务不均衡问题仍然存在，推进基本公共服务均等化，缩小基本公共服务差距，增强人民群众获得感、幸福感、安全感，促进人的全面发展和社会全面进步，是区域协调发展的一项艰巨任务。要切实贯彻以人民为中心的发展思想，依托体制创新和政策调整，推动地区开放与城乡融合，去除城乡区域间资源配置不均衡、硬件软件不协调、服务水平差异较大等短板，不断提高基本公共服务水平与均等化程度。

（四）促进城乡协调发展

过去一些年来，我国深入实施新型城镇化战略、乡村振兴战略，城镇成为承载人口和高质量发展的主要载体，农村生产生活条件明显改善。但总的看，我国城乡差距依然明显。要立足于促进区域协调发展和构建新发展格局，充分发挥中心城市和城市群的带动作用，着力构建工农互促、城乡互补、协调发展、共同繁荣的新型工农城乡关系，促进城乡融合发展，畅通城乡要素流动，加快实现乡村振兴。

第三节　区域协调发展是实现共同富裕的有效途径

中国式现代化是全体人民共同富裕的现代化，实现共同富裕必须走区域协调发展之路。

一、共同富裕是一种高层次的公平均等

共同富裕是建立在公平均等理念基础上，而追求公平均等是人性的基本特征和人类的本能意愿。我国古贤对此早有深刻的揭示，其中不仅有以"大道之行、天下为公"为特质的"大同世界"的构想，也有"不患寡而患不均"

的谆谆警示。纵观我国历史的演进，"均贫富、等贵贱"差不多是所有改朝换代斗争的基本口号和思想旗帜，它带来的是一呼百应的效果。这一事实充分反映了人心所向。不甘贫穷、追求美好生活也是人性的基本特征和人类的本能意愿，人们希望通过奋斗推动生产力不断发展，获得越来越厚实的物质条件和越来越丰富的精神文化生活。因此，建立在贫穷基础上的公平均等并不是人民群众的最终期盼，也因为如此，它也无法给社会带来长久的稳定与和谐。公平均等和对美好生活的不断追求缺一不可，使共同富裕最终成为社会的理性选择与历史发展的必然结果。这也就是说，共同富裕是一种高层次的公平均等。

社会主义制度作为一种以公有制为主体多种所有制经济共同发展、让人民当家作主为特征的制度，使推动和实现共同富裕成为逻辑必然和本质要求。科学社会主义理论的创立者马克思恩格斯明确揭示了这一点。在《1857—1858年经济学手稿》中，马克思指出，"在新的社会制度中，社会生产力的发展将如此迅速，生产将以所有人的富裕为目的"。这意味着，共同富裕只能在公有制为主体的经济基础上实现，它不仅是社会主义制度的本质要求，也是最终衡量社会主义发展状态与品质的根本标准。推动经济社会发展，归根到底是要实现全体人民共同富裕。实现共同富裕是中华民族自古以来的理想，而社会主义制度在中国建立，为实现这种理想提供了实际可能和有效保障。共同富裕意味着全社会每一个区域，每一位公民都享有物质富足、精神富有的美好生活。但从根本上说，是要推动落后地区加快发展和收入长期处于低水平的人口实现富裕。在全面建设社会主义现代化强国的过程中，这些地区和人群实现了富裕，全体人民的共同富裕也就达到了。

二、现在已经到了扎实推动共同富裕的历史阶段

新中国成立以来，中国共产党带领人民向着共同富裕的目标不懈努力。面对着一穷二白、千疮百孔的旧基础，刚刚成立的人民政府就宣示了自己推动实现共同富裕的目标方向。早在1955年10月，毛泽东同志就在有关座谈会

上指出:"现在我们实行这么一种制度,这么一种计划,是可以一年一年走向更富更强的,一年一年可以看到更富更强些。而这个富,是共同的富,这个强,是共同的强,大家都有份。"改革开放后采取了让一部分人先富起来的方针,实现共同富裕的目标也没有动摇过。1990年12月24日,邓小平在同江泽民等中央负责同志谈话时指出,"共同富裕,我们从改革一开始就讲,将来总有一天要成为中心课题。社会主义不是少数人富起来、大多数人穷,不是那个样子。社会主义最大的优越性就是共同富裕,这是体现社会主义本质的一个东西"。党的十八大以来,中共中央把握发展阶段新变化,把逐步实现全体人民共同富裕摆在更加重要的位置上,推动区域协调发展,采取有力措施和改善民生。特别重要的是,带领人民打赢脱贫攻坚战,在中华大地上历史性地解决了绝对贫困化,为促进共同富裕创造了良好条件。全面建成小康社会,开启全面建设社会主义现代化国家新征程,把推动共同富裕摆到了更加重要的位置。2021年,习近平同志在《扎实推动共同富裕》中指出,"现在,已经到了扎实推动共同富裕的历史阶段"。为此,党的十九大强调,必须始终把人民利益摆在至高无上的地位,让改革发展成果更多更公平惠及全体人民,朝着实现全体人民共同富裕不断迈进。党的二十大报告明确,到2035年的发展目标之一,就是人的全面发展、全体人民共同富裕取得更为明显的实质性进展。

在实际操作中,应把握这样一些重要指导原则:

一是步履坚定、矢志不渝。建设中国式现代化,已把推动共同富裕无可逆转地放置到发展的进程中,成为不可或缺的社会使命和不能懈怠的工作职责。因此,应坚定方向,坚持做大蛋糕和分好蛋糕相结合,不断缩小城乡区域发展和收入分配差距,不断满足人民日益增长的美好生活需要,在推动共同富裕的道路上执着进取、稳步前行,不摇摆、不松动,直至达到理想的目标。

二是脚踏实地、久久为功。实现共同富裕涉及发展水平持续提升,也涉及体制关系的不断优化;涉及重点问题的化解,也涉及重大结构的平衡,是一项巨大而复杂的系统工程,也必然是一个较为长期的历史过程,不可能一蹴而就。因此，要保持战略耐心，坚持循序渐进，重在扎实，重在持续。

三是紧扣关键、立足公平。如前所述，共同富裕是一种高层次的公平均等，或者说，是一种建筑在物质富足基础上的公平均等。当前我国发展不平衡不充分问题仍然突出，城乡区域发展和收入分配差距较大，实现共同富裕需要解决好这个问题，有力遏制两极分化。解决这个问题不能靠搞"杀富济贫"，或在收入分配上搞平均主义，需要在推进生产力发展的基础上运用多种手段促进平衡协调发展。但造成城乡区域和收入分配差距较大的一个重要原因，是不同人群如城市居民与农村居民、不同要素如资本与劳动在发展权利和分配比重上的不平等。这个问题不解决好，推动共同富裕就难以取得实质性进展，城乡区域发展和收入分配差距还有可能扩大。因此，要紧扣实现制度公平、权利均等、机会统一这个关键下功夫，保障全体人民享有平等的公共权利和发展机会，以此为基础，运用各种有效的手段，推动全体人民共同富裕取得更为明显的实质性进展。

四是各显其能、因情施策。推动共同富裕要进行顶层设计和统一部署，更要鼓励各地区充分发挥能动性和创造性，从实际出发，紧扣目标方向探寻富有效率的道路。在措施选择上，不搞一刀切，在推进节奏上，不求齐步走。

三、促进区域协调发展是推动共同富裕的重要手段

区域发展不平衡不协调是制约共同富裕的突出障碍。反过来，把握客观规律、突出重点环节促进区域协调发展，能够有效推动共同富裕。

（一）区域协调发展通过发挥比较优势做大做优社会财富"蛋糕"

共同富裕的基础是加快发展生产力，做大做实社会财富"蛋糕"，通过高质量发展不断保障和改善民生，化解当前存在的发展不充分问题，使发展成果更多地惠及全体人民。实践表明，做强做大比较优势是各地区加快生产力发展的最佳路径。而最大限度地发挥比较优势，又正是促进区域协调发展的核心内容和关键举措。

相对于其他发展模式，发挥比较优势至少能从三个方面提升区域经济效率。一是着力扬长避短。比较优势就是市场、就是生产力，建立在地区最好生产条件利用或资源要素最优配置基础上的发展，必然是最具创新力和高质量发展。二是化解不良竞争。发挥比较优势意味着走错位发展和特色发展之路，这有效避免了地区间同质化而形成的恶性竞争，从而避免或减少了对地区生产效率的销蚀。三是推动优势互补。通过发挥比较优势形成地区间合理分工，进一步形成相互依赖、有机支撑的产业链供应链，从而大大增强区域资源要素聚合度和自主创新能力。新形势下促进区域协调发展，应当进一步依据地理区位、资源要素禀赋、现实经济基础等状况，进一步发挥各地区比较优势宜农强农、宜工优工、宜商壮商，不盲目跟风，不效仿一个模式。坚持下去，就能快速做大生产力财富"蛋糕"，从而为实现共同富裕奠定坚实的经济基础。

（二）区域协调发展通过加快补齐短板切好分好社会财富"蛋糕"

社会主义制度不仅要求尽可能高的生产效率，同时也要求尽可能公的社会平等，使每一个地区、每一个人拥有美好的生活是共同富裕的基本特征。推动共同富裕，要在做大社会财富"蛋糕"的同时，切好分好"蛋糕"，其关键是加快补齐欠发达地区、低收入人群发展短板，使发展成果更公平地惠及全体人民。促进区域协调发展根本所在就是解决城乡区域发展和收入分配差距过大问题，因而是补齐发展短板，切好分好"蛋糕"的重要举措。

基于区域协调发展要求补齐欠发达地区、低收入人群发展短板，可以实施的手段主要有：加大政策倾斜，强化对欠发达地区战略指导、平台支撑、工程建设、财政转移、金融支持、公共服务提供力度；深化改革创新，保持全体公民同等人身权利和平等发展机会，保障城乡要素平等交换、双向流动；优化收入分配，切实提高劳动报酬在初次分配中的比重，加强对高收入者的税收调节和监管；健全平衡机制，采用适宜形式，对承担安全、生态、粮食等战略功能的区域进行利益补偿；推动对口帮扶，强化发达地区与欠发达地区间体制对接、产业转移承接和人才技术交流。

第四节　区域协调发展是统筹发展和安全的关键支撑

国家安全体系和能力现代化是国家现代化的重要内容。促进区域协调发展，一端连着发展、一端连着安全，是统筹发展和安全的有力支撑。

一、统筹发展和安全的内涵与意义

党的十八大以来，中共中央把国家安全贯穿到党和国家工作各方面全过程，同经济社会发展一起谋划、一起部署，坚持发展和安全并重，国家安全得到全面加强。中共十九届五中全会强调，要坚持总体国家安全观，实施国家安全战略，维护和塑造国家安全，统筹传统安全和非传统安全，把安全发展贯穿国家发展各领域和全过程，防范和化解影响我国现代化进程中的各种风险，筑牢国家安全屏障。推进国家现代化建设，必须健全国家安全体系，增强国家安全能力。

国家安全涉及领域宽广，包括政治安全、国土安全、军事安全、经济安全、文化安全、社会安全、科技安全、网络安全、生态安全、资源安全、核安全、海外利益安全、生物安全、太空安全、极地安全、深海安全等多个方面的基本内容。维护国家安全和社会稳定，是我国在推进现代化发展中必须面对的一个重要问题。而统筹发展与安全，是要科学认识和处理发展和安全的辩证关系。安全和发展可谓一体之两翼、驱动之双轮。安全是发展的前提，发展是安全的保障。没有发展，其他一切活动都难以有效展开和持续进行。要坚持把发展作为第一要务，坚定不移地贯彻新发展理念，构建新发展格局，推动高质量发展；但没有安全，发展无法正常进行，发展成果也不能切实维护。因此，要同时把国家安全作为头等大事，采取有力措施抓实抓好。总起来说，国家现代化是高质量发展和高水平安全的完美统一。在推进经济社会可持续发展的同时，要推进国家安全体系和能力现代化，坚决维护国家安全和社会稳定。

二、区域协调发展能够有力支撑统筹发展和安全

各种安全的空间载体是区域，促进区域协调发展对统筹发展与安全有着多方面的积极功效。

（一）区域协调发展有利于提高产业发展韧性

提升产业链供应链韧性和安全水平，是推动经济高质量发展、加快建设现代化经济体系、维护国家产业安全的重要组成部分。当前，国内外形势发生深刻复杂变化，外部冲击频发导致全球产业链供应链风险骤升，"卡链""断链""掉链"风险上升，国际循环出现局部性梗阻，我国产业链供应链不确定不稳定因素增多。

区域协调发展能够推动各个地区相互配合，有效促进地区间分工协作，把过去以效率为导向进行产业布局，逐步转变为以安全和效率并重进行产业布局。当前我国部分关键产业、产业链关键环节区域分布过于集中，抵抗风险的水平较差。通过区域协调发展促进各地发挥比较优势，共同构筑安全可靠的产业链供应链，推动链条不同环节相互衔接配合，加快推进产业基础高级化、产业链现代化，可以在更高水平更大范围形成强大国际竞争力，在合作中提高国家产业链和供应链韧性和安全水平。另一方面，产业链供应链的形成是生产要素自由流动和优化配置的结果，产业链供应链的质量取决于要素流动的水平。区域协调发展有利于促进人才、资金、商品、技术等要素自由流动，为各地区提供更广阔的市场空间和更优质的营商环境，精准招引科技含量高、产业带动强的投资项目，吸引高端生产要素集聚。

（二）区域协调发展有利于促进社会和谐稳定

我国疆域辽阔、地域类型多样，不同地区资源承载力、环境容量、市场条件、人口状况、产业基础等差异显著，决定了区域发展不平衡不充分的短板弱项将长期存在，也意味着人民群众在发展中的获得感和幸福感存在差异。

在区域发展水平存在差距的情况下，通过区域协调发展着力提升各地区

基本公共服务保障能力，逐步建立起权责清晰、财力协调、标准合理、保障有力的基本公共服务制度体系和保障机制，逐步缩小县域间、市地间基本公共服务差距，加快补齐民生领域存在的诸多短板，切实改善人民生活，促进人的全面发展，对于维护社会和谐稳定起到了关键作用。通过区域协调发展支持开展区域间对口支援，促进人才、资金、技术向欠发达地区流动，促进民族交往交流交融，筑牢社会稳定和长治久安基础。面向经济转型升级困难地区，组织开展对口协作（合作），构建政府、企业和相关研究机构等社会力量广泛参与的对口协作（合作）体系，努力缩小地区、城乡、收入三大差距。

（三）区域协调发展有利于因地制宜提升安全保障能力

区域协调发展是从全局着眼、局部着手来解决发展不平衡不充分的问题，能够把中央和地方、政府和市场全面有机结合起来，促进实现高质量发展，既通过协调发展提升整体合力，又能通过合作帮扶补齐局部短板，可以有效促进国家整体层面和地方局部层面等不同层次的安全保障水平。

国家安全内涵丰富，与区域协调发展直接相关的领域主要包括国土安全、经济安全、社会安全、粮食安全、生态安全、能源安全等。区域协调发展通过加强民族团结和基层维稳能力建设，打通陆海联运大通道，深入推进丝绸之路经济带核心区建设，提高边疆地区安全稳定发展水平，提高国土安全保障能力；区域协调发展通过提升区域产业协作水平，增强产业链供应链安全水平，保障国家经济安全；区域协调发展通过提高居民基本公共服务均等化水平，促进提升社会保障能力，能够促进社会和谐稳定，对社会安全发挥重要作用；区域协调发展推动粮食主产区加强耕地数量、质量、生态三位一体保护，牢牢守住耕地红线，优化农业生产力布局，提升农业综合生产能力，维护国家粮食安全；区域协调发展推动重点区域重要生态系统保护修复，筑牢国家生态安全屏障，建立健全生态产品价值实现机制，推动绿水青山向金山银山转化，提升生态功能区绿色发展内生动力，有效保障国家生态安全；区域协调发展因地制宜统筹推动能源资源大省能源保供和绿色低碳转型，建设综合能源基地，构建新型能源体系，保障国家能源安全。

第十三章
区域协调发展面临的新情况与促进的基本方向

当前，我国区域发展形势是好的，同时出现了一些值得关注的新情况新问题。要廓清形势、正视挑战，把握方向，推动区域协调发展迈上更高水平。

第一节 区域协调发展面临的新情况

我国经济发展的空间结构正在发生深刻变化，区域间发展绝对差距仍然较大，部分地区经济发展活力不足，特殊类型地区振兴发展存在困难，动力极化现象日益突出，重大生产力布局调整任务艰巨。

一、区域间人均地区生产总值差距仍然较大

2022年，全国经济总量迈入120万亿元大关，人均国内生产总值达到85698元，从31个省市区的人均地区生产总值看，11个达到了全国平均水平线，其中北京、上海、江苏3个省市人均地区生产总值超过2万美元，与此同时人均地区生产总值在6万元以下的省份还有7个。2006年，全国人均地区生产总值最高的上海市是最低的甘肃省的6.7倍。2022年，全国人均地区生产总值最高的北京市是最低的甘肃省的4.2倍，差距依然较为悬殊。

二、东西部发展差距仍然较大

东西部的差距主要是发展水平和发展阶段的差距。近年来，东西部发展增速差距持续缩小，西部地区经济增速连续多年高于东部地区。但东西部之间经济总量和人均的绝对值差距依然较大，2022年，东部地区经济总量是西部地区的2.42倍，东部地区人均地区生产总值达9万元，与西部地区的绝对差距扩大到4.14万元。东部地区人均地区生产总值是西部地区的1.64倍。与此同时，东部地区结构调整步伐快于西部，发展质量和效益优于西部，在区域创新能力、对外开放水平、新兴产业发展、基本公共服务保障等方面东西差距仍然较大，西部地区研发经费投入强度仅为东部的一半，社会公共服务"软件"差距较为明显。

三、南北方分化日益显现

近些年来，我国经济走势分化状态由"东西差距"逐渐演变为"南北差距"。南北方的差距主要是经济增速和总量水平差距，主要是部分北方地区在产业转型、绿色转变、市场转轨等转型转换过程中具有的特殊艰难曲折所导致的。2013年以来，我国南北发展差距开始出现，北方部分地区经济发展活力不足，东北地区多年来经济增速低于全国平均水平，老龄化程度高于全国水平，西北地区资源环境保护压力突出，经济发展基础较为薄弱，经济转型升级相对滞后。近年来南北分化延续深化，主要表现在以下几个方面。经济增长"南快北慢"，2013—2022年，南北方经济年均增速分别为6.6%和5.7%。经济份额"南升北降"，2022年北方地区经济总量占全国比重仅为35.6%，与南方地区经济占比差距从2013年的21.9个百分点扩大到28.8个百分点。创新能力"南强北弱"，2021年，南方地区授权专利总数是北方的2.5倍，工业企业研究与试验发展经费支出占地区生产总值的比重是北方的1.5倍，北方地区发展活力相对不足。区域发展存在循环累积效应，南方总量大、增速快，北方总量小、增速慢，南北经济如持续分化，将导致北方优质生产要素加速向南方流动，影响区域经济均衡协调发展。

四、经济极化现象进一步强化

城市群和中心城市极化效应突出，经济活动呈现出向城市群集中的明显态势，京津冀、长三角、珠三角、成渝、长江中游、关中、中原等19个城市群占我国经济总量的比重逐年上升，2022年超过80%，是我国经济发展的重要增长极。京津冀、长三角、珠三角三大城市群经济总量超过了全国的40%，规模经济效益明显，创新要素集聚，高水平人才密集，对外开放走在前列，成为引领我国经济高质量发展的动力源，成渝地区双城经济圈建设势头强劲，正加快培育成为我国经济高质量发展的新动力源。东部沿海地区由于独特的经济基础条件，在吸收外资和自我积累方面优势显著。2020年，沿海地区省份高新技术企业超过10万家，占全国比重达77%；技术合同成交额1.2万亿元，占全国比重达68%。其中，北京、天津、上海、广州、深圳等9个国家中心城市以占全国1.7%的国土面积集聚了11.1%的全国人口，创造了19.3%的生产总值，是我国自主创新的主要源头。仅深圳市就集聚了超过3万家高科技企业，培育出华为、大疆等具有全球影响力的明星企业。

五、人口流动进一步向优势地区集中

2020年第七次全国人口普查结果表明，我国人口众多的基本国情没有改变，但人口分布出现了新变化，人口流动更趋活跃，跨区域转移加快，人口持续向沿海、沿江地区等优势区域集聚。

从区域看，2010年至2020年的10年间，东、中、西部地区人口分别增长5753万、795万、2249万，东北地区人口减少1100万，东部地区人口所占比重上升了2.15个百分点，中部地区人口所占比重下降了0.79个百分点，西部地区人口所占比重上升了0.22个百分点，东北地区人口所占比重下降1.2个百分点。东部和东北形成鲜明对比，人口进一步向东部发达城市集聚。特别是，东北地区青年人口流出、老龄化发展加速，60岁及以上人口比重达到

24.26%，高于全国平均水平5.56个百分点，较2010年上升了10.23个百分点。

从省区看，第六次普查至第七次普查十年间，我国31个省级行政区中有25个实现人口增长，6个出现人口缩减。333个地级行政区中有151个出现人口缩减，较上一个普查周期（"五普"至"六普"，92个）大幅增长64%。东北地区除沈阳和大连外的所有城市人口均减少，西北地区的川陕甘、晋陕豫交界地区人口明显减少。与此形成鲜明对比，长三角、京津冀、珠三角三大区域常住人口显著增加，成渝地区、长江中游地区、黄河中下游地区中心城市人口集聚能力也明显增强。

从城市看，2010—2020年，人口正增长的城市有191个，占城市总数的57%，主要城市群人口集聚度加大，长三角、珠三角、成渝等主要城市群人口增长迅速。其中，2020年珠三角城市群人口比2010年增长了39.1%。人口增长超百万人的有39个城市，合计增长9862万人，增量最大的是深圳（720万）、成都（689万）、广州（597万）、西安（449万），老工业城市和资源型城市人口减少现象突出，负增长最严重的是绥化、四平、资阳、齐齐哈尔，分别减少166万、158万、136万、130万人。

六、区域产业分工协作向纵深演化

近年来，世界百年未有之大变局加速演进，全球产业链、供应链在疫情后呈现区域化、内向化发展态势，要素交换流动更加快速便捷，产业协作向价值链分工协作转变，部分产业呈现由东部加速向中西部转移趋势，这些都对我国产业空间布局产生深刻影响。

区域产业链价值链分工协作逐步深入。随着高铁网络、新一代信息基础设施等日趋完善，经济要素交换更加便捷频繁，产业链分工更加细化，区域之间从简单的供求关系向价值链分工协作关系演变。区域间产业协作目前已初步形成了"产业+资源""产业+劳动力""产业+市场""产业+资本"等多种协作模式，进一步促进商务流、信息流、资金流、技术流交互，实现资源、劳动力、市场、资本等的协同共振，并通过建立适当的利益分配机制，助推城乡区域协调发展，成为推动城乡区域高质量发展、协调发展的催化剂。

承接产业转移格局正在加速重构。东西部、南北方产业合作协作和承接产业转移出现了新的特点，以技术优势和创新优势为主要内容的区域分工正逐步取代以要素禀赋为主的区域分工。东部沿海加快向中西部地区实施产业转移，东部地区对中西部地区产业转移不仅仅局限于产业链中低端和上下游的传统低端产业，已经逐步扩展到电子信息、装备制造、新能源等高端产业，同时开始出现集群式转移、全产业链转移，并更加注重对转移承接地区综合成本的考量、对产业配套能力的要求及对转移承接地区营商环境和消费市场的考察。而部分中西部地区的龙头优势企业也开始将研发基地迁往东部地区，充分利用当地的科技、人才和总部企业集聚优势。

七、发展和安全还不够匹配

人口、产业等要素主要分布在"胡焕庸线"东南侧，而能源资源集中在西部地区，发达地区粮食、资源供给高度依赖远距离调入，一定程度上增加了粮食安全、资源安全的保障压力。

粮食生产和供需区域格局失衡。主产区省份尤其是主产区北方省份粮食供给压力持续增大，全国13个粮食主产区省份产量占全国粮食总产量78%以上；主销区由基本自给演变为基本依赖外源调入。粮食供需平衡高度依赖跨区域大规模运输，粮食调出能力集中在少数省份，2022年只有5个省份粮食调出能力超过500万吨，同时有23个省份已成为粮食净调入省份，影响到我国粮食生产的可持续性发展与粮食安全。

能源资源和消费逆向分布，区域性矛盾依然存在。能源资源集中在西部和北部地区，中东部地区资源相对匮乏，2022年"三西"地区煤炭产量超过全国的80%，而能源消费则主要集中在东中部地区，能源开发布局和流向亟待优化。能源供需平衡高度依赖远距离输送，能源保供压力较大。

部分关键产业、产业链关键环节分布过于集中。汽车、集成电路、电子信息等产业链条长，关键环节高度集中在东部沿海的局部区域，在遭受外部冲击时影响波及面广，可能对全国产业链的整体安全运转带来不确定性影响。以汽车制造业为例，2022年，我国汽车工业零部件三十强企业中，东部地区入围24家，中部地区入围6家，西部地区和东北地区为0，长三角遍布着两万多家中小微企业，几乎覆盖汽车所有生产环节。上海疫情期间，长三角地区汽车企业停产停工，直接造成京津冀、珠三角、成渝、吉林等主要汽车生产基地遭受较大冲击。

八、资源环境承载约束进一步收紧

部分地区已经接近甚至超越了资源环境承载能力，导致部分地区环境污染严重、生态退化明显、人地矛盾日趋尖锐。

自然资源无序开发情况仍然存在。我国人均耕地、林地、草地面积和淡水资源分布仅相当于世界平均水平的43%、14%、33%和25%，是全球13个贫水国家之一，全国2/3的城市不同程度缺水，水资源时空分布极不均衡，华北和西北耕地占全国的60%以上，人口占45%以上，水资源总量不到全国的20%，人均水资源量仅为南方的1/3。资源无序开发带来了严重负面效应，部分地区耕地数量减少，耕地后备资源质量较低；局部地区土壤退化严重，东北黑土地退化、南方水土流失、北方耕地盐碱化等问题突出；部分城市新区、开发区园区土地闲置低效，土地外延扩张的发展模式难以为继；黄河、海河、辽河等重要流域生态基流难以保障，华北平原、东北平原等地区地下水超采严重。

生态环境保护结构性、根源性、趋势性压力尚未根本缓解。我国环境容量有限、地域类型复杂、生态系统脆弱，平原、水网、丘陵、喀斯特和丹霞、草原、沙漠和雪域高原各种地貌交织，中度以上生态脆弱区域占全国陆地国土空间的55%，沙化土地面积达174万平方公里，石漠化面积达13万平方公里，生态保护和经济社会发展矛盾突出。同时，我国重点生态功能区往往也是相对落后地区，经济社会发展程度低，亟待在统筹发展和保护的原则下，探索绿色发展新道路。生态约束将对区域经济发展产生重要影响。例如，西北地区风光资源丰富，风光发电潜力巨大，但该区域生态系统脆弱，产业发展用水难以保障，成为这一地区发展的严重制约因素。

九、区域合作仍存在较多障碍壁垒

受发展理念、既有利益、模仿心理和管理方式等影响，现阶段区域合作仍然存在较多的障碍和壁垒，以行政区为基础单元的发展模式没有得到根本改变，部分地方发展思维仍局限于自身的"一亩三分地"，过度关注眼前利益、局部利益，各自为政、画地为牢，不关心建设全国统一大市场、畅通全国大循环，只考虑建设本地区本区域小市场、搞自己的小循环，进行地区市场封锁、市场分割和优惠政策比拼等，导致"大而全""小而全"的条块分割、自我循环，阻碍了全国统一大市场的形成，制约了资源要素的自由流动和高效配置，造成资源利用低效、低水平重复建设和过度同质竞争、行业集中度偏低、贪大求洋等一系列问题。值得注意的是，一些妨碍区域联动和一体化发展的限制举措，呈现出从显形状态向隐形状态转变、从行政手段向技术手段转变、从系统向零散转变的特点。这些障碍影响了区域协调发展的进程，损害了国民经济整体的效率和效益。

第二节 正确认识和处理涉及区域协调发展的重大关系

区域协调发展内联庞大而复杂的经济社会运行系统，外涉具体而实在的工作路径与操作方式，要不断开拓新局面，推向新高度，必须把握其本质要求和逻辑联系，从战略和策略上正确认识和科学处理一系列重要的关系。

一、在战略层面需把握的若干重大关系

基于总体或战略角度，促进区域协调发展要致力于处理好九个方面的关系。

（一）政府和市场的关系

我国实行社会主义市场经济体制，本质含义包括两个方面：市场在配置中起决定性作用；政府实施有效的宏观管理和经济调节。从资源配置效率的角度看，市场和政府都具有不完善性，即存在"市场失灵"和"政府失灵"缺陷。实践表明，完全的政府行政指令主导容易割断区域、产业及要素之间的内在联系，抑制区域经济发展的活力。这就是"政府失灵"问题。而纯粹的盲目追求利益最大化的市场调节容易导致"外部不经济"的情况，如造成环境污染加剧、空间开发混乱、产业无序布局等现象，这就是"市场失灵"问题。对促进区域协调发展而言，仅靠市场机制作用，很难缩小地区两极差距；仅靠政府作用，又很难实现区域发展效率的持续提升。必须正确处理好政府与市场的关系，把有为政府和有效市场有机结合起来。

政府与市场可以在区域发展的不同领域发挥作用，以实现整个社会的经济效益最大化。政府可以在"市场失灵"的方面起作用，政府以社会管理者的身份组织和实现公共物品及时且公平的供给，并对其进行监管，还可提供社会保障援助等对收入进行再分配，从宏观上把握和指导区域经济发展。市场则能在"政府失灵"的地方发挥作用，通过"看不见的手"对区域经济活动进行调节，使资源流向经济效益更高的地方，提高区域发展效率。

立足于区域协调发展，处理好政府和市场的关系，关键是要对两者进行科学定位与合理搭配。一是要充分发挥市场机制在资源配置中的决定性作用，打破地区封锁，建立全国统一大市场，实现生产要素在地区间的自由流动和产业转移。二是要充分发挥政府的管理、协调、服务职能，发挥政府作为促进区域协调发展的主体作用，不断缩小区域间的发展差距，保护好生态环境，促进区域间基本公共服务均等化、基础设施通达程度基本均衡、人民基本生活保障水平大体相当。

（二）中央与地方的关系

实现区域协调发展需要同时发挥中央和地方两方面的积极性。中央与地方相对一致的步调对实现区域协调发展目标至关重要。因此，需要在各级政府之间确定科学得当的制度安排，以保证既能赋予地方政府引导地区经济增长的动力，又能保证中央政府有能力平衡全局发展。

改革开放以来，我国中央与地方之间的关系，基本上是遵循着分权轨迹展开的。地方政府改变了上传下达的中转机构地位，逐渐成为本地区经济利益的代表、独立的投资主体和地域范围内从事社会经济管理的公共权力机构。由于发展经济的自主性提高，各地方发展经济的热情空前高涨，我国区域发展的总体实力明显增强，但与此同时，一些有悖于区域经济协调发展的现象亦随之出现，如区域间无序竞争、重复建设、产业同构，区际经济、社会发展差距不断扩大，公共产品供给不均衡以及日益严峻的生态环境问题等。

从国际经验看，在促进区域协调发展中，通过科学的制度安排、适时的制度调整，引导中央与地方政策的利益趋于一致，是解决区域问题的重要手段。从我国的实际情况看，促进区域协调发展，需要国家的统筹和支持，中央政府应健全法治、确定发展战略、编制发展规划、制定区域政策，进一步发挥主导性作用。同时，要通过国家层面的财政转移支付和公共投资，平衡地区间的社会发展差距和重大基础设施布局，改善地方经济发展的大环境，使不同地区的居民能够共享基本社会服务，增强各地经济发展的后劲。

然而，国家通过转移支付，仅仅有可能缩小地区间在公共服务供给和个人收入水平方面的差距，而难以直接惠及"地区差距"这一概念所包含的所有内容。换句话说，尽管财政转移支付、公共投资手段具有缩小地区差别的作用，但这种作用仍只是局部的、间接的，因而也是有限的，不可能凭借这一办法促进各地区完全实现经济与社会的快速、协调发展。当前区域问题的解决，更多地取决于地方政府落实国家区域发展战略、执行国家相关规划、响应国家有关政策的执行意志和能力。因此，各地区政府应在国家区域发展战略框架指导下，从本地实际出发，落实好区域发展相关政策，借助外部市场资源和国家的政策支持，着力发挥比较优势，深化体制改革，调整经济结构，推进自主创新，增强参与区域竞争的能力和高质量发展动力。

（三）行政区与经济区的关系

行政区是行政区划的空间表现形式，是一个国家为了实施有效管理和控制，根据一定的原则和标准，对领土进行划分、并设置地方国家权力机关和行政机关进行分区和分级管理的地域范围。行政区是相对固定的，合理的行政区域范围，能够防止有限财力、物力和政府精力使用的分散化，从而有利于区域经济的发展。但是，由于明晰的行政隶属关系和对自身经济社会发展指标的追求，又很容易导致行政区的自我封闭和垄断。

经济区是受经济增长点的极化力作用，以及自然与人文地理等因素影响而产生的具有一定市场容量和空间分工的地域范围，是客观存在的区域化经济活动的结果。既不是单纯的自然地理区域，也不是单纯的行政区域，其形成和扩大决定于经济增长极或经济增长点的形成和扩大。经济区是可以交错的，一个经济区往往包含着若干个不同层次的行政区。经济区范围的拓展不会损害各个行政区的独立性和自我发展能动性，同时也有利于各行政区的要素在更大范围内流动，它不仅使各个行政区域的优势得到充分发挥，而且能够有效地解决产业同构、低水平重复建设等问题，也能解决从各自利益出发导致的地区封锁、市场分割和恶性竞争等问题。

因此，行政区的发展是经济区发展的基础，经济区发展是实现行政区更快、更好发展的条件。在促进区域协调发展进程中，行政区和经济区承担着各自不同而又相互补充的职能。行政区是促进区域发展的基础单元，是实施区域发展战略的操作主体，行政区的经济发展重点和方式，将在不同层次上影响着区域协调发展的方向。经济区是在市场机制作用下形成的，是推进实施区域发展战略的主导力量，经济区的发展规模和质量，将直接影响区域发展的总体水平和资源配置效率。

要正确处理好行政区和经济区的关系，必须明确两者之间有机协调的目标，在保持行政区良性发展的前提下，着力消除制约经济区发展的体制机制束缚。一是建立行政区与经济区动态协调机制。通过相对稳定的协调机构，在发展战略、重大基础设施建设、重要产业政策等方面，进行区域间高层次的衔接，围绕经济区发展的目标形成协同配合的良好机制。二是在经济区内大力推进区域联合与合作，促进区域一体化，充分发挥经济区内资源、产业、市场优势加快发展自己，实现各地区的共同发展。三是各行政区要勇于开放市场，打破各种形式的垄断和封锁，尊重市场经济规律，着力推动区域市场一体化，加快实现资源要素在更大范围内优化配置。

改革开放以来，我国的经济体制由传统的计划经济向社会主义市场经济体制过渡，市场化改革的进程不断推进，从行政区经济开始向经济区经济拓展。在行政区经济发展的初期和中期，地方政府作为独立的利益主体，激活了当地政治、经济、文化资源，带来了地方经济的快速发展。但随着经济体制改革的不断推进，市场经济的深入发展，行政区经济的弊端日渐显现，导致了地区保护主义和市场分割，造成了地方重复建设和产业同构。党的十八大以来，在推动市场配置资源的决定性作用不断加强的同时，促使政府更好发挥作用，区域间开放合作持续走向深入，特别是中心城市引领都市圈同城化、都市圈带动城市群一体化，城市群辐射经济区的区域发展格局加快形成，各地结合实际探索具有特色的发展道路和运行模式，显著提升了区域的竞争力。面向现代化建设新征程，加快构建国内国际双循环相互促进的新发展格局，对妥善处理好行政区和经济区的关系提出了新的更高要求，必须按照构建新发展格局的要求，进一步突破行政区划界限，健全市场机制，促进生产要素跨区域合理流动和高效配置，建立全国统一大市场，以行政区与经济区的高水平动态协调推进区域经济的协调发展。

（四）发达地区与欠发达地区的关系

改革开放以来，我国东西部地区之间的发展差距仍然较大，近年来，南北分化问题又日趋明显，区域问题日趋复杂化，增加了我国区域协调发展前景的不确定性。这不仅成为国内各界思考的焦点，也引起了一些重要国际组织的关注。世界银行在其发表的有关报告中认为，改善欠发达地区经济增长的条件应作为中国改革政策措施应该注意的问题之一。

改革开放之初，邓小平同志提出"两个大局"的战略思想。思想上需要清醒的是，让一部分人先富起来，让一部分地区先发达起来，仅是一个实现整体协调发展过程中的手段和第一个步骤，带动落后地区发展，实现第二个大局的战略安排，才是"两个大局"战略构想的最终目的。促进区域协调发展应立足于更好处理发达地区与欠发达地区的关系。

发达地区能够实现率先发展，得益于"第一个大局"战略设计的顺利推进，得益于国家的政策倾斜，得益于欠发达地区能源、资源和生产要素的支持。发达地区的率先发展，是实现区域协调发展的重要物质基础。当前，在一些地区实现率先发展的背景下，带动落后地区发展条件已经具备。按照"两个大局"战略设计的整体构想，发达地区应进一步加大支持欠发达地区发展的力度，这是一种义务和责任，也是一种回馈与反哺。事实上，发达地区的进一步发展也要以欠发达地区自身状况的改进为前置条件。如果欠发达地区长期停留在贫穷落后的状态，发达地区再上新高的国内市场基础就会弱化，整个社会的长治久安也会受到影响。从这个意义讲，带动、促进欠发达地区加快发展，是盘活全局的关键举措，是实现国家繁荣稳定的现实选择。

欠发达地区要实现快速发展，必须有自己的产业体系作支撑。从国家政策引导的层面考虑，应为欠发达地区自身工业体系的培育创设路径。当前，我国一些发达地区已进入转型阶段，某些传统的低端、中端产业已不适于在这类地区发展布局，国家应适时出台优惠财税政策，引导其向欠发达地区转移。推动东部发达地区产业有序向欠发达的中西部转移，既是促进欠发达地区工业做大做强的重要环节，也是均衡国家重大生产力布局的重要环节。

要处理好发达地区和欠发达地区的关系，一方面要强调发达地区对欠发达地区的促进和带动作用，应以共同发展、互惠共赢为主线，不应以削弱发达地区进一步发展的基础为代价。发达地区是从人力、物力、财力和技术上支撑国民经济全局极为重要的力量。国家在促进欠发达地区加快发展的进程中，要积极加快发达地区的优势产业升级进程，保护好发达地区的发展活力。另一方面，欠发达地区也要明确，指望发达地区的"行政指令性帮扶"不符合市场经济规律，完全依赖国家的资金支持也不现实，更多地要坚持不懈地走制度创新之路,通过深入挖掘自身的比较优势,加强与发达地区互利共赢的"交融式"合作,积极培育内生发展动能。

(五)城市和乡村的关系

城市和乡村作为区域经济发展的两大空间载体,以各自的功能和作用共同推动着社会的进步和繁荣。它们之间既有相互促进、共同发展、共同提高的一面,也有相互排斥、相互摩擦和相互矛盾的一面。因此,只有正确处理城乡之间的关系,才能统筹城乡区域发展,实现经济效益和社会效益的有机统一。

总体上说,新中国成立以来,城市一直居于城乡关系的主导地位。在计划经济体制下,国民收入分配格局是围绕着有利于工业资本积累来进行的,通过"剪刀差"使广大农村对新中国工业化和城镇化作出了巨大贡献。改革开放后,以市场化为导向的改革不断深入,城市的发展优势更加明显,城乡差距进一步拉大。尽管近年来城乡收入差距有所缩小,但城镇化仍然是推动经济社会发展的基本动力之一,城市发展带来的聚集效益和规模效益仍有较大潜力空间,农村要素更多向城市流动仍是主流。在这种背景下,单靠市场的作用和农村自身的力量,很难实现农村的发展和进步。城乡差距已成为制约我国实现全体人民共同富裕的现代化的关键结构性矛盾之一。

近年来,中共中央、国务院提出城乡融合发展的决策,为各级政府部门处理新时期的城乡关系提供了总纲。在实践中,应注意把握如下几个问题。一是树立城乡并举意识。不能因为城乡差距存在就人为压制城市发展,也不能将城乡发展对立起来。也不能片面强调城镇化在推动经济社会发展中的重要作用,而忽视农村发展滞后、农业基础不牢这一发展短板,对城乡差距视而不见。二是政府各职能部门要确立构建良性城乡关系的工作原则。必须从社会发展的整体角度考虑城市和农村的利益分配与再分配,在国民待遇上根本改变城市和农村的不平等状况。三是在城乡发生互动作用的领域引入公平交易、利益共享,尤其是责任共担的机制。四是积极探索构建城乡融合发展机制。重点是改革城乡分割的户籍制度、社会保障制度和教育体制等,建立统筹城乡的文化教育事业、基础设施建设、产业布局、劳动就业、社会保障新机制。

（六）经济发展和社会发展的关系

实现经济发展与社会进步的良性互动是区域协调发展的主要目标。长期以来，各地区在发展中，比较重视和强调经济实力的提高，而对于人口、资源、环境的协调发展以及基本公共服务领域的发展没有引起足够重视，从而导致了经济发展和社会进步之间的失衡，比如社会结构调整滞后于经济结构调整、社会事业发展滞后于经济增长等。从区域协调发展的总体要求来看，经济发展是手段，社会进步是目的。因此，在全面推进区域发展的进程中，要把加快发展社会事业作为实现区域协调发展的重要举措，强化政府责任和投入，鼓励社会积极参与，继续以加强农村、基层社会事业为重点，加快覆盖城乡居民的基本公共服务体系和制度建设，推进基本公共服务均等化。一是要把经济发展与坚持以人民为中心的发展理念结合起来。在坚持加快经济发展的同时，切实解决群众切身利益问题和民生问题，加快建设覆盖城乡居民的基本公共服务体系，增加公共财政投入，切实加强义务教育、公共医疗卫生、公共文化、社会救助等基本公共服务体系建设。二是把经济发展与坚持公平公正结合起来。在坚持加快经济发展的同时，重点加强农村和基层社会事业建设。切实维护困难群众和弱势群体的基本权益，扩大公共财政和各种社会资源向农村和欠发达地区倾斜，努力缩小城乡和地区之间社会事业发展的差距，促进基本公共服务均等化。三是把经济发展与坚持社会事业统筹规划结合起来。坚持规划先行，重视推进社会事业专项规划的实施，保障基本公共服务和最薄弱环节优先发展，发挥规划在优化资源配置、统筹社会事业发展中的科学、规范、导向作用。四是把推动经济发展与深化社会体制改革结合起来。在加快经济发展的同时，坚持政府主导与发挥市场机制相结合的原则，努力推进社会事业领域的体制机制创新。强化政府在市场经济条件下的社会管理和公共服务职能，坚持基本公共服务由政府主导，强化公益性质，逐步理顺各级政府之间的事权关系，进一步明确相应的责权。同时，积极发挥市场机制的作用，大力发展社会服务产业，创新公共服务体制，积极探索公共服务提供方式，促进公共服务可持续长效机制的建立。

（七）发展和保护的关系

实现人与自然和谐共生，是中国式现代化的本质要求。区域经济发展和生态环境保护不是矛盾对立的，而是辩证统一、相辅相成的关系。一方面，发展经济不能对资源和生态环境竭泽而渔，不注重生态环境保护的发展是不可持续的发展，也必然会使资源约束趋紧、环境污染严重、生态系统退化等生态环境方面的欠账越积越多。另一方面，生态环境保护也不是舍弃经济发展而缘木求鱼，生态环境保护的成败归根到底取决于经济结构和经济发展方式的转变是否成功。实践充分证明，要在发展中保护、在保护中发展，实现经济社会发展与人口、资源、环境相协调，才能使绿水青山产生巨大生态效益、经济效益、社会效益。

新时代促进区域协调发展，要统筹环境保护和经济发展，兼顾双碳目标和保障民生，通过城镇"点"上的高质量发展带动区域"面"上的高水平保护，在发展中保护、在保护中发展，实现经济社会发展与人口、资源、环境相协调。

"点"上经济的高质量发展就是要集聚集约发展，引导人口经济与资源环境的合理配置。经济发展客观规律表明，产业和人口向优势区域集中，形成以城市群为主要形态的增长动力源，有利于提升经济总体效率，以点带面促进高质量发展。同时，通过集约高效地开发利用城镇空间，有利于为农业和生态功能区腾挪保障空间，促进生产空间集约高效、生活空间宜居适度、生态空间山清水秀，形成生产、生活、生态空间的合理结构。

"面"上生态环境的高水平保护就是要践行绿水青山就是金山银山理念，探索生态保护补偿机制和生态产品价值实现机制。"绿水青山就是金山银山"生动诠释了经济发展与环境保护之间的辩证统一关系。践行"绿水青山就是金山银山"发展理念，就是要摒弃以牺牲生态环境为代价、换取一时一地经济增长的做法，保护好森林、草原、湿地、湖泊、海洋等生态空间。生态优势地区,特别是承担生态功能的欠发达地区要树立绿色财富观,积极挖掘生态产品潜力,多途径促进生态产品价值转化。

(八)发展和改革的关系

改革开放40多年来的实践表明,处理好发展与改革的关系,是推动我国政治、经济、社会、文化建设的根本性问题,也是促进区域协调发展的重大主题。改革开放之初,我国东部沿海地区率先迈出推进改革和对外开放的步伐,为经济持续快速发展注入了强劲动力,为进一步深化改革和提升开放水平积累了宝贵经验。而我国中西部和东北地区发展相对缓慢,与区位资源禀赋有一定联系,但更与体制改革相对滞后、体制包袱相对沉重密切相关。同时,当前我国的财税、行政管理等领域的体制机制,还存在较多影响区域协调发展的因素。因此,要解决影响区域协调发展的重大问题,关键是要通过深化改革,不断消除体制性机制性障碍。要改革影响区域协调发展的体制机制,又必须通过加快发展增强经济实力,为改革创造基础条件。

当前,我国进入全面建设社会主义现代化国家新征程,促进区域协调发展,实现经济高质量发展,必须做到两手抓,即一方面要靠有效的区域政策促进经济社会的更快发展,要转变经济发展方式,实现完整、准确、全面贯彻新发展理念的高质量发展,提高经济发展的质量和效益,为深化改革赢得更多的回旋余地和宽松环境。另一方面要靠全面深化改革建立一个稳定发展的制度基础。要不失时机地推进重点领域和关键环节的改革,形成更加有效的区域协调发展新机制。要增强改革措施的科学性和协调性,为经济社会和区域协调发展持续注入新动力,保持全国又好又快发展的良好局面。要加快深化收入分配制度改革,加快财税金融改革,加快要素市场体系建设,加快推进行政管理体制改革。同时,要针对不同区域确立各自的改革重点,促进区域协调发展目标的实现。东部地区要继续发挥改革开放和自主创新的示范作用,在推进发展和深化改革两个方面创造出新的发展模式。中部地区要加快推进城市管理、行政管理等改革,通过体制机制创新提高发展的动力。西部地区要全面加快改革开放步伐,着力增强自我发展能力。东北地区要加快推进国有企业改革和经济对外开放,加快实现产业结构的优化升级。加快推进资源税费等改革,细化制定与国土空间体系相配套的政策体系。各地可以从自身实际出发,开展多层次、多类型的改革试点,积极探索促进区域协调发展的新机制。

(九)发展和开放的关系

统筹国内发展和对外开放是构建国内国际双循环新发展格局的必由路径,也是深入实施区域发展战略的必然要求。我国的经济发展既要有效利用国际资本、技术和市场,又要关注国际经济形势和全球资源配置格局的变化,这就需要高度重视国内发展和对外开放的协调问题。

立足新发展阶段,贯彻新发展理念,构建新发展格局,必须继续毫不动摇地实施对外开放的基本国策。坚持用全球战略眼光观察和谋划国内发展和对外开放,努力实现我国经济社会高质量发展。要适应全球化发展新态势和我国改革发展新形势,积极参与国际经济技术合作和竞争,全面提高对外开放水平。要在充分发挥我国比较优势的同时,扩大高新技术产品出口,扩大具有自主知识产权、自主品牌的产品和服务出口,扩大附加值高的产品出口,提高加工贸易的产业层次并增强国内配套能力。要把引进外资同促进国内产业结构调整结合起来,通过利用外部资源促进国内技术水平和产业竞争力的提升。要把积极推进国际区域合作与国内区域合作结合起来,积极参与国际区域经济合作机制,加强对话与协商,深化双边、多边经贸合作关系。

与此同时,要不断优化区域开放格局,提高各区域整体对外竞争力和发展活力。引导西南地区充分利用中国—东盟合作平台,将广东、广西、云南打造成我国面向东南亚南亚合作的核心区。支持西北地区加强与中亚、西亚国家合作,建设好新疆丝绸之路核心区,将西北地区的发展与向西开放紧密结合起来。支持东北地区加强面向东北亚区域合作。支持东部沿海地区继续率先开放发展和创新转型,加快21世纪海上丝绸之路建设,建设好福建21世纪海上丝绸之路核心区,走出一条更多依靠创新和转型实现区域经济发展的模式。

二、在策略层面需把握的若干重要关系

基于政策或策略角度，促进区域协调发展还需要处理好以下六个方面的关系。

（一）分类指导和一体联动的关系

分类指导和一体联动，是推进区域协调发展的两种有效手段。要坚持分类指导，提高区域政策针对性有效性，消除地区发展瓶颈制约，增强区域核心竞争力。同时，要促进一体联动，实现资源要素取长补短、优化配置，克服不良竞争，实现错位、协调发展。

分类指导是促进区域协调发展最重要的思路与原则。我国幅员辽阔、人口众多，各地区自然、经济、社会发展条件差异显著，推进区域发展必须因地制宜、分类指导，以充分发挥各地区的比较优势，形成合理分工基础上的有序发展，增强区域核心竞争力，推动形成优势互补高质量发展的区域经济布局。分类指导在空间指向上必然要突出重点，从各区域板块的实际出发制定相对独立的区域政策和区域规划，但这些区域规划和政策文件的制定又不是彼此孤立和相互隔绝的，而是根据国家战略方向，依据国民经济和社会发展总体规划制定的，是国家整体意志在局部的体现和落实，是推进"全国一盘棋"战略的有效途径、重要载体和具体步骤。也就是说，分类指导的区域政策与宏观政策是相互衔接、互为补充的，不存在所谓"碎片化"问题。不仅如此，它还有效解决了在实施一盘棋战略中容易出现的"一刀切"问题。近年来，我国东中西部区域增长格局发生历史性转变，一大批区域增长极陆续涌现，区域经济发展呈现出前所未有的活力与创造力，在实践上证明了分类指导的区域政策的科学性。未来应继续把分类指导作为制定区域政策的核心要求和基本出发点，在把握国家战略方向的基础上，坚持从各地实际出发，设定不同发展目标，提出不同任务要求，采取不同政策措施。

一体联动是促进区域协调发展的重要路径和有效手段，能够克服各自地域和条件的局限，在更大范围内利用和配置资源要素，实现资源要素的取长

补短、优化配置，并有效拓展发展的空间；能够促进各个地区实现合理分工，避免造成资源重复配置和市场恶性竞争，实现错位发展、协调发展，做强做大比较优势，提高整体竞争力和综合发展能力；还能够将先进地区的思想理念、管理方式、先进技术、优秀人才以及高水平的公共服务等通过适当形式传输到同一区域里相对落后的地区，提升这些地区追赶的速度和质量。简言之，对于发展较好地区来说，一体联动可以拓展更大的发展空间，而对于相对落后地区来说，不仅可以借力外部资源、技术，对接先进体制、规则，还能够把强有力的竞争对手转变为紧密的合作伙伴，从而加快自身发展。

实践中，处理好分类指导和一体联动的关系，要在两方面下好功夫：一是实施好一些重大的一体联动协同发展战略；二是推动各个地方深入开展各种形式的开放合作。近些年来，各地基于优势互补的各种形式的合作由浅入深逐渐拓展，取得明显成效和丰富经验。应认真总结和运用已有的好经验和做法，深入开展各种形式的合作，从资源要素有序流动、产业体系协作共兴、科技创新协同发展、基础设施互联互通、生态环境联防联治、公共服务共建共享、制度创新衔接推广等方面入手，促进全方位、多层次、多领域的合作联动，并以此为基础推进区域一体化进程。各地区要全面放下思想包袱、转换思维模式，做到真心实意的"联"、积极主动的"融"和丝丝入扣的"合"。

（二）单个区域战略实施和各战略互动融合的关系

制定实施区域重大战略目的是实现国家战略目标和提升对区域发展的引领带动能力，每一项区域重大战略的制定都是依据特定区域的自然环境、当前基础、主要矛盾和国家全局对该区域的需求等因素制定的，因此，它们的基本目标、战略定位、主要任务和基本政策安排都各不相同，这种不同是"因区制宜"的必然选择，也是体现战略实施目标的必然要求。但如果囿于实施单个战略，而不注重区域重大战略间的互动融合，就会造成战略分割和政策极差，进而带来新的区域发展不平衡甚至加剧地区分化。

党的十八大以来，中共中央推动实施了一系列区域重大战略，2014年提出京津冀协同发展战略，重点在于疏解北京"非首都"功能，打破行政区划分割壁垒，推动要素有序流动和资源合理配置，探索经济和人口密集地区优化发展的路径和模式。2016年提出了长江经济带发展战略，明确了共抓大保护、不搞大开发的战略导向和生态优先、绿色发展的战略定位，全面推动长江经济带高质量发展；2018年提出了粤港澳大湾区建设战略，旨在让香港和澳门在更好融入国家发展大局中获得更广阔的发展空间，进一步提升粤港澳大湾区在国家经济发展和对外开放中的支持引领作用。2018年提出了长江三角洲区域一体化发展战略，重点围绕高质量发展和一体化，加强不同层级地区、行业和领域间全方位协同互动，积累推广区域一体化和同城化发展的先进经验。2019年提出了黄河流域生态保护和高质量发展战略，旨在加强黄河流域生态环境保护，保障黄河安澜，推进水资源节约集约利用，推动高质量发展，将黄河打造成为造福人民的幸福河。2020年提出成渝地区双城经济圈建设战略，旨在推动都市圈城市群协同联动和城乡融合发展，打造带动全国高质量发展的重要增长极和新的动力源。区域重大战略充分考虑了我国国土空间类型多样、区域经济社会发展差别巨大的客观实际，明确了不同区域的差异化战略目标和发展导向，战略指导性和问题针对性强，战略实施体系和保障机制健全，对于促进不同战略区域高质量发展，扎实推动中国式现代化建设具有重大支撑作用。

但是，有着明确区域指向的单个区域战略，也为各战略间的相互隔断提供了潜在条件，如果对其简单封闭实施有可能造成各自为战或各司其政的问题，前者会使一些地区囿于圈中陷入自我循环境地，并在相互独立运作中使战略差别演变成为"战略分割"，后一种情况则阻碍了相关政策在地区间的融通和灵活运用，形成了地区间的"政策极差"。"战略分割"将导致要素自由流动直接受到限制，一些基于先行先试所形成的经验与做法得不到及时扩展，而规则、规制、管理标准等制度性要素开放也面临障碍等后果；而"政策极差"必然带来地区发展环境的差异、所得红利的悬殊，造成各地区发展机会的不均等和发展权利的不平等。也就是说，战略分割和政策极差都可能给区域发展带来新的不平衡,也可能带来不合理的地区分化。

促进各区域重大战略间的融合互动、融通补充,形成战略合力,有利于实现区域高质量发展与高水平均衡的有机统一,不仅能够更充分地激发每一个重大战略的潜能,助力各相关地区发展进程,而且有利于解决各自为战形成的诸多问题,促进区域协调发展和全面提升。

推进区域重大战略互动融合,要把握好三个关键。一是在总体上要确立战略间的开放性和贯通性,在区分一般原则和特殊规定、总体要求和定向指导、普遍赋予和特别授权的前提下,所有区域重大战略所体现的思路和要求都应向其他地区开放,包括向尚无区域重大战略覆盖的地区开放,允许甚至鼓励各个地区对体现市场经济本质要求和经济发展规律的制度、规则等自主吸收借鉴和移植复制。二是应最大限度保障战略间政策利好的平衡性,避免通过战略规划及其实施方案赋予经济发达地区直接的政策优惠或明确的财政金融等支持,同时应把对发达地区赋予的改革开放先行先试的权利主要集中于风险很大、成本较高、前景不明的事项上,切忌泛化。且一旦探索成功,就应该允许全国各地区自主运用或自由复制,以此最大限度地控制由政策极差形成的马太效应。三是推动并实现国家区域重大战略的互动融合,需要强有力的组织机构推动和长效机制保障。当前不少区域已经形成了卓有成效的区域合作机制,这种机制同样可用于推动区域之间各重大战略之间的联动,不需要另起炉灶、从头做起。考虑到区域战略对一个地区的特别重要性,合作交流机构应该以实施这些战略为抓手,统领整个区域的合作交流工作。在吃透各区域重大战略精神实质的基础上,对建设目标、定位、任务、举措等各方面进行精心梳理,形成操作清单,以适当的机制促进各战略在地区间的融合互动,让所有的地区都能享有区域重大战略所带来的利好。

(三)维护市场竞争公平性与强化对特殊地区支持的关系

追求公平正义是社会主义制度的核心要求,也是市场经济的本质规定。推进区域协调发展,必须恪守公平公正原则,把其作为制定各项政策的出发点。但与此同时,要继续强化对特殊地区的支持。

社会主义制度是追求公平正义的制度，建设市场经济也必须维护市场竞争的公平性，保障市场公平、公正和有序运行，这是毋庸置疑的，但据此质疑甚至否定区域战略中对一些特殊地区的支持，却是不正确的。一种比较有代表性的观点认为，目前国家对一些区域实施的支持性优惠政策，妨碍了市场公平竞争，破坏了统一市场规则，应予以废止，实际上这是一种误解。

从过去的实践看，在区域战略层面实施支持性优惠政策大体有两种情况，一种是对欠发达地区特别是"老少边穷"地区实行的所得税优惠等政策，比如对西部地区实行15%的所得税优惠政策、对赣闽粤原中央苏区所采取的相关优惠政策等，对这些地区加以支持既是改变其贫困落后面貌的需要，又是推进基本公共服务均等化的需要。从一个方面来说，这些地方基础差、底子薄、发展相对滞后，单靠自身努力，很难改变其生产生活状况落后于全国平均水平的状态，必须依靠国家政策支持，加快缩小其与发达地区的发展差距，争取与全国其他地区同步基本实现现代化。从另一个方面来说，加大对欠发达地区的支持力度，恰恰是为了体现平等公正的原则。市场公平性的核心内容是机会均等、发展权利均等。长期以来，为了支持工业的发展、支持城市的发展、支持沿海地区率先发展，农村、中西部地区作出了重要贡献，如农产品的低价销售、土地和劳动力等生产要素的廉价供应等。大部分农村、中西部地区仍然是欠发达地区，对这些地区的发展给予积极的、适当的支持，实际上是一种有限的补偿。也就是说，在基本公共服务的提供上，区域间存在着严重的不平等，政府对农村、中西部地区所提供的公共服务远逊于城市、东部地区。因此，对欠发达地区的支持，特别是在提供基本公共服务方面的支持，其实是一种必要的"还账"，是体现社会主义市场经济公平公正原则的必然要求。而且，在已经存在着较大地区差距的情况下，仅靠市场机制是难以实现缩小区域差距、促进区域协调发展的。必须发挥政府的作用，通过必要的政策支持等手段来加快解决地区差距过大的问题。这种做法不仅不违背市场的公正性，而恰恰是追求公正性和保证发展权利均等化的体现。实践表明，正是通过强有力的区域政策，扭转了长期以来经济增长速度东高西低的状况和地区差距不断扩大的趋势，为促进区域协调发展奠定了坚实的基础。还要强调的是，包括欠发达地区在内的特殊类型地区等需求潜力巨大，蕴藏的发展潜力也十分巨大，以适度的优惠政策激发这种需求、激活这种潜力，进而发挥这些地区的"后发优势"，对于促进经济稳定增长、实现社会大局的持续稳定，是十分重要和必要的。

另一种情况，是对一些发展改革实验区和示范区实行的某些优惠政策。比如对横琴的粤港澳合作示范区、前海深港现代服务业合作区、平潭综合实验区实行了一些税收优惠政策。这些实验区和示范区是探索发展改革特别是优化区域协调发展路径与方式的实验平台，在政策设计上，既考虑了实验主题的需要，也考虑了周边环境、国际通行做法和改革探索的要求。这类实验区和示范区的一部分设立在条件较好的经济发达地区，但这与对发达地区全面实行优惠政策完全是两码事。这种优惠政策实际上是一种先行先试政策，其目的在于改革创新、积累经验、摸索道路、提供示范。

因此，在制定实施区域发展战略过程中，必须坚持从实际出发，要始终注重维护市场的公平性，保证各地区和全体劳动者能够享有平等的发展机会，获得均等化的基本公共服务；同时，必须坚持分类指导，对处于不同发展阶段的地区给予差异化的政策支持，并基于试验示范的要求给予相关试验平台以特殊的政策安排。

（四）制定实施跨区域发展战略与着力缩小区域政策空间单元的关系

由国家主导制定区域发展战略规划，是推进区域协调发展的一个重要特色和手段。近年来，国家主导制定区域规划的重点放到跨省区、跨大区域层面，加强对西部、东北、中部、东部四大板块发展的统筹协调，推动沿大江大河沿边沿海和沿重要交通干线的经济带建设。第一，从事权看，编制跨省区、跨大区域的区域发展规划，是地方政府包括省级政府难以推动的，理应由国家承担，但我国地域辽阔、区情复杂、行政层级众多、区域板块大小交错，国家很难包办所有层级和区块的区域规划制定。第二，从现实基础看，这些年国家组织制定了一系列各种类型的区域规划，不仅基本覆盖了各个省区和重点地区，而且为进一步细化区域规划的制定打下了基础、提供了示范。随着京津冀协同发展、长江经济带发展、粤港澳大湾区建设、长三角一体化发展、黄河流域生态保护和高质量发展等重要战略的推出，国家重点组织跨省区、跨大区域层面区域规划制定的特点和成效都已得到明显体现。

但如果据此认为国家只能制定跨省区、跨大区域的区域规划，就不那么正确了。各个地区自然、经济、社会发展条件差异显著，这种基本国情决定了必须细化区域规划和区域政策单元。从理论上说，区域板块越细分，区域规划的指导性、针对性就越强，也越能精准发挥各个地区的比较优势，解决其所面临的瓶颈制约。所以必须进一步细化区域规划的空间板块，进一步缩小区域政策单元。从这个意义上讲，仍然要根据各自具体情况组织编制各省域内的区域规划。一般逻辑是，国家重点组织编制跨省区、跨大区域的区域规划，省级政府重点组织编制跨地市行政区的区域规划，以此类推，一直细化到最必要的空间板块的规划编制，形成多级联动、各负其责、一体贯通的区域规划研究制定工作局面。

必须指出的是，一些关乎改革发展大局的重要功能区和试验区的规划和方案，尽管地处省级行政区内，但仍需国家组织制定或指导制定，是属于国家的事权和职责。一是因为这些功能区和试验区承担着重大的改革发展使命，关乎全局，涉及长远；二是因为这些功能区和试验区的许多突破性的先行先试政策需要国家相关部门研究并赋予；三是这些功能区和试验区的探索极具创新性，也极具风险性，需要国家统筹协调和指导推动。

（五）统筹区域空间布局和建立区际利益平衡机制的关系

各地区的水土环境、地质状况、资源禀赋等差别很大，应当把握各自的区情，最大限度地发挥自身比较优势。国家也应基于各地的具体情况，统筹进行区域空间布局，特别是产业布局。这体现了全国一盘棋的需要，有利于国家的发展和长治久安。从静态看，地方的发展格局和国家的空间布局是一致的，或者说地方意志和国家意志是统一的。但从动态看，一些地区的发展需求难免会与国家统筹区域空间布局的要求产生矛盾，在变化发展的外部环境和日趋激烈的竞争状态下,原有的地区比较优势可能会转换成比较劣势,从而产生适应外部条件构筑新的比较优势的需求。例如,粮食问题关乎民族生存和国家安全,为确保粮食安全,国家统筹布局,以区域资源禀赋为基础划定了一批粮食主产区。但粮食附加值低,主产区光靠种粮难以实现跨越式发展。为了加快实现现代化,粮食主产区必然要求"退农进工",转向发展非农产业特别是附加值较高的产业。这种想法或做法,从局部看无可非议,但从全局看,国家粮食安全将得不到保障,国家长治久安也将面临威胁。这就提出了一个重大问题,如何既维护国家的统一空间布局,又使各地的发展水平不至于形成过大差距。对此,有必要采取合理方式对因承担全局职责而付出代价的地方进行补偿,也有必要采取有效措施来支持这些地区加快发展。一方面,各相关地区应在不影响国家统一空间布局前提下,充分挖掘自身潜力和有效利用外部条件,努力提升产业发展水平和经济效益。比如,粮食主产区要探索在不牺牲农业和粮食生产的前提下,走工业化、城镇化和农业现代化协调发展的路子。另一方面,国家要推动建立区际利益平衡机制,通过这一机制,对那些按照国家统一空间布局发展附加值相对较低产业的地区给予合理的补偿和必要的支持。

对于促进区域协调发展来说,建立区际利益平衡机制已刻不容缓。从现实基础出发,要着力在两个方面进行探索。一是建立健全稀缺资源、重要农产品的价格形成和补偿机制,有效平衡输出地和输入地的利益关系。价格决定应以市场为基础,综合考虑国际国内水平、地区发展需要和社会承受能力。补偿机制可以是纵向财政专项转移的方式,也可以是横向对接的区域补贴方式,还可以把两者结合起来。二是探索市场化的生态补偿机制,促进毗邻地区和重点流域上下游地区建立环境保护与经济发展相协调的制度体系。在此基础上,还可以推动建立跨地区投资、产业转移等重大事项的利益分享机制,促进区域间在基础设施建设、产业升级等方面的良性互动。

(六)解决当前突出问题和构建长效机制的关系

换个角度看,促进区域协调发展的进程,其实就是处理和化解一个又一个矛盾与问题的过程。党的十八大以来，我国加大了促进区域协调发展的力度，创新实施区域重大战略，进一步完善支持西部大开发、东北振兴、中部崛起、东部率先发展的政策体系，推动我国区域协调发展取得了显著成效、但也要看到，当前区域发展中仍然存在不少矛盾与问题，包括城乡区域发展和收入分配差距仍然较大，基本公共服务地区、人群均等化程度不高，部分地区发展陷入"泥淖"境地，一些脱贫地区巩固拓展已有成果的基础不牢等，有些问题又一定程度影响到国家整体经济发展，人民生活的改善和社会的和谐稳定，必须采取有力的措施予以化解或停缓。

需要明白的是，有些区域问题是长期存在的"顽症"，有些看似新生的问题是老旧问题的变异形态，或有着深层的体制根基。因此，单靠一些应激性举措是难以有效消除或治理的，需要用制度和机制建设的方法来预防和化解。促进区域协调发展要不断取得实质性进展，从根本上说依赖于构建一套科学的制度体系。换言之，促进区域协调发展必须着力构建长效机制。通过它，持续稳定化解区域发展出现的突出矛盾，遏制区域差距的拉大。这些年，立足于促进区域协调发展，国家从不同层面对构建长效机制作了一些探索，取得了初步成效。实践证明，相关体制机制较为健全的地方，制约区域协调发展的突出矛盾和问题就解决得比较好，区域发展的协调性就能持续增强。但长效机制建设难度较大，从实践看，这方面的工作仍比较薄弱。区域间一些基本利益关系还没有理顺，区域间利益协调机制还不健全，区域发展的法治建设还比较滞后，区域规划和政策文件的实施缺乏必要的法律保障，实质性的区域一体化进展缓慢。

面向社会主义现代化建设新征程，必须立足于解决当前紧迫问题和推动形成协调发展长期态势有机结合，强化体制机制建设，着力构建促进区域协调发展的坚实制度基础。应认真总结近些年制度建设方面的有益经验和成熟做法，积极加以完善推广。继续围绕促进区域协调发展的一些重大问题进行理论研究和实践探索，特别应加强促进区域协调发展的立法探索，逐步形成一套完整的区域发展法律法规体系。通过不断健全区域协调发展体制机制，不断完善促进区域协调发展的各项举措，加快形成统筹有力、竞争有序、绿色协调、共享共赢的区域协调发展新机制。

第三节　促进区域协调发展需要深入研究的重要问题

中国特色社会主义进入新时代，我国已开启全面建设现代化国家的征程，适应新形势新要求，着眼于化解制约区域协调发展的突出问题，实现构建优势互补，高质量发展的区域经济布局的目标，需要深入研究一些重要问题并形成新的思路。

一、关于优化区域空间格局划分

对区域协调发展而言，空间格局的优化既是核心内容，也是推进手段。从现实出发，应着眼于此深化三个方面的研究。

一是不同尺度空间单元的联动发展和协同治理问题。当前我国国家层面的区域空间治理主要是以省域为基本空间单元，这便于统筹整合行政区内资源要素，也容易形成一定的区域合力。从新的区域发展环境特征看，由于经济结构调整特别是动能转换的加速，科技创新水平的提高，包括信息化的快速推进，以及基础设施的创新发展包括高铁的大规模建设等，区域之间的空间距离已不成为主要问题，通过区域合作、市场配置以及现代化通信工具、高速铁路等手段，重点空间单元产生的"引擎"效应会跨越省级行政单元辐射到更大区域，形成若干从事相近或相关产业的专业化产业集群乃至带状的城市集聚带，提升区域空间的整体生产效应和在全球的空间竞争力，跨越省级空间单元的区域重大战略和城市群等更大尺度的空间治理问题将成为下一步研究的重点对象。

二是基于区域协调发展统筹兼顾不同尺度空间单元的主体功能问题。国家实施了主体功能区战略和制度，制定了国土空间规划体系，依据各地区的资源环境承载能力和发展潜力，按照优化开发、重点开发、限制开发和禁止开发的不同要求，明确了不同区域的主体功能定位，以充分发挥各个区域在国家整体发展战略中在现代工业体系、粮食生产、生态安全和边疆安全等方面的主体功能和专业化分工。当前主体功能区的划分的基本空间单元尺度不同，需要在城市带、城市群、经济圈、省、市、县域内部适当细化区域政策的基本空间单元，根据地理条件、空间方位和总体战略对各空间单元发展进行统筹布局，分类确定各空间单元的主体功能和分类发展方向，进一步优化生产力布局，加快形成整体协调的空间布局。同时，对边境地区等特殊类型地区探索新的主体功能区分类，明确差异化国土空间管控政策体系。

三是依据发展状况优化区域板块的类型划分问题。当前，我国部分地区发展呈现比较快速的轮换现象，有的原来发展较好的板块出现衰退现象，而有的原来十分落后的板块现在借助新产业新动能实现后来居上。经过这些年的发展，各个地方在经济基础、产业动能、发展潜力等方面体现出明显的差异，地区间的经济联系性和互补性也发生了变化。"四大板块"的提出，是实施分类指导区域政策的一个突破。但是"四大板块"的空间范围仍然很大，西部、东北、中部等板块内部各个省、自治区、直辖市的情况差别很大，在南北分化背景下，西南板块与西北板块的差异逐步显现，在这种情况下，为提高区域政策的针对性、精准性和有效性，可考虑在大区域板块划分的基础上，按照现实发展状况进行经济类型划分，即对属于不同区域板块但目前基本特点相同、面临问题相同的地区采取同类型政策指导，把分区域指导和分类型指导有机结合起来。

二、更加充分发挥平台功能作用

过去数十年来，国家级新区、自由贸易试验区和自由贸易港、国家级经开区、国家高新区、国家自主创新示范区、国家承接产业转移示范区、临空经济示范区、海洋经济发展示范区等一系列综合性或专项性功能平台的建设布局，有效推动了体制创新、开放拓展和区域联动，为社会主义市场经济的深入发展和国家高质量发展作出了重要贡献。适应新的形势，要进一步强化功能平台建设，充分利用其先行先试特质，在涉及区域发展和国家整体发展的关键领域和重要方面发挥策源和引领作用。特别应加强如下方面的探索：一是发挥在科技创新中的引领作用，着力解决"卡脖子"问题。加强基础研究、注重原始创新，坚持"四个面向"，集中力量打好关键核心技术攻坚战，突破"卡脖子"问题，强化对创新要素的聚集、聚合和聚变的能力，促进新技术产业化规模化应用。二是发挥在产业发展中的主导作用，优化供给结构改善供给质量。加快推动产业基础高级化、产业链现代化、产业组织集群化，并进而通过优化供给结构、改善供给质量，推动供给创造和引领需求，实现供需良性互动，培育完整内需体系。三是发挥新型城镇化发展中的带动作用，助力构建区域协调发展新格局。强化人口和经济集聚功能，推进以产兴城、以城促产，实现产城融合，打造成为带动区域发展的新增长极，带动区域经济发展水平的提升。四是发挥在对外开放中的支撑作用，深度融入全球经济。大力推进投资和贸易自由化便利化，加快推进以国民待遇和负面清单为核心的投资制度改革、以贸易自由化便利化为重点的贸易制度改革、以金融服务业开放的金融制度改革，营造市场化、法治化、国际化的营商环境，努力实现高质量引进来和高水平走出去统筹兼顾。

三、区域发展良好做法和经验的复制推广

围绕促进区域协调发展，我国各地在推动经济高质量发展和建设高水平社会主义市场经济体制的过程中，依托各种有效载体，创造了一批又一批可复制推广的做法。区域重大战略实施地区或区域发展规划实施区更是如此。为了充分发挥其功效，应对之加以普及扩展，以施惠于全国。核心是实现开放式授权，允许各地自主移植借鉴。从区域发展实践看，当前至少有三个方面的做法与经验值得推广互鉴。

一是攻克区域发展重大难题的经验。得益于国家授权，许多地方以战略功能区为载体，围绕一些重大区域难题进行探索试验，取得的经验对全国有

重要指导意义。例如中央支持浙江高质量发展建设共同富裕示范区，浙江当不负众望，推动高质量发展，缩小城乡、地区和收入差距，促进基本公共服务均等化等方面采取了一系列有力举措，各地应高度重视、积极借鉴。

二是落后地区"弯道超车"的经验。这些年地区间发展兴衰更替呈加速状态，尤其是近十年来表现得非常明显。在某些地区陷入衰退的同时，一些以传统产业为支撑长期处于落后状态的地区，借势新经济、新科技，依靠新模式、新路径，成功摆脱原有产业基础和经济基础的羁绊，实现了经济体系的重造或新经济体系的构造，在一些方面实现超越，带来了经济的高质量发展。例如，贵州通过多种手段推进大数据发展，成为大数据战略的策源地、技术标准的输出地，成为"无中生有""弯道超车"的典型范例。

三是推进区域合作的经验。区域合作好处众多，但推进区域合作，不仅要树立正确的思想认识，也要建立坚强有力的推进机制。在过去数十年的实践中，一些地方形成了不少行之有效的做法。例如长江三角洲在推进区域合作中探索建立了"三级运作、统分结合"的机制：党政一把手双双出面建立的领导小组研究决策重大事项、政府主持常务工作负责同志牵头组成协调机构协调相关事务、发改部门为主建立的办公室落实具体工作，决策层、协调层、执行层一体联动，带来了区域合作的不断深化。

四、制定实施精准有效的区域政策

我国幅员辽阔，各地区差别巨大，区域政策要真正管用有效，不能"大而空""高而虚"，而必须充分考虑这种差异性，做到精准平实。在坚持分类指导、因区施策的总原则之下，应进一步研究增强区域政策的有效性。研究表明，"十一五""十二五"时期，国家基于区域协调发展总体战略，针对重点地区发展制定了一系列指导性文件、规划与方案，大大推进了区域政策的深化、细化和实化，这一时期地区发展差距呈明显缩小的态势。应当对目前实施的大板块区域政策做进一步的细分，例如西部大开发政策，就应根据西北地区与西南地区的明显差异，制定实施不同的政策举措。同时，还要加强全国统一大市场下区域发展政策的协调问题研究。此外，现在区域政策已摆到很重要的位置，但是如何发挥区域政策在宏观调控政策体系中的积极作用，加强与财政、货币、产业、投资等政策的协调配合，健全大口径的区域政策体系，切实提高权威性和有效性，还需要进一步研究。

第十四章
面向未来的区域协调发展总体思路

促进区域协调发展承载着推动建设社会主义现代化强国,不断满足人民日益增长的美好生活需要的重大使命,是新时代的"国之大者",任重而道远。应坚持问题导向和目标导向相结合,进一步细化总体思路和重点任务。

第一节 推动区域战略有机衔接和一体协同

区域战略对促进区域发展具有特殊功能,其影响宽广、作用巨大。应把推动区域战略深入实施和区域战略协同融合作为一个重要指向,使更多的地区享受多种战略带来的红利,促进区域发展实现高水平的协调。

一、深入实施区域重大战略

聚焦实现战略目标和提升引领带动能力,深入实施区域重大战略,促进区域重大战略融合互动、融通补充,不断优化区域高质量发展布局。

(一)突出疏解北京非首都功能,推进京津冀协同发展

扎实推进京津冀协同发展,牢牢把握北京非首都功能疏解"牛鼻子",抓好标志性项目向外疏解,高标准高质量建设雄安新区,实施一批政策措施,推进疏解项目在雄安新区加快落地。推进市场一体化发展,消除阻碍商品、

资源、要素自由流动有形和无形的障碍，促进产业协同发展，引领带动环渤海地区和北方腹地高质量发展。

（二）发挥重大合作平台作用，推进粤港澳大湾区建设

以横琴、前海、南沙、河套等重大合作平台为抓手推进粤港澳大湾区建设，强化外部资源集聚、吸收能力和内部投资创新功能，辐射带动泛珠三角区域发展，促进香港、澳门融入国家发展大局，着力形成优势互补、链条相扣的具有韧性和竞争力的产业体系，打造富有活力和国际竞争力的一流湾区和世界级城市群。

（三）聚焦"一体化"和"高质量"，推动长三角一体化发展

以高质量和一体化的思路和举措打破行政壁垒，提升长三角一体化发展水平，支持上海加快"五个中心"建设，提高长三角地区配置全球资源能力和辐射带动全国发展能力，深入推进生态绿色一体化发展示范区、上海自贸试验区临港新片区、虹桥国际开放枢纽等建设，充分发挥长三角区域协同发展"样板"示范作用。

（四）以生态优先绿色发展为导向，推动长江经济带发展

坚持共抓大保护、不搞大开发推进长江经济带发展，以生态优先、绿色发展为引领，打好长江保护修复攻坚战，深入实施长江流域重点水域十年禁渔，发挥生态文明建设先行示范作用，提升长江黄金水道功能，畅通沿江通道，促进上中下游协同和干支联动，促进沿江地区高质量发展。

（五）围绕水沙关系调节，推动黄河流域生态保护和高质量发展

以共同抓好大保护、协同推进大治理为根本，坚持以水定城、以水定地、以水定人、以水定产，统筹推进山水林田湖草沙综合治理、系统治理、源头治理，增强防沙治沙和水资源保护利用能力，打好黄河生态保护治理攻坚战，持续实施生态保护修复重大工程，确保黄河安澜，促进上中下游各地区形成分工明确、集约高效的发展模式，切实将黄河打造成为造福人民的幸福河。

（六）促进城乡融合发展，推动成渝地区双城经济圈建设

结合实施新型城镇化战略，优化城市结构，增强成渝地区各城市间的协同联动。以打破二元体制为抓手，推进以城带乡、城乡融合，全面提升乡村发展水平，大幅度缩小城乡差别，把双城经济圈打造成为城乡融合发展样板区。推进跨行政区的经济区建设和合作，在拓展提升已有合作园区功能效率的基础上，立足于推动发展改革开放重大事项，打造一批川渝共建共管的试验区或示范区。

（七）加强区域合作，推动实现区域战略协同联动

完善全国统一开放、竞争有序的商品和要素市场，持续优化营商环境，进一步消除歧视性、隐蔽性的区域市场壁垒，促进人员、技术、资金、数据等各类生产要素自由流动、高效集聚、优化配置。创新一体化发展体制机制，推进跨区域产业协同创新、基础设施互联互通、生态环境共保联治、公共服务便利共享。中央层面加强对区域协调发展的领导和协调，地方层面进一步加强区域合作协作机制建设。

二、扎实实施区域协调发展战略

深入推进西部大开发、东北全面振兴、中部地区崛起、东部率先发展，支持欠发达地区发展，不断增强区域发展的协调性、平衡性。

（一）推动西部大开发形成新格局

强化举措接续推进西部大开发，协同推进大保护、大开放和高质量发展，着力构建现代化产业体系、高质量城镇体系、完善的市场体系、可持续绿色发展体系、完善的社会建设体系、高水平开放发展体系。充分激发市场潜力活力，强化劳动力及资源要素就地转化为发展优势，鼓励西北地区与西南地区合作互动，加快建设西部陆海新通道。修订西部地区鼓励类产业目录，推动西部地区积极参与全国统一大市场建设和融入共建"一带一路"，加大边疆地区基础设施投资，推动承接国内外产业转移，大力发展特色优势产业。

（二）推动东北全面振兴取得新突破

牢牢把握东北在维护国家"五大安全"中的重要使命，统筹发展和安全，努力走出一条高质量发展、可持续振兴的新路子。以科技创新推动产业创新，加快构建具有东北特色优势的现代化产业体系，加快培育新质生产力；以发展现代化大农业为主攻方向，加快推进农业农村现代化，夯实粮食安全"压舱石"地位；加快建设现代化基础设施体系，提升对内对外开放合作水平；提高人口整体素质，以人口高质量发展支撑东北全面振兴；进一步优化政治生态，全力破解东北地区体制机制障碍，营造良好营商环境，激发市场主体活力和内生发展动力，切实增强东北地区在维护国家国防、粮食、生态、能源、产业安全上的战略保障功能。

（三）促进中部地区加快崛起

发挥中部地区连南接北、承东启西的区位优势，推动形成具有持续竞争力的产业结构，着力打造先进制造业基地。紧扣关键探索创新，充分发挥重点城市的引领作用，加快对外开放通道建设，高标准高水平建设内陆地区开放平台，大力推动粮食生产、能源原材料、现代装备制造及高技术产业基地和综合交通运输枢纽建设。发挥区位、产业和资源环境承载力等综合优势条件，统筹推进新型工业化、信息化、城镇化、农业现代化，支持沿江四省依托长江黄金水道率先构建畅通国内大循环的产业链供应链，鼓励长江中游城市群协同协作，积极承接新兴产业布局和转移，加快形成多中心、多层级、多节点的网络型城市群结构。

（四）鼓励东部地区加快推进现代化

发挥东部地区对产业链的稳链固链强链主导作用，发挥创新要素集聚优势，加快培育世界级先进制造业集群，提升要素产出效率，不断提高创新能力和经济增长能级。进一步发挥京津冀、长三角、珠三角等地区的辐射带动作用，加快构建创新动力源。增强深圳中国特色社会主义先行示范区、浦东社会主义现代化建设引领区和浙江高质量发展建设共同富裕示范区的引领带动作用，支持山东在深化新旧动能转换基础上，加快推动绿色低碳高质量发展，支持福建探索海峡两岸融合发展新路，加快建设两岸融合发展示范区。支持东部沿海地区各类开发开放平台积极打造创新发展和对外开放新优势，更高层次参与国际经济合作和竞争，在实现中国式现代化中走在前、作示范。

三、推动区域重大战略相互联动融合

促进区域不同重大战略间的有机衔接，充分发挥重大战略的叠加效应和复制推广功能，促进各地区充分利用国家战略，各显其能推动地区发展。

（一）把握共同需求，一体推进关键领域建设

将一些不具地域色彩且代表着各地共同需求的领域与事项，统筹纳入各重大战略的实际工作中，按照区域重大战略指引的方向联手推动、合力建设，通过合作取得更好实质性进展。例如，一体打造一流的营商环境，一体建设公正开放诚信的市场制度，一体构建攻克关键核心技术的协同创新体系，一体推动基本公共服务提升和优质公共服务区域共享，一体治理和保护生态环境等。

（二）对标最好标准，促进试验权利普惠运用

认真梳理各区域重大战略赋予的试验事项，对标各战略中最好的经贸规则建设思路，鼓励各地区主动开展自主探索，以战略实施地区试点权利为依托，将部分地区的专属权利拓展为全区域的共同权利，通过构建高标准的规则体系，全面深化改革、扩大开放和促进发展。

（三）打造特色平台，实现优势要素交换转移

通过建立分园、拓展基地、一体化示范区等途径，鼓励重大战略实施地区间、重大战略地区与一般地区间培育打造特色平台，实现将较优的规则、制度、标准等复制推广，促进人才、技术、产业、项目等优势要素进一步流动转移。

（四）落实战略分工，构建互补互济的发展格局

各区域重大战略所提出的重点领域建设任务均以地区资源禀赋、现实发展状况为依据。应以此为基础，推动各地区围绕做强做大比较优势深化合

作,促进相关领域、重点项目的衔接配套和拓展提升。例如,通过西部陆海新通道建设,进一步推动相邻地区重大基础设施互联互通;通过联动实施成渝地区双城经济圈战略等,建立以中心城市引领城市群发展、城市群带动区域发展新模式;依据各重点地区特色产业体系构建,形成层次相继、节点相扣、相互支撑的具有韧性和竞争力的产业链条。

第二节 倾力支持困难地区走出困境和实现重振

过去一些年来地区分化逐步加剧,出现了一批经济发展失速的地区。而下一步的运行前景则受到内部"破窗效应"和社会"马太效应"双重影响。久而久之,就会形成新的地区塌陷,形成地区间的悬差,影响整体经济发展。区域政策应多做一些"雪中送炭"的工作,把支持的重点主要放在这些地区。在精准梳理存在问题、务实制定重振规划的基础上,通过机制强化、人才支持、战略倾斜、政策优惠等一体联动,帮助这些地区走出泥沼,实现振兴跨越,同时遏制地区不合理分化,实现协同共进。

一、推动结构化地区转型发展

(一)促进资源型地区加快转型

促进各类资源型地区特色发展,科学合理确定发展方向和任务。支持资源枯竭城市因地制宜发展接续替代产业,健全转型绩效评价体系和工作机制,积极引导地方提高转型效能。加大力度支持采煤沉陷区治理,因地制宜推广利用沉陷区受损土地发展光伏、风电。引导独立工矿区依据自身情况探索各具特色的改造模式,从城镇功能拓展、产业提质升级、产城融合发展等方面确定改造提升重点方向。选择开采条件好、资源环境承载能力强的资源型地区,建设一批能源资源基地和国家规划矿区,积极推进能源资源集约、高效、绿色开发,支持发展清洁能源和资源精深加工产业。科学制定资源开发和经济社会发展目标，促进工矿建设与城镇发展、资源开发与生态保护、地下开发与地上建设相协调。

（二）支持老工业城市转型升级

统筹支持重点老工业城市产业结构调整、城市更新改造、绿色低碳转型。在装备制造、新材料、新能源、汽车和新能源汽车、电子信息等领域建设一批特色鲜明竞争力强的产业园区和产业集群。总结北京首钢园区和株洲清水塘工业区搬迁改造的经验，加快工矿业企业集聚区域的整体规划整体改进，依托产业园区优化产业布局，通过产业集聚发展增强经济和人口承载能力，强化腾退工业地块土壤污染风险管控和用地准入管理，保障人居环境安全。依托工业遗产建设一批特色鲜明的工业遗址公园、城市文化公园等，形成融入现代设计观念、适应当代生活方式的城市人文景观和公共开放空间。

二、推动脱贫地区巩固拓展脱贫攻坚成果

（一）强化易地扶贫搬迁后续扶持

聚焦易地搬迁建档立卡脱贫群众，落实地方主体责任，针对大型安置区、中小型安置点和"插花式"分散安置点的不同特点，分类组织实施后续扶持工作，精准落实帮扶措施，提升完善安置区配套设施。推动安置区大力发展配套产业，提升、新建一批配套产业园区，推动安置区承接发达地区劳动密集型产业转移。

（二）加大以工代赈实施力度

拓展以工代赈政策范围。将以工代赈实施范围拓展至以脱贫地区为重点的地区，并向"三区三州"等巩固脱贫攻坚成果任务较重的地区和易地扶贫搬迁集中安置区、安置点倾斜，优先吸纳脱贫不稳定户、边缘易致贫户和其他农村低收入人口参与项目建设。最大幅度提高项目资金中劳务报酬发放比例，向参与务工的低收入群众及时足额发放劳务报酬，探索就业技能培训和资产收益分红等赈济新模式，有针对性地开展技能培训、以工代训。创新推广以工代赈资产折股量化分红模式，健全利益联结机制，形成农民稳定增收

新渠道。结合全面推进乡村振兴，在农业农村生产生活、交通、水利、文化、旅游、林业草原等基础设施建设领域积极推广以工代赈方式，因地制宜实施一批投资规模小、技术门槛低、前期工作简单、务工技能要求不高的建设项目。

（三）激发脱贫地区发展内生动力

加强农村防洪、灌溉、水源保障、水环境治理修复等中小型水利工程建设，实施新一轮高标准农田建设规划，提高粮食综合生产能力。推动城乡融合发展、实施乡村建设行动，促进县城公共设施向乡村延伸覆盖，逐步实现城乡空间规划一体化。延续脱贫攻坚期间各项支持政策，推动人才、资金、技术向欠发达地区流动，建立健全引导各类人才服务脱贫地区乡村振兴长效机制。

三、推动特殊类型地区跨越式发展

（一）提升边境地区发展内生动力

打好基础设施、城镇建设、公共服务设施三大基础，抓好保障改善民生、做优做强产业、提升开放水平、优化外部支持四项重点工作。加大对经济社会发展基础较好、开发开放潜力较大的边境重点城镇的支持力度，改善基础设施和公共服务，集聚人口和生产要素，实现以城聚产、以公共服务聚人。完善边境地区基础设施，加快推进边境地区普通国省干线建设，完善产业路、资源路、旅游路等建设，加快通向边境重点开发开放试验区、边境国家级口岸、边境城市、边境经济合作区的高等级公路建设，加快实施通乡通村公路建设。支持重点口岸提升综合服务功能和客货通行能力，完善沿边地区重点开发开放试验区、综合保税区、边境经济合作区、边民互市贸易区等各类开发开放平台布局，打造边境特色生产加工基地和特色产业园区。

（二）推动生态退化地区减压增效发展

按照高效集约的原则，减轻生态退化地区的人口压力，鼓励和引导生态退化地区农民到城镇就业。在严格保护生态环境的前提下，立足当地资源状况和气候特点，鼓励和引导生态退化地区因地制宜发展生态友好型特色产业。支持地方因地制宜利用沙漠、戈壁、石漠化以及荒坡荒滩等地区发展光伏、风电等可再生能源，探索可再生能源发展与流域治理、生态修复、特色产业发展有机融合的新模式，探索形成可再生能源、生态修复和特色产业多位一体、治用并行的发展体系。健全生态保护补偿机制，稳步实施重要生态系统和生态功能重要区域生态保护补偿，鼓励生态产品供给地和受益地按照自愿协商原则，开展横向生态保护补偿。

（三）统筹推进革命老区振兴发展

支持探索各具特色的振兴发展路径，支持赣闽粤原中央苏区建设革命老区高质量发展示范区，打造稀土产业和有色金属产业基地，深度参与粤港澳大湾区建设。支持陕甘宁革命老区推动能源资源产业集约节约利用，促进生态保护修复，助力黄河流域生态保护和高质量发展。支持大别山革命老区完善基础设施，融入长江经济带发展。支持左右江革命老区建设特色资源精深加工基地，开展全方位开放合作。支持川陕革命老区发展清洁能源和绿色产业，保护建设秦岭重要生态屏障，融入成渝地区双城经济圈建设。建设湘赣边区域合作示范区，支持湘鄂渝黔、太行等革命老区加强跨省区合作，促进海陆丰、琼崖、沂蒙、浙西南等革命老区因地制宜推动振兴发展。深入推进革命老区重点城市对口合作，在互利共赢中加快培育内生发展动能。

第三节　推动城市群都市圈建设和城乡协调发展

真正意义上的城市群、都市圈是以核心城市为引领，大中小城市和小城镇协调联动、特色化发展的有机结合体，这样的城市群和都市圈因为内部分工合理和各自功能优化，既可以遏制或避免"城市病"的滋生蔓延，又能够有效发挥相互支撑和梯度辐射效应。应在完善结构体系、优化功能分工的基础上，推动城市群、都市圈增强示范带动效应。核心城市要带头推进全域软、硬基础设施建设，以优化产业分工为重点主动优化自身与其他城镇的分工，积极搭建辐射示范平台，并切实运用真招实措强化对欠发达地区特别是对农村的帮扶，引领带动城市群实现协调与快速发展。

一、构建大中小城市协调发展格局

（一）强化区域战略协调互动，强化中心城市带动作用

坚持分类指导、因地制宜，根据中心城市和各城市群的发展水平和比较优势，进一步明确功能定位、确立发展重点。推动超大特大城市依托区域重大战略和区域协调发展战略，瞄准高质量发展目标，增强城市核心竞争力，找准核心功能定位，突出具有引领性的比较优势，聚焦提升综合竞争力和辐射带动能力的关键领域，持续发力，在建设高端要素集聚地、科技创新高地，以及实现高水平特色化发展等方面有所突破，成为带动城市群发展的动力源。

（二）建设现代化都市圈，完善城市群空间结构

大力推动中心城市与周边城市的一体发展、协调联动，增强区域合理分工和协同发展，消除生产要素跨区域流动的壁垒和障碍。推动都市圈建立高效交通枢纽，推动市域、城际轨道交通建设，围绕核心区加快建成公共交通、快速交通、轨道交通等多样化综合交通体系。建立统一的信息化平台、政务服务平台、信息基础设施，建立跨区域治理的整合机制，探索建立都市圈规划管理机制、跨区域协商协调机制、成本共担利益共享机制等。加快推进规范开放大市场建设，健全知识产权保护制度、信用信息共享互认制度，建立统一数据平台。

（三）做实做强中小城市，推动城市高质量发展

发挥中小城市具有的多方面优势，着力推进以县城为重要载体的新型城镇化，利用丰富的农村资源构筑可持续发展能力，做实做强中小城市。加快中小城市与中心城市互联互通基础设施建设，融入中心城市产业分工体系，同时也要在体制机制建设、精神风貌打造、行政管理水平提升等软件建设方

面下功夫。加快建设宜居宜业的新型城市，吸引群众就地就近就业。

二、不断优化城市功能和品质

（一）优化城市间的产业分工

抓住产业发展这个重点环节，立足于发挥比较优势，进一步优化城市间的产业分工，畅通产业链上下游合作，有序推进产业转移，努力打造先进制造业高地。坚持创新引领，加强产业基础能力建设，突出关键核心技术攻坚。推进产业基础高级化和产业链现代化，研究通过共建产业园区，共享财税收益等多种方式，深化与沿海发达地区和周边中心城市的产业合作，打造内陆开放高地。

（二）提升城市功能品质

推动生产生活方式的绿色转型、推动城市建设格局的调整完善、推动城市运行体制的创新创造。加强城市灾害事故风险隐患排查评估，合理布局应急避难和物资储备场所。增强城市关键基础设施网络韧性，健全常态化管护机制，加强城市雨洪管理中基于自然解决方案的应用，有效治理"城市看海"现象。实施好城市更新行动，有序完成老旧小区改造任务，因地制宜增加停车和充电桩等配套设施，推动老旧街区、老旧厂区、城中村等存量片区改造。优化城市治理，构筑润物无声的管理格局。实现城市国际化治理、人性化治理和精细化治理的有机统一。

（三）夯实城市现代化建设智能基础

加快建设高速、移动、安全、泛在的新一代信息技术设施，强化城市数字化建设载体。统筹数据平台开放建设和相关体制机制改革创新，推动社会数据资源协同开发、高效集成与相互开放，形成互联互通的大数据体系。以建筑智能化和产业数据化为重点，全面推进城市与数字技术的融合。打造数字政府与智慧政务，推动数字技术在城市规划、建设、运营、治理和服务等领域的全面运用。统筹包容创新与风险防控，完善大数据发展和数字城市建设的法律法规体系，实现效率与规范、开放与安全的有机统一。

三、破解城乡协调发展难题

解决农村发展问题的主要动能来自城市，必须基于这样一个认识来处理好城乡关系。要紧紧围绕"人、地、统、同、融"等方面下功夫，多策并举，加快形成工农互促、城乡互补、全面融合、共同繁荣的新型工农城乡关系。

（一）推动农业转移人口市民化

持续深化户籍制度改革。放开放宽除个别超大城市外的落户限制，全面取消城区常住人口300万以下的城市落户限制，全面放宽城区常住人口300万至500万的Ⅰ型大城市落户条件，完善城区常住人口500万以上的超大特大城市积分落户政策。聚焦促进农业转移人口便捷落户，完善全国公开统一的户籍管理服务平台等举措。解决农业转移人口在城市落户的"后顾之忧"。全面推动常住人口享有城镇基本公共服务。为农民自由进城务工、居住提供有利条件。从供给端建立基本公共服务同常住人口挂钩、由常住地供给的机制，按照常住人口规模和服务半径统筹基本公共服务设施布局，定期调整本地区基本公共服务标准；从需求端响应农业转移人口的需求，提高居住证持有人义务教育和住房保障等的实际享有水平。从子女教育、社会保障、劳动权益等方面提高保障能力和水平。

（二）推行农地"三权分置"制度

加快推行农地"三权分置"制度，扎实做好农村土地确权登记颁证工作、坚持最严格的耕地保护制度等前提下，运用好农民对承包地占有、使用、收益、流转及承包经营权抵押、担保权能，通过"三权分置"，发展农业规模经营，实行现代化生产模式，推动农村农业现代化建设。搞活农村土地市场，打通城乡土地市场，使农村集体经营性建设用地能够自主出让、租赁、入股，与国有土地同等入市、同权同价。积极探索规范农村土地征收制度和促进农村土地市场化交易。

（三）实施统一规划、统一建设、统一治理

在县域的空间框架内统筹谋划城镇和乡村发展，确保一张蓝图管全域、

设施服务一体延伸、城乡建设协调推进。在规划的指导下，坚持因势利导和顺势而为相结合，基于城乡协调发展和一体联动的要求，以农村住房建设为主要内容，有计划、有步骤地推进新村建设。超越传统的农业治理方式，适应城乡统筹的要求和城乡资源要素双向流动、农村土地制度创新、规模经济发展、美丽乡村建设等特点，有效借鉴城市管理经验，推进农村治理。

（四）推进同权同则

持续推进城乡统一身份、同等授权、平等交换、强化监督、一体发展方面的改革入手。一是实行统一的户籍管理，农民、工人等为职业名称。二是同等授权。通过国家法规和政策赋予农村居民在就业、创业、居住、流动方面与城市居民完全同等的权利。三是平等交换。从农产品到土地再到农村特种资源全面建立城乡平等交换机制，将农村资源要素全面纳入市场化轨道，依照市场规则进行交易。需要以特殊形式、特殊价格进行转让的，相应建立利益补偿机制。四是建立强有力的保障机制和严格的标准体系，不断提高农村基本公共服务水平，逐步使农村居民享有与城市居民均等的基本公共服务。五是一体发展。按照城乡协调发展的要求一体化推进公共基础设施建设，包括一体推进道路、供水、供电、信息、广播电视、防洪或垃圾处理等设施，以及数字化基础设施和智慧社会的建设等。

（五）促进城乡要素的融合发展

推进城乡要素联动配置。在打破不平等规则和各种体制障碍的基础上，运用市场机制和经济手段，推动产品、资源、人才、技术、资金等在城乡间的自由流动和合理配置。推进农村一、二、三产业融合发展。推进"三农"与信息化技术的有机结合。推进"互联网＋农业"，强化重要农产品全产业链条的大数据建设或数字化转型，依托城市"大脑"或控制中枢推动建设高水平的农村智能基础设施和智慧管理系统。推进小城镇与农村的融合发展。强化城市对农村的支持扶助作用。特别是支持与扶助困难地区和农村困难人群，推动他们一同走向富裕和幸福之路。

第四节　高度重视区域合作协作和区域一体化发展

区域合作涉及领域宽广，要实现全面跃升和整体深化，必须切实抓好影响全局的关键领域和重点环节，辅之以缩小区域空间单元的分类指导和因情制宜，应在继续重视推动跨区域跨流域合作联动的同时，出台一些具有操作性的务实举措，以提高区域合作的针对性和有效性。

一、有效利用各类区域合作平台

（一）科学建设和充分利用已有合作平台

充分利用现有的博览会、贸易洽谈会、招商会、联谊会、高层论坛等多种方式开展区域合作，在适当整合平台资源的基础上，重点支持中博会、珠洽会、西博会等具有重大影响力的区域合作平台建设。高标准高质量建设雄安新区等国家级新区，提高国家级经开区、国家级高新区、国家级承接产业转移示范区等平台区域产业合作主载体功能。充分发挥深圳前海河套、广州南沙、珠海横琴、福建平潭厦门等战略平台功能作用，促进区域战略融合互动。统筹规划自由贸易港、自由贸易试验区、临港新片区、国家服务业扩大开放综合示范区、沿边重点开发开放试验区、边境经济合作区、跨境经济合作区、综合保税区、"无水"港区等各类开放平台园区建设，夯实区域开放合作载体建设。

（二）积极打造各类区域合作新平台新载体

围绕不同的主题，推动设立各类合作试验区、示范区，使之成为推动与深化区域合作的新载体，重点支持围绕一体化发展建设跨行政区的区域合作平台。加快建立区域间信息共享机制，大力推进公共信息、公共试验、公共检测、技术创新等服务平台建设，支持互联网等新型合作平台的发展。充分发挥各类社会组织的作用，广泛利用各类市场中介组织，建立政府、企业、社会团体等各方面的有机联系，推动形成区域间、城市间多层次的合作平台，努力形成全社会推动区域合作的工作格局。

二、积极支持重点区域率先开展合作协作

（一）继续大力推进承接产业转移

立足合作共赢、优势互补，推动产业有序转移。一是进一步强化宏观指导，深入贯彻落实国家出台的有关促进产业转移的区域规划和政策文件，协调制定产业转移与承接的规划或操作方案，明确产业转移与承接的重点领域、适宜地区和操作路径，并根据需要研究制定相关配套措施。二是进一步推进平台建设，指导办好国家设立的各类承接产业转移示范区，促进示范区建设不断取得新成效；因地制宜建设一批具有特色的合作园区，搞好关键领域的探索试验。三是进一步促进联动发展，把产业转移和提升区域经济的质量和效益结合起来，推动东部沿海地区瞄准国际先进水平优化产业结构和提高整体竞争力，支持中西部地区通过承接产业转移实现跨越发展和转型升级。

（二）大力促进区域经济一体化发展

认真总结成功经验，抓住关键环节，由浅入深推进一体化进程。一是以互联互通、互撑互补为着力点，全面推进区际基础设施的对接，注重把硬件建设和软件管理有机结合起来，充分发挥区域重大基础设施的协同效应和综合效应。二是努力打破行政垄断和市场壁垒，完善市场机制，健全市场信用，形成统一开放的市场体系，促进资源要素的无障碍流动。三是统筹推进文化、教育、卫生等社会事业发展，大力提升就业、社保等公共服务整体供给能力和共享水平，加快建立突发事件的应急合作机制，加强跨区域生态环境建设与保护的综合协调，促进社会管理一体化。此外，应当鼓励各地区开展一体化探索，有效运用"一体化基金"等手段推进重点领域一体化发展，为全面推进一体化提供有益经验。

（三）加强对口支援合作协作帮扶

抓住重点、创新机制，把对口支援和协作提升到一个新的水平。一是强

化智力支援。充分借助各类制度平台和经济手段，推动各种人才和各类经济组织加强与受援地区的交流与合作，推动经济支援与干部支援、科技支援、人才支援、教育支援等工作在更深层次上有机结合，夯实受援地区发展的智力基础。二是推动合作共建。积极发挥沟通协调职能，围绕强基础、兴产业、惠民生等关键领域，通过合办企业、共建园区、联合开发等多种方式，在强化受援地区自我发展能力的基础上，实现援受双方的优势互补、互利共赢。三是探索协调机制。发挥区域合作系统优势。着力形成多层次的区域合作交流机制，协调解决对口支援和协作中的重大问题。根据援受双方资源、经济等方面的条件状况，推动形成稳固的结对关系和互补机制。适应促进合作共建的需要，探索建立合作双方适宜的经营管理、利益分配和成果共享机制。

（四）高度重视省际交界地区合作发展

我国省际交界地区众多，其所涉及地域宽广、发展潜力巨大，但发展严重不足，总体经济水平不高。在省内，由于地处边界或鞭长莫及而容易受到忽视。在省外，由于各自行政隶属关系不同而常常陷入恶性竞争。要把促进省际交界地区合作联动提升到突出重要位置，制定发展规划与实施方案，强化典型示范带动，促进这类地区以互利互惠、共商共建共享为原则深化合作，促进产业、生态、旅游、基础设施等重点领域先行探索取得突破，协力推动交界地区高质量发展。

三、完善区域合作体制机制

（一）加快建立有利于深化区域合作的完善法治环境

着力破除制造地区封锁和行政垄断的各种做法，坚决打击和抑制破坏公平竞争的各种行为，推动建立良好的市场秩序。大力推进相关法治建设，结合各地实际情况，围绕保障公平竞争、维护市场秩序、规范政府行政权力、合理界定政府与市场、企业、中介组织关系等重要方面，研究制定相关规则与条例。

（二）推动形成有利于深化区域合作的良好政策环境

推动完善财税政策，推进投融资体制与价格体制改革。在财税方面，继续加大对中西部地区转移支付力度，优先弥补禁止和限制开发区域的收支缺口，积极扶持老少边穷地区加快发展，缩小地区差距。全面改革资源税，积极推进环境税费改革，更好地体现资源产地和生态区域的利益。在投融资方面，推动建立有效的投融资导向机制，鼓励推进跨行政区的基础设施项目建设，促进区域间的互联互通；支持培育地方特色产业、开发地方优势资源，促进形成合理的分工格局。在价格方面，完善资源性产品价格形成机制，使资源性产品价格能切实体现开发成本、补偿成本及环境治理成本，逐步调整到合理水平，从而平衡好资源输出地和输入地的利益关系，促进区域良性互动。

（三）着力探索区域合作的利益共享机制

实现互利共赢是区域合作的出发点和落脚点，应切实把握这一本质要求，积极探索建立相关各方实现利益共享的有效机制。一是管理体制。合作方式不同，管理的具体模式也会不同。但协调、效率应是所有不同管理模式设计把握的共同原则。此外，管理体制直接影响着权利和收益的分配，在这方面，要精心设计具体的规则制度，尽可能体现公平、公正的要求。二是分配方式。地区间合作能否成功、能否持续，关键在于利益分享是否合理。在这方面，应充分考虑现有体制特点和各地发展要求，充分借鉴国际成功做法和企业合作的经验，立足于利益共享、风险共担和长远发展大胆创新。在具体操作方式上，可以把地区生产总值税收、利润，甚至污染排放指标、社会公共服务等都纳入共同分享范围，在充分考虑各种因素的基础上进行合理分配。三是长效机制。应把推动长期发展、分享长期利益作为建立区域合作利益共享机制的重要内容。具体而言，应通过制度安排，保障区域合作各方切实贯彻落实科学发展观，努力转变发展方式，积极推进产业结构调整优化，推动合作项目做强做大，实现可持续发展。

第五节　强化推进共同富裕的体制建设与政策安排

促进区域协调发展是扎实推进共同富裕的重要途径，其关键是要解决好重点地区特别是欠发达地区、重点人群特别是低收入群体的问题，而核心是完善相关体制机制和政策措施。在体制和机制创新方面，主要是破除城乡二元结构、保障全体居民同等发展机会和享有平等人身权利、优化收入分配结构等。在政策措施改善方面，主要是对所有人群实行基本公共服务均等化、加大以工促农和以城带乡的力度、强化社会救助和各种形式的对口支援等。

一、以区域振兴促进欠发达地区群众富裕

加大地区间"先富带后富"力度，充分依托东西部协作、对口支援和对口帮扶，中央和国家机关、企业、单位定点帮扶，社会力量参与帮扶等机制，完善产业、消费、劳务等帮扶合作机制，加快欠发达地区发展。完善发达地区和欠发达地区的区域合作与利益调节机制，提升区域合作层次和水平，创新利益补偿方式。加大力度支持脱贫地区、革命老区和边境地区振兴发展，优先布局建设基础设施和公共服务设施，继续组织实施东西部协作、革命老区重点城市对口合作和定点帮扶边境县，支持发展特色产业，促进就地就近就业，提高人民生产生活水平。调整财政支出结构，健全转移支付制度，缩小区域人均财政支出差异。

二、以乡村振兴促进农村农民共同富裕

坚持农业农村优先发展，深化农业供给侧结构性改革，丰富农村经济业态，实施美丽乡村建设行动，实现巩固拓展脱贫攻坚成果同乡村振兴战略的有效衔接。健全城乡融合发展体制机制，强化以工补农、以城带乡的作用，在乡村振兴进程中加强低收入农户帮扶，通过体制改革创新给予农村居民与

城市居民平等的发展机会，实现已入市集体土地与国有土地在资本市场同地同权，实现城乡要素的平等交换、双向流动。健全粮食主产区和重点生态功能区补偿机制，深入挖掘不同区域各类生态产品价值，提升粮食生产能力，保护生态环境，结合重大生态治理工程，大力发展特色林果、木本粮油、林下经济、生态旅游康养等特色产业，实现农民就业增收。

三、在区域发展中促进低收入群体收入相对均衡

坚持宜工则工、宜商则商、宜农则农、宜粮则粮、宜山则山、宜水则水，立足资源环境承载能力，发挥各地区比较优势，促进各类要素合理流动和高效集聚，在发展中促进区域间群众收入相对均衡。优化重大基础设施、重大生产力和公共资源布局，提升城市群、都市圈、各类产业园区等城镇化空间开发利用的质量效益，促进城镇居民就业收入改善。推动农业生产向粮食生产功能区、重要农产品生产保护区和特色农产品优势区集聚，推进现代农业全产业链发展，带动农业地区居民收入水平提升。研究把提高低收入人群收入水平的增长作为国家年度经济调控的核心指标。

四、大力推进各区域基本公共服务均等化

立足推进不同区域人民生活水平大体相当，保障群众基本公共服务，持续推进基本公共服务均等化，开展基本公共服务达标行动，加快补齐基本公共服务短板弱项，推动国家基本公共服务标准全面落地落实。稳妥有序推进基本公共服务标准动态调整，结合经济社会发展情况、兼顾财政承受能力，适时推动基本公共服务增项提标。推动城乡区域基本公共服务制度统一、质量水平有效衔接。坚持多管齐下，不断降低低收入人群的基本负担，保障低收入人群尤其是低收入群体和进城务工农民在社保、教育、医疗、居住等领域的基本公共服务，协同发挥有效市场和有为政府的作用，通过专项减免、定向补贴、特殊援助等手段帮助低收入人群减轻负担。

第六节　形成多极带动集约开发的国土开发格局

区域协调发展与优化国土空间发展密不可分，未来一个时期，应深入实施主体功能区战略，强化国土空间集约集聚，统筹推进国土空间规划体系和海洋强国建设，优化国土空间发展格局，全面提高发展质量效率。

一、完善和落实主体功能区战略

顺应空间结构变化趋势，优化重大基础设施、重大生产力和公共资源布局，分类提高城市化地区发展水平，推动农业生产向粮食生产功能区、重要农产品生产保护区和特色农产品优势区集聚，优化生态安全屏障体系，逐步形成城市化地区、农产品主产区、生态功能区三大空间格局。

（一）城市化地区以提供工业品和服务产品为主体功能

在"两横三纵"城市化战略格局的基础上，加快京津冀、粤港澳大湾区、长三角以及成渝地区等重要的城市化地区或城市群地区发展。实行开发与保护并重的方针，开发主要是工业化城市化开发，保护主要是保护区域内生态和基本农田。支持重点城市群发展成为体现国家竞争力的主要空间，成为国内大循环为主体、国内国际双循环相互促进新发展格局的主体空间。

（二）农产品主产区以提供农产品为主体功能

在"七区二十三带"农业战略格局的基础上，加快东北平原、黄淮海平原、长江流域、汾渭平原、河套灌区等农产品主产区建设，形成确保国家粮食安全和食物安全的主阵地和主力军。农产品主产区要实行保护为主、开发为辅的方针，保护主要是保护耕地，禁止开发基本农田，开发主要是以增强农产品生产能力为目的的开发，而不是大规模高强度的工业化城市化开发。支持农产品主产区成为中国保障农产品安全的主体空间，农村居民安居乐业的美好家园。

(三)生态功能区以提供生态产品为主体功能

在"两屏三带"生态安全战略格局基础上,加快三江源水源涵养和生物多样性保护生态功能区、黄土高原土壤保持生态功能区等重点生态功能区,以及三江源国家公园、大熊猫国家公园等自然保护地建设。实行保护为主、限制或禁止开发的方针,保护主要是保护自然生态系统,限制或禁止大规模高强度的工业化城市化开发,在某些生态功能区甚至要限制或禁止农牧业开发。

二、谋划国土空间开发保护新格局

在深刻认识我国国土空间面临严峻形势的基础上,强化尊重自然的意识。立足资源环境承载能力,发挥各地比较优势,构建国土空间开发保护新格局。

(一)支持城市化地区高效率集聚经济和人口

以中心城市和城市群等经济发展优势区域为重点,增强经济和人口承载能力,带动全国经济效益整体提升。以京津冀、长三角、粤港澳大湾区为重点,提升创新策源能力和全球资源配置能力,加快打造引领高质量发展的第一梯队。顺应城镇化发展趋势,加强对城市群用地保障,合理确定城市规模,优化城市功能结构,不断提高城市品质内涵,补齐公共服务设施短板,保障创新功能空间,增强城镇安全韧性,提升国土空间凝聚力。

(二)增强重要功能性区域的保障能力

支持农产品主产区增强农业生产能力,加强粮食生产功能区和重要农产品生产保护区建设,形成与市场需求相适应、与资源禀赋相匹配的现代农业生产结构和区域布局,切实维护国家粮食安全。支持生态功能区把发展重点放到保护生态环境、提供生态产品上,以国家重要生态功能区、生态保护红线、自然保护地等为重点,提升生态系统服务功能,扩大优质生态产品供给,切实维护国家生态安全。支持能源资源富集地区提升资源就地经济转化能力,优化能源开发布局和运输格局,加强能源资源综合开发利用基地建设，提升能源供给保障能力，切实维护国家能源安全。增强边疆地区发展能力，强化人口和经济支撑，推进兴边富民、稳边固边，切实维护国家边疆安全。

（三）落实最严格的耕地保护制度、最严格的生态环境保护制度、最严格的节约用地制度

统筹划定并严守耕地和永久基本农田、生态保护红线、城镇开发边界等空间管控边界，完善城市化地区、农产品主产区、生态功能区三大空间格局。强化"三区三线"国土空间一张底图管控，加强国土开发边界管理、红线约束和战略性留白，增强粮食、生态、水资源、能源矿产安全保障能力，提升国土空间承载力。推动城乡建设空间节约集约利用，深入实施建设用地总量和强度双控，结合城市更新，加快盘活存量建设用地，提升城镇空间节约集约利用水平。

（四）加强国土空间用途管制

结合国土空间规划编制和实施，立足资源环境承载能力，统筹人口分布、经济布局、国土利用、生态环境保护，优化生产空间、生活空间、生态空间结构，建成全国统一、责权清晰、科学高效的国土空间规划体系，基于时空一体、即时动态的全国国土空间基础信息平台，统一行使所有国土空间用途管制，有序有效推动区域开发建设和国土空间保护，为高质量发展提供国土空间保障。

三、加强陆海统筹建设海洋强国

（一）加快陆海统筹发展

畅通支撑"双循环"的陆海大通道，建设具有战略性支点作用的海岛体系，促进沿海地区辐射带动内陆发展，拓展深远海利用，释放海洋资源潜力，提高海洋空间支撑力。推动海岸带空间合理、集约、高效、绿色利用，增强沿海地区人口经济的集聚能力、影响能力和可持续发展能力，形成资源节约、环境友好、经济具有竞争力、人居品质优越的世界级城市群和以此为

支撑的沿海经济发展带。

（二）构建现代海洋产业体系

加强海洋科技的研发与创新，在海洋基础研究、应用研究、高技术研究等领域不断探索。加强海洋科技人才的培养，促进"海洋大科学"人才研究团队的生成。增强海洋资源开发能力，着力推动海洋经济向质量效益型转变。促进传统海洋产业转型升级，驱动蓝色国土资源开发利用，打造海洋先导产业集群，加快构建现代化海洋产业体系，为沿海地区经济发展提供新动能和新赛道。海陆一体化统筹布局国际贸易大通道，将陆域物流体系、海岸带交通枢纽同全球海运网络有机衔接。

（三）严格保护海洋生态环境

海陆并举整治和修复海洋生态环境，研究实施陆域污染物向海洋排放的总量控制，提高海洋生态环境问题源头的陆域生态保护标准和环境准入门槛。依据"双碳"目标和新能源发展规律，科学设定海上风电发展规模。聚焦海洋自然保护地、海洋生态保护红线等重点目标，健全完善天空地海一体化的生态监测网络和网格化精准监管体系。

四、完善资源开发利益补偿机制

（一）完善自然资源资产产权价值利益分配机制

明确自然资源开发利用的各方受益主体，按照受益者补偿的原则确定资源开发补偿主体和补偿标准。根据具体适用条件采取多种补偿方式对补偿客体进行有效补偿。考虑区域发展协调性，结合财政投入及区域援助保障补偿资金来源，进一步集中并根据地区需求合理分配转移支付。

（二）建立反映资源开发成本的产品价格形成机制

按照市场规律引入竞争，鼓励资源节约与环境保护，提高资源开发生产技术与运行效率，深化资源性产品价格和要素市场改革，理顺资源价格，增加资源价格透明度，在保证适当利润空间的前提下，让资源输出区与输入区均能得到较好的利益，实现双赢。规范地方政府行为，使区际双方在竞争有序的谈判下达成交易合约，把社会民生和生态环保纳入地方政府政绩考核体系，推动区际双方自发地把社会利益和生态利益纳入谈判内容。

（三）构建体现区域协调性的横向生态补偿机制

以"谁破坏，谁补偿；谁受益，谁补偿"为原则，建立横向区域补偿机制，调整损害与保护生态环境的主体间的利益关系，实现资源开发中的区域公平。积极探索生态保护准备金制度，建立环境保护与生态建设激励机制。建立"预防为主，多元共治"的开发补偿机制。依据资源生态补偿具体情况，差异化确定补偿来源、方式、手段。

第七节　充分发挥数字经济对区域发展的支撑作用

数字技术是正在蓬勃发展的世界新一轮科技革命的核心成果，是新的产业变革的有力支撑。数字技术不仅能融合形成新型经济或产业形态，而且能改变传统的生产生活与治理方式。对区域发展而言，数字技术能够有效颠覆传统的时空模式，化解既有地理环境约束，并超越现实发展基础配置资源要素、开展投资经营活动，能够大幅降低交易成本，从而为破解"胡焕庸线"约束等区域经济发展困境，推动欠发达地区加快发展、实现凤凰涅槃创造了条件。应大力推动数字化转型，特别是支持促进欠发达地区补齐数字基础设施短板、推动数字技术的全方位渗透或融合，加快发展数字经济，最大限度发挥数字技术在促进区域协调发展中的作用。

一、完善支撑数字经济发展的基础设施

（一）加快建设信息网络基础设施

建设适应高质量发展要求和区域实际的智能化综合性数字信息基础设施，有序推进骨干网扩容，协同推进千兆光纤网络和5G网络基础设施建设。推动信息基础设施普惠化，推进宽带乡村建设，完善中西部地区基础设施网

络，加强农村及偏远地区网络覆盖，让数字经济惠及各区域群众。

（二）推进大数据设施融合发展

在京津冀、长三角、粤港澳大湾区、成渝地区双城经济圈、贵州、内蒙古、甘肃、宁夏等地区布局全国一体化算力网络国家枢纽节点，建设数据中心集群，结合应用、产业等发展需求优化数据中心建设布局。加快实施"东数西算"工程，推进云网协同发展，提升数据中心跨网络、跨地域数据交互能力，强化算力统筹和智能调度，使数据基础设施建设成为激发数字经济发展、带动区域发展的"主引擎"。

（三）推进数字基础设施智能升级

稳步构建智能高效的数字基础设施，高效布局人工智能基础设施，推动农林牧渔业基础设施和生产装备智能化改造。建设可靠、灵活、安全的工业互联网基础设施，加快推进能源、交通运输、水利、物流、环保等领域基础设施数字化改造。推动新型城市基础设施建设，提升市政公用设施和建筑智能化水平。加大欠发达地区数字基础设施建设力度并鼓励适度超前建设，补齐信息基础设施短板，释放数字红利，助力欠发达地区发展。

二、加快建设数字乡村和智慧城市

（一）建设数字乡村

加快农村管理服务数字化进程，服务农村基层工作，促进乡村治理体系完善。提升农民生活数字化服务水平，构建涉农信息的普惠服务机制，推广面向农民的信息共建共享平台。大力实施网络帮扶行动计划，从网络覆盖、移动终端、信息内容、电商平台、公共服务等方面系统部署，切实提高农村教育水平和农民收入水平。

（二）建设新型智慧城市

以新型智慧城市建设为抓手，强化数字技术在城市规划、建设、治理、服务等领域的应用，提升城市治理能力现代化水平。支持城市公用设施、建筑、电网等物联网应用和智能化改造，构建覆盖城乡的智能感知体系。推进智慧社区建设，加快物联网、云计算、移动互联网等新一代信息技术的社区集成应用，形成新型、生态、可持续的社区发展治理模式。

（三）推动数字城乡融合发展。加快城市智能设施向乡村延伸覆盖，完善农村地区信息化服务供给，合理配置公共资源，形成以城带乡、共建共享的数字城乡融合发展格局，利用数字化手段助力提升城乡基本公共服务水平。以信息惠民和"互联网＋政务服务"为抓手，推进一体化公共服务平台、整合集成的城乡公共服务建设。

三、推动区域经济数字化转型

（一）加快重点区域数字化转型

依托京津冀、长三角、粤港澳大湾区、成渝地区双城经济圈等重点区域，统筹推进数字基础设施建设，探索建立各类产业集群跨区域、跨平台协同新机制，促进创新要素整合共享，构建创新协同、错位互补、供需联动的区域数字化发展生态，提升产业链供应链协同配套能力。

（二）推动产业园区和产业集群数字化转型

引导产业园区和开放合作平台加快数字基础设施建设，利用数字技术提升园区管理和服务能力。积极探索平台企业与产业园区联合运营模式，丰富技术、数据、平台、供应链等服务供给，提升线上线下相结合的资源共享水平，引导各类要素加快向园区集聚。依托京津冀、长三角、粤港澳大湾区、成渝地区双城经济圈等重点区域，以及国家高新区等重点平台，加快产业园区数字化改造，探索建立各类产业集群跨区域、跨平台协同新机制，促进创新要素整合共享，构建创新协同、错位互补、供需联动的区域数字化发展生态，提升产业链供应链协同配套能力。

（三）提升公共服务数字化普惠水平

加快推动文化教育、医疗健康、会展旅游、体育健身等领域公共服务资源数字化供给和网络化服务，促进优质资源共享复用。充分运用新型数字技术，强化就业、养老、儿童福利、托育、家政等民生领域供需对接，进一步优化资源配置。深入开展电信普遍服务试点，提升农村及偏远地区网络覆盖水平。加强面向革命老区、民族地区、边疆地区、脱贫地区的远程服务，拓展教育、医疗、社保、对口帮扶等服务内容，助力基本公共服务均等化。加强信息无障碍建设，提升面向特殊群体的数字化社会服务能力。

第八节 构建适应新形势的区域政策体系和长效机制

促进区域协调发展是一个长期任务，未来一段时期，应立足新形势，围绕发挥各地区比较优势和缩小区域发展差距，聚焦区域战略统筹、市场一体化发展、区域合作互助、区际利益补偿、基本公共服务均等化、区域政策调控等方面，形成统筹有力、竞争有序、绿色协调、共享共赢的区域协调发展新机制，更好促进发达地区和欠发达地区、东中西部和东北地区共同发展，推动区域协调发展向更高水平和更高质量迈进。

一、健全区域战略统筹机制

（一）加强对适宜空间板块区域的定向指导

充分发挥中央区域协调发展领导机制统筹作用，针对不同类型区、功能区制定更加精准有效的支持政策，推动大区域协同联动和小空间因情施策有机结合，充分体现针对性、务实性和有效性，推动构建新时代区域政策体系。

（二）充分发挥好现有区域战略的作用

加强京津冀协同发展、长江经济带发展、粤港澳大湾区建设等重大战略的协调对接，推动国家重大战略之间融合发展，统筹解决区域发展重大问题。完善对口合作协作帮扶机制，坚持"输血"和"造血"相结合，统筹发达地区和欠发达地区发展，推动欠发达地区加快发展，建立欠发达地区帮扶长效机制，促进先富带后富。

二、健全区域合作互助机制

（一）一体建设高标准市场制度

实施全国统一的市场准入负面清单制度，消除歧视性、隐蔽性的区域市场壁垒，打破行政性垄断，破除地方保护主义。加快改革土地管理制度，研究城乡建设用地供应指标跨省交易。深化户籍制度改革，全面放宽城市落户条件，加快实现城镇基本公共服务常住人口全覆盖。基本公共服务要同常住人口建立挂钩机制，由常住地供给。

（二）深化区域间基础设施、环保、产业等重要领域的联动

加强跨区域创新协同发展，搭建共享服务平台，构建跨区域知识产权交易市场。严格流域环境准入标准，加强流域生态环境共建共治，推动上中下游地区协调发展。加强城市群内部城市间的紧密合作，积极探索建立城市群协调治理模式。深入开展对口支援、对口合作，建设一批对口合作重点园区。

三、健全区际利益补偿机制

（一）完善欠发达地区的援助政策

完善财政转移支付制度，合理确定中央支出占整个支出的比重，对重点生态功能区、农产品主产区、困难地区提供有效转移支付。提升养老保险全国统筹层次和水平，在全国范围内实现制度统一和区域间互助共济。考虑国家安全因素，增强边疆地区发展能力，明确差异化政策，促进民族团结和边疆稳定。围绕老工业城市和资源型城市等转型地区振兴实现新突破，着力破解体制机制障碍，着力激发市场主体活力，着力推动产业结构调整优化。

（二）优化生态功能区的补偿政策

全面建立生态补偿制度，健全区际利益补偿机制，形成受益者付费、保护者得到合理补偿的良性局面。健全纵向生态补偿机制，加大对森林、草原、湿地和重点生态功能区的转移支付力度。推广新安江水环境补偿试点经验，鼓励流域上下游之间开展资金、产业、人才等补偿。建立健全市场化、

多元化生态补偿机制，开展生态产品价值实现机制试点。

四、完善基本公共服务均等化机制

（一）建立区域均衡的财政转移支付制度

深入推进财政事权和支出责任划分改革，逐步建立起权责清晰、财力协调、标准合理、保障有力的基本公共服务制度体系和保障机制。加大对欠发达地区的财力支持，增强基本公共服务保障能力。根据地区间财力差异状况，调整完善中央对地方一般性转移支付办法，加大均衡性转移支付力度，在充分考虑地区间支出成本因素的基础上，逐步将常住人口人均财政支出差异控制在合理区间。

（二）建立区域政策与其他宏观调控政策联动机制

加强区域政策与财政、货币、投资等政策的协调配合，优化政策工具组合，推动宏观调控政策精准落地。财政、货币、投资政策要围绕区域规划及区域政策导向，采取完善财政政策、金融依法合规支持、协同制定引导性和约束性产业政策等措施，加大对跨区域交通、水利、生态环境保护、民生等重大工程项目的支持力度。对因客观原因造成的经济增速放缓地区给予更有针对性的关心、指导和支持，在风险可控的前提下加大政策支持力度，保持经济运行在合理区间。

五、创新区域政策调控机制

（一）规范区域规划编制管理

加强区域规划编制前期研究，完善区域规划编制、审批和实施工作程序，进一步健全区域规划实施机制，加强中期评估和后评估，形成科学合理、管理严格、指导有力的区域规划体系。对实施到期的区域规划，在后评估基础上，确需延期实施的通过修订规划延期实施，不需延期实施的要及时废止。根据国家重大战略和重大布局需要，适时编制新的区域规划。

(二)建立区域发展监测评估体系

围绕缩小区域发展差距、区域一体化、资源环境协调等重点领域，建立区域协调发展评价指标体系，科学客观评价区域发展的协调性，为区域政策制定和调整提供参考。完善区域协调发展动态监测机制，加快建立区域发展风险识别和预警预案制度，密切监控突出问题，预先防范和妥善应对区域发展风险。开展重大区域规划实施评估督导，建立区域规划编制、实施、评估的闭环工作体系。

(三)建立健全区域协调发展法律法规体系

研究起草促进区域协调发展的法规制度，加快出台区域协调发展促进法，明确区域协调发展的内涵、战略重点和方向，依托立法促进区域治理、规范区域协调发展，为区域治理和区域协调发展提供法律指引和保障长效机制。健全区域政策制定、实施、监督、评价机制，明确有关部门在区域协调发展中的职责，明确地方政府在推进区域协调发展中的责任和义务，发挥社会组织、研究机构、企业在促进区域协调发展中的作用。

参考文献

[1] 马克思恩格斯选集：第2卷[M]．北京：人民出版社，2013．

[2] 毛泽东选集：第1-4卷[M]．北京：人民出版社，1991．

[3] 毛泽东文集：第1-8卷[M]．北京：人民出版社，1993—1999．

[4] 邓小平文选：第1-3卷[M]．北京：人民出版社，1993—1994．

[5] 江泽民文选：第1-3卷[M]．北京：人民出版社，2006．

[6] 胡锦涛文选：第1-3卷[M]．北京：人民出版社，2016．

[7] 习近平著作选读：第1-2卷[M]．北京：人民出版社，2023．

[8] 建国以来重要文献选编（全20册）[M]．北京：中央文献出版社，2011．

[9] 三中全会以来重要文献选编（上册、下册）[M]．北京：人民出版社，1982．

[10] 十二大以来重要文献选编（上、中、下册）[M]．北京：中央文献出版社，2011．

[11] 十三大以来重要文献选编（上、中、下册）[M]．北京：中央文献出版社，1991，1993．

[12] 十四大以来重要文献选编（上、中、下册）[M]．北京：人民出版社，1996，1997，1999．

[13] 十五大以来重要文献选编（上、中、下册）[M]．北京：人民出版社，2000，2001，2003．

［14］十六大以来重要文献选编（上、中、下册）［M］.北京：中央文献出版社，2005，2006，2008.

［15］十七大以来重要文献选编（上、中、下册）［M］.北京：中央文献出版社，2009，2011，2013.

［16］十八大以来重要文献选编（上、中、下册）［M］.北京：中央文献出版社，2014，2016，2018.

［17］十九大以来重要文献选编（上、中、下册）［M］.北京：中央文献出版社，2019，2021，2023.

［18］国务院新闻办公室.中国的减贫行动与人权进步［M］.北京：人民出版社，2016.

［19］中华人民共和国国务院新闻办公室.人类减贫的中国实践［M］.北京：人民出版社，2021.

［20］国务院新闻办公室.中国的全面小康［M］.北京：人民出版社，2021.

［21］国务院新闻办公室.新时代的中国绿色发展［M］.北京：人民出版社，2023.

［22］国民经济和社会发展"六五"到"十四五"规划纲要.国家发展改革委，1981—2021.

［23］国务院关于区域协调发展情况的报告〔国务院公报2023年6月〕.

［24］吴传钧.人地关系与经济布局（吴传钧文集）［M］.北京：学苑出版社，2008.

［25］陆大道.区位论及区域研究方法［M］.北京：科学出版社，1988.

［26］刘仲藜.奠基：新中国经济五十年［M］.北京：中国财政经济出版社，1999.

［27］刘国光.中国十个五年计划研究报告［M］.北京：人民出版社，2006.

［28］董志凯，武力.中华人民共和国经济史（1953—1957）（上、下）

[M].北京：社会科学文献出版社，2011.

[29]范恒山.促进中部地区崛起重大思路与政策研究[M].北京：人民出版社，2011.

[30]范恒山等.国外区域经济规划与政策的研究借鉴[M].北京：人民出版社，2019.

[31]范恒山.国家重大区域发展战略研析[M].北京：中国财政经济出版社，2021.

[32]范恒山.中国区域合作的理论、政策与操作[M].北京：中国财政经济出版社，2022.

[33]范恒山.绿色发展的思路与机制[M].北京：中国言实出版社，2023.

[34][德]约翰·冯·杜能.孤立国同农业和国民经济的关系[M].吴衡康，译.北京：商务印书馆，2011.

[35][德]阿尔弗雷德·韦伯.工业区位论[M].李刚剑，陈志人，张英保，译.北京：商务印书馆，2017.

[36][美]埃德加·M.胡佛.区域经济学导论[M].郭万清等，译.北京：商务印书馆，1990.

[37][德]勒施.经济空间秩序[M].王守礼，译.北京：商务印书馆，1995.

[38][日]藤田昌久，等.空间经济学：城市、区域与国际贸易[M].梁琦，译.北京：中国人民大学出版社，2005.

[39][美]沃尔特·艾萨德.区位与空间经济[M].杨开忠，沈体雁，方森，等，译.北京：北京大学出版社，2010.

[40][美]彼得·尼茨坎普.区域和城市经济学手册（第1卷）[M].安虎森，等，译.北京：经济科学出版社，2001.

[41][美]G.L.克拉克，M.P.菲尔德曼，M.S.格特勒.牛津经济地理学手册[M].刘卫东，译.北京：商务印书馆，2005.

后　记

《中国促进区域协调发展的理论与实践》交稿付梓，历时近一年的辛勤劳动有了结果，作者心头的喜悦和轻松自不待言。这本书是带着激情和责任撰写的，它所真正承载的是作者投身于促进区域协调发展的长期经历。得益于特殊的工作平台，作者有幸加入区域经济工作队伍的行列，遂一直以饱满的精神进行创造性的探索。在近二十年的时间里，作者走遍了包括"老少边穷"地区在内的全部重点区域，主持研究制定了一大批区域政策文件、发展规划和操作方案，推动了国家级新区、经济合作区等重要战略功能平台的设立，和同行们一起，探索形成了一些紧扣中国区域发展实际的独特思想观点、政策思路和操作模式。本书既是关于国家区域发展战略与政策谋划、实施之辉煌历程的全面回顾与总结，从某种程度上说，也是作者从事促进区域协调发展实践所获心得的展示与体现。

本书算得上我国第一部系统探讨促进区域协调发展理论建树与实践成果的著作，分为上、中、下三篇。上篇从诠释区域经济一般原理入手，阐述了新中国成立以来，我国促进区域协调发展的基本历程、重大成就和理论及操作上的创新成果；中篇聚焦各类区域战略的制定实施和重点领域工作的推进，揭示了国家区域战略决策产生的显著成效和深远影响；下篇着眼全面建成社会主义现代化强国的伟大使命，分析了促进区域协调发展所承负的重任及应把握的基本方向和重点环节。我国促进区域协调发展的任务依然艰巨，前进的路上充满挑战，期望本书能为相关理论研究、政策谋划和实践拓展提供有益参考。

后 记

本书的写作得到了国家发展改革委地区振兴司等单位的大力支持,许欣同志协助作者处理了大量的具体工作,贾若祥、张超、王晓璞、曹原、郭巍、徐唯燊、刘长安、王继源、刘峥延、窦红涛、胡蕾等同志参与了资料收集和素材整理等事项,在此一并表示衷心的感谢。

尽管作者为追求本书的高质量做出了努力,但错谬之处料难避免,真诚欢迎各位同行和读者批评赐教。

2023 年 10 月